新时代高质量发展丛书

绿色技术创新与
高质量发展

基于民族地区的实证研究

郭　捷◎著

GREEN TECHNOLOGY INNOVATION AND
HIGH-QUALITY ECONOMIC DEVELOPMENT IN
ETHNIC REGIONS OF CHINA

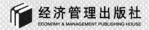

经济管理出版社
ECONOMY & MANAGEMENT PUBLISHING HOUSE

图书在版编目（CIP）数据

绿色技术创新与高质量发展：基于民族地区的实证研究／郭捷著. —北京：经济
管理出版社，2022.12
ISBN 978-7-5096-8904-2

Ⅰ.①绿…　Ⅱ.①郭…　Ⅲ.①民族地区—技术革新—研究—中国　Ⅳ.①F124.3

中国版本图书馆 CIP 数据核字（2022）第 254555 号

组稿编辑：王光艳
责任编辑：王光艳
责任印制：黄章平
责任校对：徐业霞

出版发行：经济管理出版社
　　　　　（北京市海淀区北蜂窝 8 号中雅大厦 A 座 11 层　100038）
网　　址：www. E-mp. com. cn
电　　话：（010）51915602
印　　刷：北京市海淀区唐家岭福利印刷厂
经　　销：新华书店
开　　本：720mm×1000mm /16
印　　张：16.75
字　　数：251 千字
版　　次：2023 年 3 月第 1 版　　2023 年 3 月第 1 次印刷
书　　号：ISBN 978-7-5096-8904-2
定　　价：88.00 元

目　录

第一章

绪　论

高质量发展是中国式现代化的本质要求之一。党的二十大报告提出"高质量发展是全面建设社会主义现代化国家的首要任务"，赋予高质量发展在中国式现代化建设中极高的战略地位。同时强调要"坚持创新在我国现代化建设全局中的核心地位，健全新型举国体制，强化国家战略科技力量，优化配置创新资源"，指出要"加快实施创新驱动发展战略。坚持面向世界科技前沿、面向经济主战场、面向国家重大需求、面向人民生命健康，加快实现高水平科技自立自强"。

随着新一轮技术革命持续展开，科学技术在国家经济发展中具有越来越重要的地位，加快建设创新型国家也是全球竞争的大势所趋。实施创新驱动战略，全面提升科技创新能力成为欠发达国家或地区实现跨越发展、后发赶超的根本出路。要解决人民日益增长的美好生活需要和不平衡不充分的发展之间的矛盾，实现经济高质量发展，不能沿用资源依赖性的经济增长方式，而是走创新型国家发展战略。科技创新是引领高质量发展的核心驱动力，为高质量发展提供了新的成长空间、关键的着力点和主要支撑体系。党的十九届五中全会通过的《中共中央关于制定国民经济和社会发展第十四个五年规划和二〇三五年远景目标的建议》，进一步把高质量发展作为"十四五"时期的经济发展目标和发展的根本指向，同时指出"坚持创新在我国现代化建设全局中的核心地位，把科技自立自强作为国家发展的战略支撑，面向世界科技前沿、面向经济主战场、面向国家重大需求、面向人民生命健康，深入实施科教兴国战略、人才强国战略、创新驱动发展战略，完善国家创新体系，加快建设科技强国"①。

民族地区经济是中国国民经济一个极为重要的组成部分，经济发展水平关乎少数民族民生福祉和边疆社会稳定。铸牢中华民族共同体意识为民族地区经济高质量发展的第一要义，保护好生态环境和利用好生态资源则为民族经济高质量发展的第一原则，以少数民族人才培养创新驱动为民族地区经济高质量发展的第一动力（李丽媛和胡玉杰，2021）。随着中国经济由高速增长阶段向高质量发展阶段的转变，民族地区经济发展也将改变其发展方式，注重经济的发展质量，聚焦产业结构的调整和升级，实现民族地区经济的绿色和可持续发展。以技术创新为导向的政策支持与激励是我国民族地区由技术引进向技术升级、由粗放式经济转向集约型经济、缩小地区区域差距、加快经济发展的必然要求。一直以来，基于民族地区经济对我国区域经济发展的重要性，以及创新在民族地区经济发展的重要战略地位，中共中央、国务院高度重视民族地区技术创新，相继出台了系列支持政策推进民族地区技术创新能力的建设。提高民族地区企业自主创新能力，建立以企业为主体、市场为导向、产学研相结合的技术创新体系，是民族地区实现产业升级、调整产业结构、实现经济增长方式转变和高质量发展的必然选择。

---

① 参见《中共中央关于制定国民经济和社会发展第十四个五年规划和二〇三五年远景目标的建议》。

一、研究背景和意义

（一）高质量发展是民族地区经济发展的必然选择

我国是一个统一的多民族国家，国土面积幅员辽阔。据统计，2020年，我国总人口约达到14.1亿人。各少数民族人口约为12547万人，约占总人口的8.89%。与2010年第六次全国人口普查相比，各少数民族人口增加了约1168万人，增长了约10.26%[①]，少数民族人口稳步增长，充分体现了我国各民族全面发展进步的面貌。我国民族自治地方的面积约占全国国土总面积的64%，主要分布在西部和边疆地区。民族自治地方行政区域包括5个自治区、30个自治州、120个自治县（旗），共计155个民族自治地方。少数民族地区主要集中在经济欠发达的西部地区，包括内蒙古自治区（简称内蒙古）、广西壮族自治区（简称广西）、贵州省、云南省、西藏自治区（简称西藏）、青海省、宁夏回族自治区（简称宁夏）、新疆维吾尔自治区（简称新疆）8个省份以及与少数民族地区经济密切相关的甘肃省、四川省部分地区。

民族地区地理位置特殊，经济起点低、发展基础薄，是典型的粗放式经济结构体系，总体上呈现出典型的"少、边、穷、弱、富"的经济发展特征。"少"一是指少数民族地区，中国少数民族人口在西部分布最为集中；二是指民族地区经济发展所需的生产要素长期供应不足；"边"是指西部边疆地区，我国西部边疆有30多个少数民族跨境而居，具有与13个国家接壤的内陆地缘特征；"穷"是指少数民族地区经济发展与全国、中

[①] 参见国家统计局2021年公布的第七次全国人口普查数据。

部、东部地区存在差距，经济发展水平相对较低，贫困人口相对集中，是国民经济结构中的薄弱环节；"弱"是指少数民族地区生态环境脆弱，长期以来，高投入、高消耗、高排放、低效率的粗放发展模式使民族地区面临生态破坏、环境污染等严重问题；"富"是指民族地区地大物博，自然资源富集，是草原、森林、湿地、湖泊、水资源等集中分布区和中国重要的生态安全屏障，煤、石油、天然气等矿产资源储量非常丰富。这些特征决定了民族地区的经济发展在我国经济社会发展全局中占有极其重要的地位。加快少数民族和民族地区经济发展，逐步缩小与其他经济发达地区之间的差距，使其与全国的发展相协调，是少数民族和民族地区的迫切要求。

党的十八大以来，民族地区经济快速发展。2020 年全年国内生产总值（GDP）为 1015986 亿元，突破了 100 万亿元大关，比上年约增加 2.3%。从地区生产总值排名来看，排在前两位的广东为 110760.94 亿元，江苏约为 102700 亿元，均破 10 万亿元，民族地区依然排在尾部位置。据统计，2019 年，民族地区①生产总值为 100452.1 亿元，民族地区生产总值均较 2018 年有了一定幅度的增长，增长幅度均超过全国 6.1%的平均增长水平，连续两年的增长幅度均超过全国平均增长水平。从总体上来看，中西部省份发展势头不错，增速普遍高于沿海地区，民族地区的经济发展速度体现了一定的后发优势。产业结构的发展水平体现了该地区的经济发展水平和经济发展所处的阶段。中华人民共和国成立 70 多年以来，随着民族地区工业化建设推进，第二产业比重不断提升，产业结构不断优化，特别是改革开放以来，工业和服务业发展水平不断提高，民族地区协同发展，各省区市第三产业增加值超过第二产业。民族八省区第一、第二和第三产业增加值占地区生产总值的比重：1952 年为 73.1∶12.8∶14.1；1978 年为 36.5∶41.8∶21.8；2018 年为 11.7∶41∶47.4（郑长德，2019）。2019 年民族地区第一、第二和第三产业在地区生产总值中的比重为 13.01∶35.93∶51.06，

---

① 本书的民族地区主要指内蒙古、广西、西藏、宁夏、新疆、贵州、云南、青海民族八省区。

第一产业比重相对较高，第二产业调整优化，第三产业占比提升①。全国第一、第二和第三产业的比重为 7.1∶38.97∶53.92，通过对比发现，民族地区第一产业比重较高，超过全国平均水平，而第二、第三产业均低于全国水平，工业化水平相对较低。民族地区的生产总值和经济发展速度存在一定差异，结构差异依然明显。

地理位置特殊、经济增长方式的路径依赖、经济发展内生动力不足等因素使得民族地区经济发展不充分、不平衡的问题长期存在。民族地区拥有丰富的自然资源，但经营方式粗放，产业结构不平衡，技术创新意识不强，创新能力不足，经济附加值低，经济增长和发展速度慢，经济社会发展与东部发达地区相比差距明显。在地区生产总值不断增长的同时，也面临着生态破坏、环境污染等由经济增长方式转变带来的负面影响，结构调整在降低民族地区污染排放强度等方面尚没有发挥积极作用（杜雯翠，2018）。民族地区依靠物质资源消耗、对外部技术和资源依赖的发展模式导致发展不平衡、不协调、不可持续。依赖高投入、高消耗路径不能满足地区经济持续增长的要求，影响了民族地区的高新技术方面技术创新积累。特别是在新发展阶段，高投入、高消耗、高排放、低效率的粗放发展模式使民族地区面临生态破坏、环境污染等严重问题，杜雯翠（2018）研究发现，2006~2015 年，民族地区用占全国 15% 的人口创造了 10% 左右的地区生产总值，排放污染占 20% 左右。由经济数量增长引致的传统技术进步在发展的惯性下不仅不能提升经济发展质量，而且可能进一步拉大数量增长与发展质量的裂隙。经济发展与生态保护的密切关系在西部民族地区更为显著，这既是难处所在，又是创新所期（金碚，2018）。在决胜全面建成小康社会进程中，中国面临经济社会高质量发展和生态文明高水平建设的双重挑战。民族地区经济发展要从源头上贯彻"可持续"的核心理念，注重对生态环境的保护，坚决摒弃"先污染后治理"的错误做法，走

---

① 参见中华人民共和国国家民族事务委员会（以下简称国家民委）发布的《2019 年民族八省区经济发展和产业现状分析》。

绿色发展之路，由数量增长转变为重视质量增长，通过质量提升促进数量的有效增长。

（二）绿色技术创新是推动民族地区高质量发展的内驱力

长期以来民族地区经济发展依赖传统产业发展路径，既是充分利用得天独厚的自然资源优势，实现资源配置最优效益的结果，又是经济现代化处于滞后状态，为奠定经济"起飞"条件所做出的必然选择，符合经济发展的基本规律（李澜和王建新，2020）。当人力资本、技术进步及其他无形资本在经济增长中的贡献日趋显著时，经济增长方式就将逐步由粗放型向集约型转变。面向未来，民族地区的经济要实现质的飞跃，迈入经济高质量可持续发展阶段，增长方式必须逐步实现由粗放型向集约型的转变。长期以来的发展实践证明：依托科技资源、应用科学方法、找到科技杠杆、探索科学发展之路，是我国民族地区可持续发展的关键（陈德权等，2013）。

科技竞争成为一个国家和地区综合国力竞争的战略制高点。回顾全球经济史，无论是英国、美国还是其他发达经济体的经济发展历程，不难发现经济活动的质量是一个经济体富裕或贫困的决定性因素，只有高端产业才是科技创新的载体（贾根良，2018）。自 2006 年全国科学技术大会全面部署并实施了《国家中长期科学和技术发展规划纲要（2006—2020 年）》以来，我国就把提高自主创新能力作为提高国家竞争力和建设面向未来的创新型国家的重大战略选择。21 世纪以来，我国经济面临着日益严峻的资源、环境、外贸和社会公平等矛盾约束，转变以自然资源和要素投入驱动的传统经济发展模式，提高资源配置效率，以"扩内需，调结构"，建设创新型国家和创新驱动发展转型之路，成为经济增长的突破口。创新是引导一个国家和地区经济由"投资驱动型"向"技术驱动型"转变的重要引擎和最大活力，在中国调整经济结构和转变经济增长方式中起到重要作用。2012 年党的十八大报告在论述加快完善社会主义市场经济体制和加快转变经济发展方式时明确提出，要实施创新驱动发展战略，着力构建以企业为主体、市场为导向、产学研相结合的技术创新体系。党的十八大以来，以习近平同志为核心的党中央把科技创新摆在优先发展的战略地位和核心位置，坚持走中国特色自主创新道路，坚定实施创新驱动发展战略。2020 年全国科技工作会议提出 2020 年的工作重点：统筹推进研发任务部署，强化关键核心技术攻关和基础研究；编制发布中长期科技发展规划，形成跻身创新型国家前列的系统布局；优化创新基地布局，打造国家实验室引领的战略科技力量；加快新技术新成果转化应用，培育壮大新动能；大力发展民生科技，为创造美好生活提供支撑；构建优势互补高质量发展的区域创新布局，增强地方创新发展水平；深化创新能力开放合作，主动融入全球创新网络；深化科技体制改革，提高创新体系效能；激发人才创新活力，加快培育高水平人才队伍；加强作风学风建设，营造良好创新生态。

绿色技术创新遵循生态原理和生态经济发展规律，是维持民族地区可持续发展的关键手段，实现了在发展中保护、在保护中发展的良性循环。2016 年，习近平在宁夏视察时指出"越是欠发达地区，越需要实施创新驱动发展战略"，2021 年 3 月 5 日，习近平参加十三届全国人大四次会议内蒙古代表团审议时强调，要推动相关产业迈向高端化、智能化、绿色化，部署创新链，提升科技支撑能力，再一次为民族地区高质量发展指明了方向。随着我国经济由高速增长阶段向高质量发展阶段的转变，以及 2019 年 4 月《关于构建市场导向的绿色技术创新体系的指导意见》的颁布，绿色技术创新对改善民族地区环境质量和培育经济增长新动能，推动产业价值链"爬坡迈坎"的根本支撑意义不断凸显。习近平指出，构建新发展格局的本质特征是高水平的自立自强，必须强调自主创新，这意味着经济高质量发展必须寻求突破路径依赖。因此，要提升民族地区经济发展水平，应从民族地区的经济发展特征以及阶段出发，提高民族地区企业的自主创新能力，建立以企业为主体、市场为导向、产学研相结合的绿色技术创新体系，实现产业升级和经济增长方式转变，最终探寻以技术创新为主导的绿色高质量发展之路。2020 年 5 月,《中共中央　国务院关于新时代推进西部大开发形成新格局的指导意见》的发布标志着西部民族地区在经济、社会发展和生态文明建设等方面迎来了新的发展机遇。在"百年未有之大变局"和党中央提出推动形成"以国内大循环为主体、国内国际双循环相互促进的新发展格局"下,科技创新对改善西部民族地区环境质量和培育经济增长新动能,全面提升西部地区创新能级,形成与西部大开发相适应的"中心带动、多点支撑、开放合作、协同创新"的区域创新格局,推动西部地区高质量发展的支撑和引领作用不断凸显。

(三) 民族地区经济协同发展是铸牢中华民族共同体意识的重要保障

党的十九大报告中提出了深化民族团结进步教育,铸牢中华民族共同体意识和中国已经进入高质量发展阶段两个重要论断,意味着抓准民族地区经济发展中的主要矛盾,铸牢中华民族共同体意识就成为民族地区实现高质量发展的必然选择。我国少数民族地区在各个历史时期的经济发展都体现出党和国家的关心与帮扶,各民族间的交往、交流、交融程度在共同建设社会主义现代化事业、共同团结奋斗和共同繁荣发展中不断加深(李曦辉,2020)。一直以来,中国政府通过公共政策对民族地区实施特殊照顾或政策倾斜,使民族地区财政保障能力明显提高,基本公共服务水平与其他地区的发展差距逐渐缩小。但民族地区基本公共服务仍受一些特殊因素的影响:①供给成本高。民族地区大多属于边缘地区,区位优势欠缺,并且各个民族的语言、风俗习惯、宗教信仰等差异较大,直接导致基本公共服务供给的成本增加。②供给能力弱。地区经济发展不平衡造成基本公共服务供给能力的不同。③需求规模大。从推进区域基本公共服务均等化的角度而言,民族地区居民对于基本公共服务的需求大于发达地区。

中华人民共和国成立以来,中国政府针对民族地区工业和经济的发展，实施了一系列的稳步推进措施。20 世纪 50 年代，国家通过屯垦戍边，组织大规模的农业开发和强化边境国防建设，在少数民族地区实行民主改革和民族区域自治，有计划地布局和建设了一批能源和工业项目，巩固了西南、西北边疆，使西部地区经济有了很大发展。20 世纪六七十年代，利用计划经济体制集中动员和组织全国资源，初步开发利用了矿产资源，带动了资金、人才和技术西移，改变了西部地区基础设施十分落后的状况，奠定了西部许多地区工业化的基础。20 世纪 80 年代以来，随着综合国力的增强，为加快民族地区的经济发展，实现全面小康，出台了很多优惠和扶持政策，如扶持民族贸易和民族特需商品生产的优惠政策；针对特殊群体的扶持人口较少民族专项规划；针对边境地区、牧区、特困民族地区等特定区域的规划政策等。其中，1999 年由国家民委联合国家发展改革委、财政部等部门倡议发起的兴边富民行动，重点解决边境地区、人口较少民族聚居地区的基础设施建设和贫困群众的温饱问题，尤其对 22 个人口在10 万以下的少数民族采取特殊帮扶措施。自 2000 年起，中央财政安排一部分财力，专项用于对民族地区的转移支付（李曦辉，2020）。2001 年 9月，《国务院办公厅转发国务院西部开发办关于西部大开发若干政策措施实施意见的通知》要求加大对西部地区特别是民族地区一般性转移支付的力度。2001 年实施的《中国农村扶贫开发纲要（2001—2010 年）》确定了 592 个国家扶贫开发重点县，其中有 267 个县位于民族自治地方，占比达 45.1%；同时，将西藏整体纳入国家扶贫开发重点扶持范围①。2002 年发布的《"十五"西部开发总体规划》要求"加快少数民族地区经济和社会全面发展，重点支持少数民族地区扶贫开发、牧区建设、民族特需商品生产、边境贸易和经济技术合作、民族教育和民族文化事业发展。推进兴边富民行动。注意支持人口较少民族的发展"。2006 年 12 月，国务院常务会议审议并原则通过《西部大开发"十一五"规划》，总的目标是努力实现西部地区经济又好又快发展，人民生活水平持续稳定提高，基础设施和

---

① 资料来源：《民族自治地国家扶贫工作重点县一览表》，详见 https://www.gov.cn/test/2006-7/14/content_335883.html.

生态环境建设实现新突破，重点区域和重点产业的发展达到新水平，基本公共服务均等化取得新成效，构建社会主义和谐社会迈出扎实步伐。在"十二五"期间，政策支持力度进一步加大，仅"十二五"前三年，中央财政累计安排 65.11 亿元兴边富民行动专项资金，累计下达边境地区转移支付资金 277.5 亿元①。同时，科技部依托星火计划、科技富民强县专项行动计划、农业科技成果转化资金等，加强对基层科技工作的扶持，为边疆民族地区安排各类科技项目 353 项，推动高新技术发展和农业科技成果转化。2016 年《国务院关于印发"十三五"促进民族地区和人口较少民族发展规划的通知》强调，要针对少数民族和民族地区全面建成小康社会的重点难点问题，在财政、投资、金融、产业、土地、社会、环境、人才、帮扶等方面强化政策支持。同时，按照"十三五"时期国家支持少数民族和民族地区发展的建设重点，部署安排了少数民族特困地区和特困群体综合扶贫、民族特色优势产业振兴、少数民族特色村镇保护与发展等 37 个工程和项目。2020 年 5 月，《中共中央　国务院关于新时代推进西部大开发形成新格局的指导意见》的发布标志着西部民族地区进入新发展阶段。

　　一直以来，国家出台了一系列政策，如西部大开发、东西协作、援疆援藏、精准扶贫、兴边富民行动等。"十三五"规划背景下的民族地区技术创新支持政策，包括财政倾斜政策、税收优惠政策、货币金融政策、人才开发政策、公共服务政策等。这些政策相互交织和相互作用，成为推动民族地区经济发展的内在引擎，在促进民族地区企业技术的自主创新、内在技术创新外溢的效益、实现技术创新的产出等方面，起到了一定的作用。为培育民族地区自主科研创新能力、提升企业核心竞争力、加快民族地区生态经济发展，国家通过深化科技管理体制改革、培育区域特色优势产业等方式，进一步加强民族地区公共科技服务平台建设和科技人才队伍建设，推动了民族地区经济的快速发展。2018 年，民族八省区生产总值为

---

　　① 资料来源：《民委：近十年是中国少数民族地区发展最快的十年》，详见 https://www.chinanews.com/gn/2014/09-25/6630530.shtml.

90576.4 亿元，其中生产总值超过 2 万亿元的有广西，超过万亿元的有内蒙古、云南、贵州和新疆。2019 年，民族八省区生产总值为 100452.1 亿元，增长幅度均超过全国 6.1% 的平均增长水平，其中贵州、云南和西藏的增长水平均超过了 8%。2020 年，民族八省区生产总值为 10.4 万亿元，占全国的 10.3%，高出全国 0.9 个百分点（郑长德，2019）。西藏 2020 年的地区生产总值增速达到 7.8%，领跑全国，贵州、云南则分别以 4.5% 和 4% 的增速紧随其后，分列第二和第三名。党的十八大以来，民族地区脱贫攻坚取得重大成就，经济社会快速发展，为新时代提升经济发展水平奠定了良好基础。民族地区产业园区的企业是民族地区经济发展和创新的主体。截至 2019 年，我国 169 家[①]国家高新区实现生产总值 12.2 万亿元，上缴税费 1.9 万亿元，分别占国内生产总值的 12.3%、税收收入的 11.8%。截至 2022 年西部 12 省区市的国家级高新技术产业开发区共有 42 个，其中民族八省区为 21 个。赛迪顾问发布了"2021 中国先进制造业百强园区榜单"。榜单以全国 218 个国家经开区和 168 个国家高新区为评选对象，从各大园区的经济实力、创新潜力、融合能力、产业聚力和绿色动力等方面进行综合评选。园区高质量发展百强中，国家高新区占 52 席，国家经开区占 48 席。头部 1~20 名中，国家高新区数量居多，达 13 席。从园区分布来看，东部地区占比接近 60%，59 个园区上榜，处于绝对领先地位。其中，中部地区有 20 个，西部地区有 14 个，东北地区有 7 个。百强榜分布不平衡的问题仍然存在，整体呈现"东强西弱"格局。民族地区高新区和全国其他地区高新区的各项主要经济指标呈趋同态势，通过高技术产业园区的产业结构引导和塑造，完善了民族地区本地经济增长的驱动力来源，并为区际经济差异的缩减提供了正向助力，"东慢西快"的区域经济格局正在不断被强化和巩固。

民族地区 70 多年的经济发展表明：中国共产党对民族工作的领导是民族地区经济发展的根本保证；推动少数民族和民族地区高质量发展是民族

---

① 苏州工业园享受国家高新区同等政策。

工作的第一要务；不断加大力度支持和帮助民族地区发展，始终坚持发展必须以保障和改善民生为着眼点与落脚点，坚持绿色发展，守好民族地区发展的底色和价值（郑长德，2019）。党的十九大报告指出："实施区域协调发展战略。加大力度支持革命老区、民族地区、边疆地区、贫困地区加快发展，强化举措推进西部大开发形成新格局……加快边疆发展，确保边疆巩固、边境安全。"① 中国经济迈入新的发展时期，国家政策重点转变为不断释放民族地区的发展潜力，增强少数民族的自我发展能力，出台了很多包括基于精准扶贫与整体脱贫、对口支援、"一带一路"倡议、乡村振兴等导向的政策，为进一步加快民族地区的经济社会发展积极创造条件。以推进民族地区经济发展向高质量转型为导向，通过加大科技创新的资金与人才投入，以技术进步提升经济发展的创新力和竞争力，从而不断释放民族地区的发展潜力，增强少数民族的自我发展能力，打破既有的传统产业发展"僵局"，技术创新毋庸置疑在这一转化过程中继续起着关键作用。

二、研究问题的提出

（一）民族地区的绿色技术创新和政策支持

由于历史和自然条件的制约，民族地区经济基础薄弱，经济发展水平较低，仍高度依赖劳动、资本和土地三大要素的投入，处于劳动密集和资本密集并存阶段，技术进步特别是自主创新要素对经济的贡献率还比较低。区域发展水平的差异过大，在经济发展水平上，民族地区产业结构和质量依然明显滞后于东部、中部地区。技术进步对经济的贡献率是衡量一

---

① 参见《决胜全面建成小康社会，夺取新时代中国特色社会主义伟大胜利——在中国共产党第十九次全国代表大会上的报告》。

个国家或地区经济发展质量的关键指标之一。从经济总量来看，西部民族地区与中部、东部地区仍然存在差距，并呈继续拉大趋势。另外，民族地区产业结构有待进一步优化，技术创新对经济增长的推动效应明显弱化。民族地区经济发展战略未能实现向依靠技术创新和提高人力资本质量的转移，不利于经济向集约型增长方式的转变。绿色技术创新是指一系列基于环境友好和可持续发展的创新活动，作为协调经济效益与环境效益的有效手段，近年来得到学者们的广泛关注。现有文献主要从绿色技术创新内涵（张钢和张小军，2011；徐佳和崔静波，2020）、绿色技术创新效率的影响因素（何枫等，2015；王海龙等，2016）、绿色技术创新的效率评价（钱丽等，2015；罗良文和梁圣蓉，2016）等方面进行了相关研究。总体来看，从民族地区经济社会发展的特点出发，关注其绿色技术创新的研究非常有限，民族地区绿色技术创新的必要性、可行性以及特殊性未得到充分关注。

发展经济学认为，资本在工业化和经济增长中具有极其重要的地位和作用。一直以来，我国实施了相应的财政政策、税收政策、金融政策和发展了创业风险投资等，制定了一系列相互衔接、互相配套的创新激励政策，促进了区域经济的协调发展，直接调整了区域间经济发展的不平衡，引导民族地区企业进行科技创新，从政策上支持了对民族地区经济发展具有重大带动作用的企业经营和创新行为。技术创新通过作用于微观主体之间，提升各类主体的生产效率，提高社会生产率，从而促使经济增长（Freeman，1991），民族地区要提高经济发展水平，缩小发展差距，应积极地进行技术创新。技术创新的能力不断提高，在推动经济高质量发展中有着不可忽视的重要作用（陶克涛等，2020）。国家和地方政府通过财政拨款和财政补贴、税收优惠、固定资产加速折旧、政策性金融来扭转这种不均衡，对民族地区经济的发展起到了导向作用。借助于国家的政策支持，民族地区技术创新方面取得了显著的增长，同时，也存在一些值得探讨的问题。

（二）环境规制、经济发展水平和绿色技术创新能力

民族地区是我国生态文明建设、经济发展和脱贫攻坚的主战场和重点区域。经济发展和工业化进程是民族地区在今后相当长的一段时间内的重要任务，而民族地区的生态环境及技术创新能力在一定程度上决定着我国未来经济高质量发展的空间和持久性。在影响绿色技术创新的因素分析中，环境规制一直被重点关注，学者们围绕"波特假说"进行验证，形成了不同观点。持抑制观点的学者认为，环境规制对技术创新有消极的影响，即环境规制会从增加成本和转移资金的角度抑制技术创新，如谢乔昕（2016）提出环境规制扰动会显著抑制企业研发投入，特别是当企业面对高强度的环境规制扰动时，会减少研发投入。持促进观点的学者认为，合理设计的环境规制能够激励被规制企业进行技术创新，实现环境改善与企业竞争力提升的"双赢"（景维民和张璐，2014）。杨烨和谢建国（2019）在环境规制执行的过程中发现，环境规制可能对技术创新有正向或负向效应。环境规制、技术创新及经济增长之间的关系一直是学者和政策决策者们关注的话题。民族地区技术创新资源和环境匮乏，企业为达到政府要求的环境保护门槛而为此投入的资金可能会挤占创新费用，从而抑制技术创新水平（解垩，2008），极有可能出于惯性采取"先污染后治理"的生产方式。由于民族传统文化与风俗习惯差异（程波辉和武清瑶，2016），在短时间内，很难发挥环境规制对绿色技术创新的正向效应。相关研究仅限于民族地区的技术进步效率，环境规制对民族地区环境污染、产业升级和经济发展的影响等方面的研究。

考察和分析环境规制下民族地区绿色技术创新，一方面涉及对民族地区环境规制适度性的检验；另一方面也是环境规制下绿色技术创新对经济高质量发展影响的一种衡量。第一，结合民族地区文化经济的独特性，如何把握环境规制强度大小，发现其门槛效应的作用范围，还有待进一步分析和检验。第二，民族地区经济发展水平偏低，企业在进行绿色生产和技

术创新决策时，往往会关注当前带来的高额成本。提高经济发展效率的关键是分析环境规制和政府治理对民族地区技术创新能力的影响，以及传导机制。第三，更进一步地，环境规制政策制约抑或促进我国民族地区的技术创新能力吗？不同经济发展水平的民族地区如何通过改变环境规制强度来提升技术创新能力？环境规制在多大程度上引致了技术创新？环境规制引致的技术创新是否占主导地位？这些问题都值得深入研究。

已有文献针对"波特假说"进行了较为丰富的检验，大多数研究只关注技术创新、环境规制与经济增长的数量之间的关系，很少涉及对经济发展质量的研究，未能从更深层面挖掘环境规制下绿色技术创新效率提升对民族地区高质量发展的助推作用。

（三）民族地区绿色技术创新现状及影响因素

民族地区作为我国重要的生态功能区、资源涵养区，是我国生态文明建设和经济可持续发展的主战场。由于经济增长方式长期的路径依赖，高投入、高消耗、高排放、低效率的粗放发展模式导致西部地区面临生态破坏、环境污染等严重问题。遏制西部地区的生态环境进一步恶化，确保经济社会可持续发展，是决胜全面建成小康社会进程中的重要战略任务。"绿水青山"是民族地区的生态环境优势所在，既要发掘和创造金山银山，也要保护好绿水青山，只要贯彻新发展理念，假以时日，"绿水青山"定能换来"金山银山"。提升绿色技术创新效率是守住生态底线、建设生态文明的有力保障。一是要转变传统的经济发展观念，创新经济发展新思路，将生态资源转化为生态资本，以技术创新推动西部地区的经济发展、生态文明建设和绿色转型。二是通过提升技术创新效率，改进新工艺、生产新产品，提高生产能力和资源利用效率，减少生态环境污染。通过技术水平更新换代，淘汰技术水平落后的行业，促进新兴产业的发展，推动产业结构升级。值得探讨的是，民族地区绿色技术创新效率的动态演进和民族地区的区域差异怎样？如果从技术创新的开发阶段和成果转换阶段的综合效率来分析，其表现有什么不同？影响各阶段效率和整体效率的关键因素有哪些？因此，有必要通过对我国民族地区绿色创新效率的时空演进机理、影响因素等展开研究，了解十余年来民族地区绿色技术创新效率的发展情况和发展趋势，提出绿色技术创新效率的改进策略。

（四）民族地区绿色技术创新与经济高质量发展

党的十九大以来，已经出现了数千篇相关文献，围绕经济高质量发展的内涵、提出背景、理论基础、意义阐释、政策建议以及区域经济高质量发展、产业高质量发展、技术高质量发展等方面相关问题进行了深入的研究。以 2021 年 12 月 30 日为查询时间，检索来源类别选择 CSSCI 和北大核心来源期刊，以"民族地区经济高质量发展"为主题查询时有七篇文献。李丽媛和胡玉杰（2021）从经济高质量发展与铸牢中华民族共同体意识的逻辑内涵出发，构建四个维度的经济高质量发展指标以衡量民族地区 48 个地级市的经济高质量发展水平，根据实证结果提出将铸牢中华民族共同体意识作为民族地区经济高质量发展的第一要义，将保护好生态环境和利用好生态资源作为民族地区经济高质量发展的第一原则，将少数民族人才培养创新驱动作为民族地区经济高质量发展的第一动力，从而实现民族地区经济高质量发展。黄顺春和陈洪飞（2021）发现民族地区经济增长和经济高质量发展水平具有相同的发展趋势，同时省会城市的经济增长和经济高质量发展水平以及两者协同度均高于非省会城市。进入新时代以来，我国经济已处于从高速发展向高质量发展的转变阶段。狄方耀和赵丽红（2020）认为，在经济转型的宏观背景下，西藏区域经济从依靠以往的外延式粗放型经济发展方式向高质量发展转型具有必然性和必要性。通过分析全国宏观经济背景和西藏区域经济发展状况，以党的治藏方略为根本遵循，紧紧抓住西藏经济高质量发展的历史机遇，从创新体制机制、优化经济格局等方面提出实现西藏经济高质量发展的路径。钟海燕和郑长德（2020）认为，新时期我国经济社会高质量发展的难点在民族地区，民族地区实现加快发展要更加重视绿色发展，经济空间促进增长、调整结构和引导集聚，社会空间升级禀赋结构，实现基本公共服务均等化，基础设施通达程度比较均衡，人民生活水平大体相当，扶贫重点转向缓解相对贫困、多维贫困，统筹城乡扶贫，扶贫攻坚和乡村振兴，城乡融合发展协同，实现城乡一体化发展。李澜和王建新（2020）认为，绿色全要素生产率对民族地区经济发展贡献不足，客观上导致经济发展向高质量转型过程中面临稳定数量增长与实现绿色效益之间的内在矛盾。

亚当·斯密（Adam Smith）将经济发展定义为国民财富增长，并初步探讨了技术创新与经济发展质量之间的关系。约瑟夫·阿洛伊斯·熊彼特（Joseph Alois Schumpeter）首次关注技术创新要素，进一步拓展了学界对经济增长质量理论体系的探讨。在我国，傅家骥（1996）早在1996年就提出了创新是实现高质量经济增长的唯一途径。金碚（2018）分析了中国高质量发展的创新基本理论和经济学意义。近年来，技术创新对经济高质量发展的推动作用引发了国内学者的广泛关注，主要集中在技术创新驱动经济高质量发展的意义、影响因素、指标构建及测度等。杨恺钧和闵崇智（2019）实证发现，在技术创新的重要推动作用下，粤港澳大湾区的经济增长质量总体呈现上升趋势。肖明月和杨君（2015）认为技术创新能够通过提高要素质量和要素配置效率来推动经济增长质量的提升。任保平和甘海霞（2016）从微观层面，发现企业技术创新不仅会通过提高经济效率的方式影响经济增长的过程，而且也会通过改善生态环境的方式对经济增长的结果产生影响。

通过提升技术创新能力促进落后地区的经济发展，能够在一定程度上解决区域经济不平衡发展问题。少量研究开始关注民族地区，李曦辉（2020）认为要提高民族地区经济发展水平，缩小发展差距，只有不断提高创新的能力，经济才能可持续稳定发展。部分实证研究发现，技术创新不仅可以促进民族地区经济增长，还可以提高经济发展质量（何兴邦，2019；陶克涛等，2020）。对改善民族地区经济发展质量，绿色技术创新的作用不可忽视，但创新推动潜力有待进一步激发（杨柳青青和李小平，

2020）。

迄今为止，国内外有关绿色技术创新和高质量发展的研究成果丰富，但也存在明显不足，主要表现在三个方面：①有关民族地区绿色技术创新的系统性研究有待探讨。民族地区绿色技术创新的必要性、可行性以及特殊性未得到充分关注。从民族地区经济社会发展的特点出发，关注其绿色技术创新的研究非常有限。②已有文献针对"波特假说"进行了较为丰富的检验，大多数研究只关注技术创新、环境规制与经济增长的数量之间的关系，很少涉及对经济发展质量的研究，未能从更深层面挖掘环境规制下绿色技术创新效率提升对民族地区高质量发展的助推作用。③绿色技术创新推动高质量发展的作用机制的"黑箱"尚未解构。现有研究缺乏就绿色技术创新对促进绿色高质量发展的影响途径和内在机理的充分探讨，更鲜有针对民族地区的相关研究。

民族地区是我国生态文明建设、经济发展和脱贫攻坚的主战场和重点区域。2016年，习近平视察民族地区时指出"越是欠发达地区，越需要实施创新驱动发展战略"，这为民族地区高质量发展指明了方向。民族地区的生态环境及绿色技术创新能力在一定程度上决定着我国未来经济高质量发展的空间和持久性。针对现有文献的局限性，本书将从国家经济高质量发展战略意义出发，在构建经济高质量发展的绿色技术创新驱动的理论分析框架基础上，分析民族地区实施绿色技术创新所面临的问题与挑战，研究绿色技术创新对民族地区高质量发展的影响路径和作用机理，探索构建推动民族地区高质量发展创新驱动的策略体系。研究目的在于明晰四个关键问题：第一，近十年民族地区绿色技术创新的发展现状与趋势。第二，民族地区绿色技术创新效率提升的影响因素分析，以及痛点和难点。第三，环境规制下民族地区绿色技术创新促进绿色高质量发展的作用机理。第四，民族地区绿色高质量发展转型路径的现实选择。

三、研究对象与内容

（一）研究对象界定

1. 民族地区

民族地区是"中国少数民族地区"的简称。在现有文献中出现的与民族地区有关的概念有中国少数民族地区、民族八省区、民族自治地方、民族自治区、西部地区、西部民族地区等概念，这些不同的概念主要因所包含的地域范围不同而有所差异。常涉及的概念有包括内蒙古、广西、西藏、宁夏、新疆五个自治区；包括五个自治区以及贵州、云南和青海三个省份的民族八省区；包括内蒙古、广西、重庆、四川、贵州、云南、西藏、陕西、甘肃、青海、宁夏和新疆12个省区市的西部民族地区①。

2. 技术创新

技术创新是从企业技术创新投入到创新产出再到创新价值实现的全过程，包括新设想的产生、研究、开发、商业化生产及扩散一系列活动，本质上是一个科技、经济一体化过程，是技术进步与应用创新共同作用催生的产物。

3. 绿色技术与绿色技术创新

绿色技术是遵循生态原理与生态经济规律，节约资源，避免、消除与

---

① 参见《中华人民共和国国民经济和社会发展第十二个五年规划纲要》。

减轻生态环境污染和破坏，生态负效应最小的"无公害化"或"少公害化"的技术、工艺和产品的总称。绿色技术创新隶属于一般技术创新的范畴，是指以生态文明发展观为指导，将形成的绿色创新思想运用于产品创新和工艺创新，最后将绿色产品推向市场的过程，即通过研发绿色技术、应用绿色工艺、生产绿色产品，带动产品全生命周期绿色化，进而实现环境保护和经济增长的"双赢"目标（王娟茹和张渝，2018）。

4. 技术创新政策

创新政策是指政府通过提供公共政策和制度安排，为企业创新主体创造一个引导、促进和保护创新的制度环境，推动技术创新、引进、扩散和应用。作为一类独特的知识，技术创新承担着政府及相应公共部门与创新主体之间的信息交流和沟通功能。由于中国科学政策的技术化特征非常明显，科学技术政策和技术政策、创新政策的内涵在实际理解中非常接近，因此以"创新政策""科技政策""技术政策""科学技术政策"为主题研究的内容都可以大致理解为有关创新支持政策的研究（邓练兵，2013）。例如，政府运用公共政策引导科研机构和企业进行技术创新，通过中介组织促进技术应用与改进，加强与国外企业、研发机构的技术交流与合作。

民族地区发展经济，如何发挥技术创新的后发优势，制度与政策的创新是关键。在市场经济机制发育不完善的条件下，这种制度安排使公共政策可以起到一种补位的作用，弥补现实环境中所缺乏的支持创新的软要素，在民族地区的经济发展或在创新要素的聚集中发挥着巨大的作用。创新政策系统包括三个层次：第一层次是与科学和技术直接相关的，如直接的科学研究基金投资、针对研发活动的财政金融支持。第二层次是为第一层次政策提供直接支撑、为科技活动营造舒适的制度性环境的政策，如劳动力政策、人力资源政策、公共政策等。第三层次是引导相关创新主体对创新的理解，特别是便于形成对一、二层次政策的共同理解和认知，如科学素质教育政策、知识产权法律普及等（代栓平，2018）。然而创新系统是由创新主体子系统、创新基础子系统（技术标准、数据库、信息网络、科技设施等)、创新资源子系统(人才、知识、专利、信息、资金等)和创新环境子系统(政策法规、管理体制、市场和服务等)构成(黄鲁成, 2000)。

5. 经济高质量发展

国内外学者对于经济高质量发展的内涵界定及特征识别经历了由浅入深、由表及里的过程,但目前仍处于初步探索阶段,尚未形成统一认知。国外学者大多将研究视角聚焦于经济增长的质量。经济增长不仅包括生产资料以及产品数量方面的增长,还应充分考虑生产效率与发展质量等。Boyle 和 Simms(2009)将经济增长、人与自然可持续发展以及人民生活水平等诸多要素纳入经济增长质量内涵。Alexandra(2016)提出经济增长质量应考虑就业状况、受教育程度以及国民预期寿命等民生因素。自我国转变经济发展方向以来,经济高质量发展这一新的研究范畴逐步走进相关学者视野,学者们分别从微观和宏观角度对经济高质量发展内涵进行深入研究。在微观视角下,李巧华(2019)提出企业高质量发展的机制与路径,认为企业需要通过技术创新和变革组织模式实现低水平消耗、高水平效益以及快速响应的发展。金碚(2018)认为经济发展具有本真性质,在当前经济条件下以追求高质量发展为目标,在发展质量层面要求具备丰富性与多维性,而在模式选择与战略导向上需要创新性与之协调。李伟(2018)指出经济高质量发展包含高质量的商品与服务供给、高水平的供需平衡、市场在资源配置中的决定性作用、投入产出的内涵式发展、更加合理与公平的初次分配和再分配以及高质量的经济循环。张军扩等(2019)认为高质量发展的本质是为满足人民群众日益增长的美好生活需要的一种兼具效率性、公平性和绿色可持续性的发展,从而实现经济、政治、文化、社会以及生态文明的协调,做到绝对与相对、质量与数量相统一。李浩民(2019)基于政治经济学体系视角,指出高质量发展体现出商品的二重性、内涵扩大再生产以及产业链协作等特征,高质量发展的关键实践路径包括以科技创新驱动产业发展与升级优化,推动供给侧结构性改革实现宏观环境的稳定，推进区域一体化发挥协同效应，构建开放型经济发展战略体系以外力推动高质量发展。王婉等（2022）基于新发展理念，认为经济高质量发展的基本内涵包括创新、协调、绿色、开放、共享，应当坚持"质量第一，效益优先"，实现经济发展更加高效、更加公平、更可持续。

（二）研究内容

本书从理论观测篇、实证分析篇和政策建议篇三个部分探讨绿色技术创新和高质量发展的作用机理，构建驱动创新的策略体系。

第一部分：理论观测篇

从国家经济高质量发展战略意义出发，明晰民族地区积极拥抱绿色技术创新的发展机遇，通过绿色技术创新推动高质量发展的现实需求。首先梳理和跟踪国内外绿色技术创新、经济高质量发展和技术创新政策方面的研究成果，探讨在新发展时期以绿色技术创新推动民族地区高质量发展的必要性、可行性以及特殊性。通过对绿色技术创新和高质量发展内涵的界定、创新政策支持体系和政策演变的梳理，形成民族地区绿色技术创新和高质量发展研究的理论分析框架。具体内容包括：①回顾和梳理民族地区技术创新支持政策的供给和演变；②分析民族地区技术创新领域的理论和实践；③探讨民族地区绿色技术创新的基本观点和制约因素。

第二部分：实证分析篇

第一，政策工具下的民族地区的技术创新及其绩效。通过对民族地区技术创新现状、技术创新能力进行分析与评测，进而发掘影响民族地区技术创新水平的因素，接着从政策支持视角，分析技术创新政策的绩效和影响机制，进一步研究环境规制下民族地区技术创新绩效。具体内容包括：①民族地区技术创新现状、能力测度与评价；②环境规制下民族地区经济发展水平和技术创新。

第二，绿色技术创新和民族地区高质量发展。选择基于质性与量化研究方法的纵向案例研究来构建和完善研究模型。选择一定数量的绿色技术创新企业作为研究样本，实证分析环境规制下绿色技术创新与高质量发展的效应。基于二手面板数据计量经济分析，采用具有时间跨度的纵向研究方法对民族地区企业数据进行统计实证研究，把握环境规制、绿色技术创新和高质量经济发展之间关系及内在机理。具体包括：①民族地区绿色技术创新效率的时空分异特征和影响因素分析；②新发展理念下的民族地区高质量发展水平测度。

第三部分：政策建议篇

通过对民族地区企业技术创新政策体系的需求分析和前面章节的研究启示，确定了民族地区技术创新支持政策的调整方向和选择策略，并从财税、金融、人才、技术等相关政策的制定和实施上提供建议与对策。然后，通过分析民族地区绿色转型的可能路径，确定民族地区技术创新和高质量发展的实现路径。从国家层面和地方政府层面，坚持系统谋划，完善顶层设计，提升技术创新水平；从政策体系建设层面，提供对策建议，同时也对本书的局限性和有待解决的问题进行分析。具体包括：①民族地区绿色技术创新支持政策的优化策略；②绿色技术创新驱动民族地区高质量发展的路径选择。

四、研究思路和方法

本书采取"中国本土问题+通用分析方法"相结合的总体框架，在文献研究与针对民族地区绿色技术创新现状和现实问题的调研基础上，利用文献分析、实地调研、实证分析等方法，从理论观测、实证分析和政策建议三个部分系统分析民族地区绿色技术创新和经济高质量发展的作用关系。提出了绿色技术创新驱动民族地区绿色高质量发展转型的实现路径和策略选择。本书的研究思路与技术路线如图 1-1 所示。

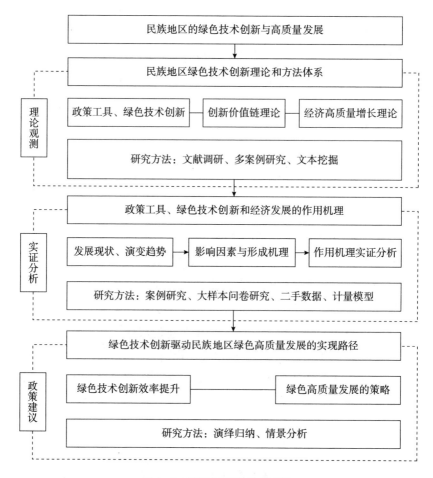

图 1-1　研究思路与技术路线

资料来源：笔者整理。

基于研究问题的性质以及发展新的理论框架的要求，在对本领域的理论前沿和基础文献分析的基础上，采用纵向案例研究和大样本问卷研究、二手面板数据计量经济分析等方法对拟解决的关键问题进行研究。

（一）问卷调查、访谈和实地调研

通过大量实地调研和访谈，从高新技术产业园区和企业等角度针对技术创新支持政策对民族地区产业结构调整和发展的作用机制进行研究。同时，通过对政府科技管理部门和科研机构的调研，拟从宏观层面分析民族地区绿色技术创新现状、技术创新政策实施过程中的供给质量和困境。另外，通过对民族地区高新技术产业园区的超过 1000 家企业的中高层管理人员、科研工作者和各职能部门人员的调研，获得技术创新过程中微观层面上不同主体对技术创新绩效的直观感受和对绿色技术创新政策的需求。在实地调研中，将采用半结构式访谈、参与式观察、文档资料查阅进行数据采集等。通过和调查对象建立信任关系，深入地了解调查对象的主观感受和行动表现，挖掘本质，不断比较、思考、分析，将数据转化成概念。

（二）面板数据计量经济分析

数据来源于《中国统计年鉴》《中国火炬统计年鉴》《中国环境年鉴》、科技部战略规划司统计数据、国研网数据库、国家民委政策研究室等。通过对民族地区公共政策支持和企业技术创新绩效的界定，深入分析政策支持体系、政策的演变以及政策绩效。通过对表征指标和数据进行整理，利用主成分分析与两阶段 DEA 模型结合、Tobit 模型等实证方法测度民族地区与其他发达地区绿色技术创新效率水平，并对影响因素进行实证分析。采用熵权法、Dagum 基尼系数、核密度估计（Kernel Density Estimation）等来阐释我国经济高质量发展水平的动态演进趋势，重点分析民族地区经济高质量发展的区域间差异及成因。将经济发展水平作为调节变量，对环境规制与地区技术创新能力之间的因果关系及调节机制进行识别和检验，分析环境规制、绿色技术创新及经济增长之间的关系，进而确定民族地区绿色高质量转型的现实发展路径。

本章小结

　　加快民族地区经济社会发展，是我国现阶段解决民族问题的根本任务，不仅关系着我国区域发展总体战略的实施，而且也关系着民族团结、社会稳定和边防巩固。绿色技术创新是经济社会高质量发展的内在驱动力，党的十九届五中全会强调"推动绿色发展，促进人与自然和谐共生"，进一步提出"支持绿色技术创新"。本章依据"研究意义—问题提出—研究对象—研究内容—思路和方法"的分析框架，从高质量发展是民族地区经济发展的必然选择、绿色技术创新是推动民族地区高质量发展的内驱力、民族地区经济协同发展是铸牢中华民族共同体意识的重要保障等方面阐述了本书的意义和目的，从"概念界定—现状评测—动力机制—基本路径—制度安排"明确本书重点关注的研究内容。

第二章

绿色技术创新驱动高质量发展的
理论与实践

纵观近现代世界经济发展历程，技术创新对一个国家或地区经济增长的作用和贡献日益明显，已成为决定世界各国家和地区竞争力的关键要素。在研究绿色技术创新和高质量发展，探讨绿色技术创新对民族地区高质量发展的驱动作用等相关主题时，首先要厘清有关绿色技术创新和经济高质量发展的脉络，相关理论和实践探讨。本章将从绿色技术创新和经济高质量发展的基本内涵出发，结合现有理论和实践的最新进展，探讨绿色技术创新与经济高质量发展的相关理论与实践。

一、绿色技术和绿色技术创新

（一）绿色技术的内涵与特征

2020 年 9 月 22 日，国家主席习近平在第七十五届联合国大会一般性辩论上发表重要讲话，向世界承诺力争 2030 年前实现碳达峰，努力争取 2060 年前实现碳中和，这是党中央经过深思熟虑后做出的重大战略决策，对于落实《巴黎协定》、引领全球绿色复苏、构建新发展格局具有重要意义（庄贵阳和窦晓铭，2021）。"双碳"目标的提出，既是建设现代化国家的要求，又是贯彻新发展理念、构建新发展格局的重要举措。这标志着我国在气候变化上从被动应对到自主贡献的转变，彰显了中国与国际社会共同构建人类命运共同体的意愿和大国担当。作为全球二氧化碳排放量最大的发展中国家，要在 2030 年前碳达峰后用 30 年左右的时间很快地实现碳中和愿景，任务异常艰巨，但总体上排放路径必然呈现尽早达峰、稳中有降、快速降低、趋稳中和的过程（王灿和张雅欣，2020）。实际上，中国的减排行动是随着全球气候治理的进程而不断推进的。1990 年，联合国政府间气候变化专门委员会（IPCC）第一次发布气候评估报告，标志着全球范围内的国家和地区开始正视气候变化所带来的严重问题。紧接着 1992 年，《联合国气候变化框架公约》通过，旨在将大气中的温室气体浓度稳定在防止气候系统受到危险的人为干扰的水平上。1997 年于日本提出的《京都议定书》中，第一次明确阐明了数量化的绝对减排的目标，要建立排放贸易机制、清洁发展机制以及联合履行机制。2002 年，中国政府核准《京都议定书》，为减缓全球气候变化做出了积极贡献。2007 年，国务院印发《中国应对气候变化国家方案》：到 2010 年，实现单位国内生产总值能源消耗比 2005 年降低 20% 左右。在 2009 年的哥本哈根联合国气候变化大会上，中国提出到 2020 年前将碳排放强度较 2005 年下降 40%~45% 的目标。2015 年，提出二氧化碳排放在 2030 年左右达到峰值并争取尽早达峰；碳强度比 2005 年下降 60%~65%。直至 2020 年联合国大会上，中国正式提出要实现"双碳"目标的承诺。但值得注意的是，我国的碳达峰、碳中和目标与传统概念有所不同：2030 年前要实现的碳达峰是二氧化碳的达峰，而 2060 年前要实现的碳中和包括全经济领域温室气体的排放，不只是二氧化碳，还有甲烷、氢氟碳化物等非二氧化碳温室气体。随着中国节能减排进程的不断推进，催生了大量新的与环境保护相关的管理技术，同时，为了适应变革中的制度环境、经济社会环境和技术环境，地方政府与企业也在不断地实施与绿色投融资相关的活动。如何在减少碳排放降低成本与提升经营效率最终实现高质量绿色发展中寻求突破口，是我国当前经济发展、气候治理等相关活动面临的瓶颈性问题。

从根本上说，绿色技术创新是实现可持续发展的核心手段。可持续发展和绿色意识的萌芽始于美国海洋生物学家蕾切尔·卡逊 1962 年出版的科普读物《寂静的春天》。随着环境问题日趋严重，20 世纪 60 年代欧美发达国家制定了一系列控制环境污染的相关法规，推动末端治理技术发展。1987 年联合国世界环境与发展委员会在《我们共同的未来》中提出了可持续发展这一全新的发展观，其核心思想是保护自然资源、减少对自然的污染。1992 年 6 月在巴西里约热内卢召开的联合国环境与发展大会通过了《里约环境与发展宣言》《21 世纪议程》，然后各国家和地区据此制定了相应的 21 世纪议程，指导本国和地区的可持续发展（许庆瑞和王毅，1999）。2020 年 3 月 4 日，欧盟委员会正式向欧洲议会及理事会提交了《关于建立实现气候中立框架和修订（EU）2018/1999 条例》的提案（简称《欧洲气候法》），作为《欧盟绿色协议》以及欧洲绿色转型战略的法律杠杆，该法案反映了欧盟关于气候变化领域和绿色技术监管方面的最新立法趋向。

从《寂静的春天》《增长的极限》到《我们共同的未来》，从可持续发展到应对气候变化、发展绿色经济，绿色技术和绿色技术创新逐渐成为国内外学者研究的热点问题，走可持续的绿色发展道路达成共识（杨浩昌等，2020），环境问题呼唤生态友善技术与绿色技术的诞生（Kemp and Soete，1992）。从根本上说，绿色技术创新是实现可持续发展的核心手段（Krabbe，1992）。绿色技术的出现，最早可追溯到20世纪60年代。由于环境公害的出现，欧美一些发达国家制定了控制环境污染的法规，推动了末端技术（End of Pipe Technology）的创新与发展。之后许多环境相关技术的术语相继被提出，如环境优先技术、环境技术、生态工艺等。绿色技术的定义首次得到明确界定源自 Rhodes 等（1994）对绿色技术的界定，认为绿色技术是遵循生态原理与生态经济规律，节约资源，避免、消除和减轻生态环境污染与破坏，生态负效应最小的"无公害化"或"少公害化"的技术、工艺和产品的总称（汪明月等，2021）。绿色技术即"减少环境污染以及原材料和能源使用的技术、工艺或产品的总称"（Braun and Wield，1994）。

早期国内学者也开始针对绿色技术进行了探讨。许庆瑞等（1998）对绿色技术演进过程进行了归纳：末端技术、无废工艺、废物最小化、清洁技术以及污染预防技术等。2010年世界知识产权组织（WIPO）制定了国际专利分类绿色清单（IPC Green Inventory），将绿色技术分为交通运输类、废弃物管理类、能源节约类、替代能源生产类、行政监管与设计类、农林类和核电类七大领域。2015年，经济合作与发展组织（OECD）根据环境污染对人类健康的影响、水资源短缺、生态系统健康和减缓气候变化等环境政策目标，将绿色技术分为一般环境管理（空气和水污染、废物处理等）、适应水资源短缺、应对生物多样性威胁和缓解气候变化等领域（Hascici and Migottoi，2015）。总体上来看，绿色技术的具体内容主要包括：污染控制和预防技术、源头削减技术、废物最少化技术、循环再生技术、生态工艺、绿色产品、净化技术等。以上有关绿色技术界定，反映了绿色技术已由单纯的末端被动治理向集末端治理技术、绿色工艺和绿色产品于一体的技术集合演进，强调特定重点领域的绿色技术。

　　绿色技术是伴随中国环境管理体制改革与顶层设计规划及政策推进而不断深入和发展的。1973～1979年中国环境保护方面的"五个第一"相继推出：1973年第一次全国环境保护会议召开；1973年北京市环境保护科学研究所成为我国第一家从事环境保护研究的科研机构；1973年第一部环境标准《工业"三废"排放试行标准》颁布；1978年制定第一个全国环境科学技术规划；1979年第一部综合性的环境保护基本法——《中华人民共和国环境保护法（试行）》颁布（孙育红和张春晓，2018）。1982年，我国开始实施国家科技攻关计划并将绿色环保科技纳入科技攻关计划。"国家科技攻关计划"和"863计划"等直接启动重大绿色技术创新，如2014年《国家科技支撑计划项目》中的关于京津冀环境空气质量监测预报及防控技术研究与示范、村镇生活垃圾处理与资源化利用关键技术研究与示范等方面项目，起到了引领和推动作用。2018年起，科技部陆续发布了一系列国家重点研发计划重点专项名单。同时，国家出台了一系列保障绿色技术实施的保障措施。2012年出台了明确要优先审查涉及低碳技术、节能环保技术等有助于绿色发展的重要专利申请的《发明专利申请优先审查管理办法》。2014年12月，商务部、环境保护部、工业和信息化部印发《企业绿色采购指南（试行）》。2018年国家发展改革委发布了《国家重点节能低碳技术推广目录（2017年本，节能部分）》。2019年国家发展改革委、科技部联合发布了《关于构建市场导向的绿色技术创新体系的指导意见》。2017年，科技部社会发展科技司在北京组织召开"绿色技术创新体系建设专家研讨会"，研究落实党的十九大报告中关于构建市场导向的绿色技术创新体系有关精神。围绕构建市场导向的绿色技术创新体系面临的主要问题和需求以及相关政策解决方案等方面进行了充分交流。强调了构建市场导向的绿色技术创新体系十分必要、非常紧迫，应坚持全球视野、全局把握、全链条分析、全周期管理，最大化激发市场主体创新活力。

　　绿色技术不断得到关注，中国理论界和实践领域的专家学者们从不同角度对绿色技术进行了阐述。许庆瑞等（1998）将节约资源与减少环境污染的技术称为绿色技术，并将其分为末端技术和污染预防技术两个子系统。杨发明和徐庆瑞（1998）根据与环境匹配难易程度，将绿色技术分为末端治理技术、绿色工艺、绿色产品三个层次。余淑均（2007）认为绿色技术是指有利于环境保护与生态保持的技术，包括科学技术、应用技术和管理技术。杨东和柴慧敏（2015）将绿色专利标签与中国实际相结合，将绿色技术分为一般环境管理技术、可再生能源技术、提高燃烧效率的燃烧技术等八类。孙育红和张春晓（2018）从环保的视角认为，绿色技术即环保技术，绿色技术创新指在资源环境约束强度增大的条件下，能够满足人类绿色需求，减少生产和消费边际外部费用的支撑也可持续发展的技术创新。王锋正和陈方圆（2018）则认为技术从本质上来说没有绿色和非绿色之分，绿色技术仅是以生态文明发展观为指导，将形成的绿色创新思想运用于产品创新和工艺创新，最后将绿色产品推向市场的过程。汪明月和李颖明（2019）将绿色技术定义为"降低消耗、减少污染、改善生态，促进生态文明建设、实现人与自然和谐共生的新兴技术，包括节能环保、清洁生产、清洁能源技术等"。随着我国进入经济高质量发展阶段，生态文明建设思想与绿色发展理念逐渐落地，全流程、跨领域的绿色技术体系成为关注重点。绿色技术内涵也将随着绿色高质量发展理念变迁而不断演变，内涵不断深化，外延也不断扩展。2019 年《国家发展改革委　科技部关于构建市场导向的绿色技术创新体系的指导意见》则明确指出绿色技术是降低消耗、减少污染、改善生态，促进生态文明建设、实现人与自然和谐共生的新兴技术，包括节能环保、清洁生产、清洁能源、生态保护与修复、城乡绿色基础设施、生态农业等领域，涵盖产品设计、生产、消费、回收利用等环节的技术。

简言之，绿色技术是指在节能环保、清洁能源、清洁生产、循环经济等领域改善环境和生态的促进可持续发展技术，即一切有利于绿色发展和生态文明建设的技术都可以称为绿色技术。狭义上，绿色技术是指能减少污染、降低消耗、治理污染和改善生态的技术体系（庄芹芹等，2020）。从技术范畴来看，绿色技术涵盖绿色发展各领域和各环节的技术，强调技术综合效应，即经济、社会和生态综合效益统一。从生命周期来看，绿色技术不仅要注重局部效果和整体效果相结合，而且领域范围更加广泛，涵盖生产、生活的全过程。推进全面绿色发展是生态文明建设的基本要求，遵循绿色技术的内涵和特征，随着科学技术的进步，绿色发展涉及的领域和范围将进一步朝着综合性、系统性方向不断发展。

（二）绿色技术创新

1. 绿色技术创新的内涵

"创新"一词最早是由美籍奥地利经济学家约瑟夫·阿洛伊斯·熊彼特提出的，在 1912 年出版的《经济发展理论》一书中，约瑟夫·阿洛伊斯·熊彼特通过对经济发展的深入观察和分析，认为经济发展不是基于人口、财富的积累性增加而带来的规模扩大，而是经济社会不断实现的生产要素和生产条件的"新组合"，这种新组合就是创新，并提出"创新"是经济增长最重要的驱动力（内生变量），是"新的生产函数的建立"和"企业家对生产要素的重新组合"。随着创新研究逐渐深入和创新实践不断丰富，其内涵也在不断地动态演变。其中，以经济合作与发展组织（OECD）和欧盟统计署（EUROSTAT）合作的《奥斯陆手册》对创新内涵的阐释最具代表性。该手册将创新分为产品创新、工艺创新、营销创新和组织创新。该手册也成为其成员国测度科技与创新活动、收集和解释创新数据的指南，以及应用国际可比方式收集和解释创新数据的准则。随着创新内容不断丰富，社会发展中的非技术创新（如组织管理、管理模式等）作用日益明显，也有将创新分为技术创新和非技术创新。至今，理论界分别从经济学、管理学、社会学和哲学等多个角度对"创新"进行了系统研究。

20 世纪 40 年代末期，以微电子技术为核心的世界新一轮科技革命的兴起，世界经济出现了长达近 20 年的高速增长"黄金期"，这一现象让理论界认识到传统经济学理论中资本、劳动力等要素已经不能简单对其加以解释（彭靖里等，2006），开始认识到技术进步和创新因素是经济发展的内生变量之一。其中，以罗伯特·索洛（R. Solow）等人为代表的新古典学派认为，技术创新也是经济增长的内生变量和经济增长的基本因素。索洛利用技术进步索洛模型对美国 1909~1949 年非农业部门的劳动生产率发展情况进行实证分析，测度技术进步对经济增长的贡献率，研究发现，劳动生产率提高的主要贡献来自技术进步和技术创新。

自 20 世纪 60 年代以来，有很多关于技术创新及其内涵的阐释。技术创新的定义首次得到明确界定源自伊诺思（Enos）的《石油加工业中的发明与创新》，文中指出技术创新是包括发明选择、资本投入保证、组织建立、制订计划、招收工人和开辟市场等几种行为综合的结果。索洛 1951 年曾提出"新思想来源和以后阶段的实现和发展"是技术创新成立的条件。这些观点视技术创新为一个动态过程，强调技术创新过程。美国国家科学基金会（NSF）在报告《1976 年：科学指示器》中将技术创新定义为"技术创新是将新的或改进的产品、过程或服务引入市场"。这些观点注重和强调技术创新是新产品和新工艺的首次应用和商业化。还有部分观点则从创新效果和成果来界定技术创新，如克里斯托夫·弗里曼（Christopher Freeman）在《工业创新经济学》一书中提出，技术创新是第一次引入一种新品种（或工艺）所包括的技术、设计、制造、管理以及商业活动。该观点强调新产品、新过程、新系统和新服务的首次商业化，即包括新产品、新工艺、新系统或新装置在内的第一次商业应用时，才能说明完成了一项创新。

中国学者傅家骥等（2001）在《技术创新学》一书中对技术创新的界定，同样强调了创新效果，认为技术创新是企业家抓住市场的潜在盈利机会，以获取商业利益为目的，重新组织生产条件和要素，建立效能更强、效率更高、费用更低的生产经营系统，从而推出新的产品、新的生产（工艺）方法，开辟新的市场，获得新的原材料或半成品供给来源或建立企业的新组织，包括科技、组织、商业和金融等一系列活动的综合过程。吴贵生教授认为，技术创新是由技术的核心构想，经过研究开发或技术组合，到获得实际应用，并产生经济、社会效益的商业化全过程的活动。1999 年

8月，《中共中央 国务院关于加强技术创新，发展高科技，实现产业化的决定》（中发〔1999〕14号）中提到技术创新是指企业应用创新的知识和新技术、新工艺，采用新的生产方式和经营管理模式，提高产品质量、开发生产新的产品，提供新的服务，占据市场并实现市场价值。这一针对技术创新的界定成为理论和实践领域的共识。党的十九届四中全会通过的《中共中央关于坚持和完善中国特色社会主义制度、推进国家治理体系和治理能力现代化若干重大问题的决定》，对科技创新体制机制进行了全面部署。2020年10月29日，党的十九届五中全会通过的《中共中央关于制定国民经济和社会发展第十四个五年规划和二〇三五年远景目标的建议》，更是把科技创新提到了重要的战略地位，强调坚持创新在我国现代化建设全局中的核心地位，科技自立自强是国家发展的战略支撑（郝海青和樊馥嘉，2021）。

目前中国处于经济转型的攻坚时期，绿色技术的创新发展是实现低碳经济和绿色发展的重要途径，也是实现可持续发展的必然选择，是国家发展绿色经济的核心要务。有关绿色技术创新的研究和政策也呼之欲出。通过对CNKI文献库中收录的核心期刊与CCSI来源期刊上的文献进行检索，主题或关键词或摘要有"绿色技术创新"的文献有681篇。经逐篇确认，删除部分非研究型文献后，得到研究型文献666篇。正式发表的论文年度分布如图2-1所示。

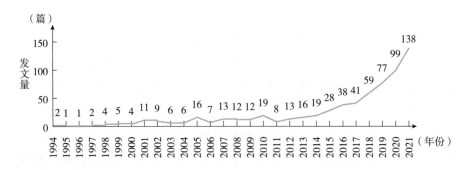

图2-1　发文量年度分布

资料来源：笔者整理。

　　基于环境友好和可持续发展的创新活动，作为协调经济效益与环境效益有效手段的绿色技术创新，近10多年来得到学者们的广泛关注。CNKI收录的文献中，国内学术界最早有关绿色技术创新主题的研究是吕燕和王伟强于1994年发表在《科学管理研究》期刊上的《企业绿色技术创新研究》。1994年之后的10年里发文量增长缓慢，基本维持在个位数，最多发文量仅为11篇。研究也比较碎片化、零散式。其间，1999年首届全国技术创新大会召开，技术创新的研究有了一定的快速启动，2001年外发文量增加到11篇。绿色技术创新的概念开始出现，但未形成统一的共识，学者们对绿色技术创新的研究更多的是从环境保护角度来探讨绿色技术创新的内涵（吕燕和王伟强，1994；许庆瑞和王毅，1999；吴晓波，1996；陈劲，1999；袁凌等，2000）。少数研究将绿色技术创新联系外部实际进行系统、辩证的研究（陈劲，1999）。2005~2011年，有关绿色技术创新的研究处于平稳状态，除了2005年发文量为16篇、2010年发文量为19篇外，其他年份都在10篇左右徘徊。2006年《国家中长期科学和技术发展规划纲要（2006—2020年）》发布，激发了技术创新的新一轮研究热潮，2010年发文量达到19篇。2012年党的十八大以来，中国特色社会主义进入新时代，绿色技术创新主题的相关研究迎来了新的局面。大量学者开始关注绿色、绿色技术和绿色技术创新。从2012年开始，绿色技术创新发文量从2012年的13篇增加到2021年的138篇，第一次超过了100篇。从2018年开始，随着经济高质量发展国家战略提出，不少学者对"绿色技术创新"促进绿色增长和绿色经济，推动经济生态可持续发展进行探讨，绿色技术创新与绿色发展得到空前的关注，发文量开始猛增。相关研究也开始从宏观到中观，并注重微观层面的绿色技术创新引领和创新绩效相关研究，有关绿色技术创新的研究主题也日渐丰富。例如，绿色技术创新内涵（张钢和张小军，2011；徐佳和崔静波，2020）、绿色技术创新效率的影响因素（何枫等，2015；王海龙等，2016）、绿色技术创新的效率评价（钱丽等，2015；罗良文和梁圣蓉，2016）等。随着国家碳达峰、碳中和的双碳经济和低碳转型的推进，有关绿色经济和绿色发展的绿色技术创新必将引起理论和实践领域的重点关注，从而不断丰富绿色技术创新作用机制的理论研究体系。

同样，中国绿色技术创新的发展速度和规模受到宏观经济基础、产业结构调整与企业创新能力的影响，在数量和质量上均存在较大的提升空间。根据国家知识产权局 2018 年发布的《中国绿色专利统计报告（2014—2017 年）》，中国的绿色创新活动活跃，绿色专利拥有量逐步提升，截至 2017 年底，中国绿色专利有效量达 13.6 万件，2014 年至 2017 年，中国绿色专利申请量达 24.9 万件，年均增速高于中国发明专利整体年均增速 3.7 个百分点。2016~2021 年，全球绿色低碳专利授权量累计 47.1 万件，其中，中国国家知识产权局授权 16.0 万件，占 34.0%。近五年我国绿色低碳专利授权量平均增长 6.5%，中国已成为拉动绿色技术创新的重要力量。

总体来看，绿色技术创新的研究起步较晚，随着我国迈入经济高质量发展阶段，绿色技术创新在近年得到了学者们重点关注。有关绿色技术创新概念的理解，归纳起来主要有两种观点：第一种观点认为绿色技术创新是降低对环境不利影响的创新，是环境创新或环境绩效的改善。第二种观点则认为绿色技术创新是资源节约型、环境友好型和可持续发展的创新，即绿色技术创新不仅具备了一般创新的新颖性和价值性特征，还具备能够实现资源节约和环境改善的特征（朱承亮等，2018）。

2. 绿色技术创新的分类

关于绿色技术创新的类型有多种分类视角，代表性的分类主要有三种。

第一，从技术创新对象视角，将绿色技术创新分为绿色产品创新和绿色工艺创新。产品创新是指现有产品的改进或新技术的引入，包括全新产品推出和产品的更新换代。绿色工艺创新则是指生产服务中的技术变革，主要发生在企业的生产过程中，指把一种新的生产方式和流程引入生产体系，包括新工艺、新设备、新的生产管理方式或流程的应用，是一种预防性的环境管理策略。陈劲等（2002）将绿色技术创新分为三个层次，即末端治理技术创新、绿色工艺创新和绿色产品创新。末端治理技术创新主要通过改进和更新末端治理设备、工艺等方式来实现降低排放总量、强度的目标，是从生产的末端来治理污染物排放的方式。

第二，从技术创新程度视角，将技术创新分为渐进性创新和根本性创新。渐进性创新是指对现有技术的改进和完善所引起的改进型创新。现实中多数技术创新都属于渐进性类型。根本性创新则是指技术上有重大突破，对经济发展和产业结构产生重大影响的技术变革。

第三，从技术创新来源视角，将技术创新分为原始创新和模仿创新。原始创新是指基于重大科学发现、技术发明、原理性主导技术的创新，该类创新难度大、投入多、风险高。模仿创新是指在引进技术的基础上，通过学习、分析、借鉴进行的再创新。这种模式的创新具有技术上的跟随性、研究开发和竞争对手的针对性、创新资源投入的集聚性等特点，是发展中国家和地区常采用的一种技术创新方式。

二、技术创新理论和模型

（一）技术创新理论学派

自约瑟夫·阿洛伊斯·熊彼特创立创新经济学后的相当长时间内，技术创新相关理论发展停滞不前。20 世纪 50 年代，许多国家的经济出现了长达 20 年的高速增长，这一现象无法用传统经济学理论中资本、劳动力等加以解释，技术创新的理论价值和实际意义，再一次得到了重视和进一步深化。内生经济增长理论表明，技术创新引起的技术进步是经济增长的主要源泉，而以营利为目的的研究与开发为持续的创新提供了坚实的物质和技术基础，是技术创新的主要推动力量。纵观技术创新理论的发展，可以将其分为新古典学派、新熊彼特学派、制度创新学派、国家创新系统学派和创新生态系统学派。

1. 新古典学派

以罗伯特·索洛等学者为代表的新古典学派，把经济理论模型作为分析工具，指出经济增长率取决于资本和劳动的增长率、资本和劳动的产出弹性以及随时间变化的技术创新。他们认为经济增长的来源有两种，一是由要素数量增加而产生的"增长效应"的经济增长；二是因要素技术水平提高而产生的"水平效应"的经济增长。

2. 新熊彼特学派

新熊彼特学派秉承约瑟夫·阿洛伊斯·熊彼特经济分析的传统，强调技术创新和进步在经济增长中的核心作用，将技术创新视为一种相互作用的复杂过程，重视对技术创新过程的内部运作机制。关注的主要问题有新技术推广、技术创新与市场结构的关系、企业规模与技术创新的关系等。这些研究和探索已经初步搭建了技术创新的理论框架，但没有得出更多更深层次的理论规律。

3. 制度创新学派

制度创新是指经济的组织形式或经营管理方式的革新。以兰斯·E. 戴维斯（Lance E. Davis）和道格拉斯·C. 诺思（Douglass C. North）为代表的创新制度学派将约瑟夫·阿洛伊斯·熊彼特的创新理论和制度理论结合起来，深入研究了制度安排对国家经济增长的影响。

4. 国家创新系统学派

国家创新系统学派以克里斯托夫·弗里曼、理查德·R. 纳尔逊（Richard R. Nelson）为代表，认为国家创新系统通过优化创新资源配置，能更好指导政府如何通过计划和政策，引导和激励企业、科研机构、大学和中介机构的相互作用，从而促进科技知识的生产、传播、扩散和应用。弗里曼通过对日本在"二战"以后追赶发展历程的研究，发现技术后发国家的追赶、跨越，不仅是技术创新的结果，还是许多制度、组织创新的结果，进而成为一种国家创新系统演变的结果。他认为，在剧烈的技术变革情况下，将技术创新与组织创新和社会创新结合起来十分必要，创新的成功与失败取决于国家调整其社会经济范式以适应技术经济范式的要求与可能性的能力（冯之浚，1999）。

5. 创新生态系统学派

如同生物系统一样，创新生态系统是指从要素的随机选择不断演变到结构化的社群（梅亮等，2014）。在一个生态系统之中，企业依赖合作与竞争进行产品生产，满足客户需求并最终不断创新和发展。相关研究分别从企业网络、技术协同、创新平台等分析企业创新生态系统的特点、功能，强调核心企业与系统内部成员间的关系管理等（曾赛星等，2019）。美国政府率先发现，"今天的科学和技术事业更像一个生态系统，而不是一条生产线"，并在2004年以两份报告正式提出了"创新生态系统"的概念，指出要在企业、政府、研究者与工人之间建立一种新关系，形成21世纪的创新生态系统。董铠军（2018）据生态学的基本原理，指出其本质特征应该是"基于环境的自我调控机制"，并且依照时间、空间不同，存在多样化的动态结构。

随着技术创新的内涵不断发展，其他技术创新相关理论也相继出现，其中包括路径依赖理论和技术生命周期理论。路径依赖理论指出由于规模经济、投资不可逆性和技术相互关联性的影响形成了一种正反馈和自我强化的机制，认为技术一经选择可能产生一种"锁定"效应，使得经济上低效的技术可能继续存在下去。技术生命周期理论则详细地阐述了技术的出现、成长、成熟和被新的技术替代的过程（毛凯军，2005）。

（二）技术创新模型

技术创新过程涉及创新构思产生、研究开发、技术管理与组织、生产制造、用户参与和市场营销等一系列活动。这些活动之间的相互联系与作用呈现多种形式，如循环交叉、并行操作、逐项渐进等。同时，这些技术创新活动之间，不仅伴随有技术变化，还涉及组织和制度的创新、生产运作方式和营销管理等方面的创新。技术创新过程模型，是指一项重大技术创新出现后而引起的关于产业成长和演化。美国哈佛大学的威廉·阿伯纳西（W. Abemathy）和麻省理工学院的詹姆斯·厄特拜兑（J. M. Utterback）通过对产品创新为主的持续创新过程和大量产业成长实例的研究，发现企业产品创新和工业创新在产业成长的不同阶段具有不同的相互关系，将产品创新、工业创新及产业组织的演化分为不稳定阶段、过渡阶段和稳定阶段，提出了以产品创新为中心的产业创新分布规律的 A—U 创新过程模型和逆 A—U 创新过程模型。A—U 模型反映了发达国家以原创性技术推动产业演化的创新规律，而发展中国家的产业则多是以技术引进、消化和吸收开始的，只有当具有一定技术能力后才能进行产品创新，这也是逆 A—U 模型认为在产业发展过程中，工业创新较产品创新有先行相对优势，然后产品创新才转变为主导地位的原因。自熊彼特提出"创新"概念以来，创新动力机制的研究从单因素、双因素、三螺旋、网络结构过渡到"创新系统"。根据技术创新活动之间相互作用形式，常见的技术创新模型有线性模型、链式模型、多层次视角模型。

1. 线性模型

最早的技术创新模型是线性模型，该模型认为技术创新是由前一个环节向后一个环节单向递进的。"二战"后，美国实施了技术创新的"线性模式"，即基础研究—应用研究—开发—生产—经济增长。重点解决的是由公共资金支持基础研究活动来克服"市场失灵"的问题，即社会对具有公共属性的基础研究的投入不足。一般而言，根据起始环节不同，分为技术推动模型和市场拉动模型。技术推动模型认为技术创新是以基础研究为先导，以科技为起点、市场为终点的直线过程。技术进步的速度、规模和方向决定着技术创新的速度、规模和方向。市场拉动模型则认为，市场需求是研发构思的主要来源，是激发创意的主要源泉。创新是根据市场需求进行研发，进而向生产和销售环节推进，最终形成市场需要的新产品。

基于线性模型和投资—回报的经济学逻辑，技术创新活动的成果被认为会对长期的经济增长发挥实质性贡献，技术的进步也必然带给人们无限增长的商业机会，最终全社会的福祉将会从商品的大规模生产中获得满足和提升（吕佳龄和张书军，2019）。因此，这个阶段关注的是技术创新与经济增长之间的关系，而由政府支持基础研究的理念逐渐成为各国科技政策制定者的共识，很多经济体在研究和制定技术创新政策时，遵循从基础研究到市场应用的线性模式，将支持研发活动置于科技创新政策的最优先位置。但由于"线性模式"过度重视科学研究的重要性，强调通过政府支持科技活动来克服其外部性，从而确保对经济增长与繁荣的刺激带动作用，也出现了基础科学研究的大量投资并没有产生预期经济效益的问题。

2. 链式模型

20世纪70年代的石油危机使得很多国家和地区的经济增速明显回落，国家与地区间的产业创新和经济绩效差异也开始凸显。人们开始重新审视线性模型，特别是对聚焦于支持研发活动的政策产生了质疑。随着人们对技术创新机制和绩效问题的重新认识，逐渐意识到技术创新的过程并非完全遵循从基础研究再到市场应用的"线性模型"，多数情况下，技术创新是科学、技术和市场之间耦合的过程。线性模型基于知识单向流动的假设，实际上知识的生产和交换通过创新行动者的互动过程完成。为了使这些过程更有效率，行动者之间的目标与能力协同就十分必要。

链式模型关注的焦点从解决"市场失灵"问题过渡到解决由于系统内主体互动不足所导致的"系统失灵"问题，旨在通过政策干预解决技术创新的系统失灵。这个阶段，劳伦斯·克莱因（Lawrence R. Klein）和内森·罗森伯格（Nathan Rosenberg）提出链环—回路模型，认为技术创新与现有知识存量和基础研究相联系，并给出了五条技术创新路径。该模型较全面合理地体现了各个技术创新环节的多重反馈关系，符合人们的认识规律，富有启发性，被普遍采纳和接受。另外，学者们基于系统理论思想，提出系统集成网络模型和莲花型创新模型，通过虚拟企业、动态协作和知识网络来实施技术创新。成功的技术创新不仅来自企业内部不同形式的能力和技能之间的多角度反馈，还是企业与外部众多知识生产和知识持有者之间联系和互动的结果。例如，常见的"三螺旋"模型，通过产业、大学和研究机构的相互嵌入与合作，来推动创新和技术的进步。

3. 多层次视角模型

随着技术的进步，人类也面临着日益严峻的社会、环境等问题。技术创新的负外部性日趋明显。联合国于 2015 年 9 月发布了《变革我们的世界：2030 年可持续发展议程》，该纲领性文件包括 17 项可持续发展目标和 169 项具体目标。自此以"包容性创新""负责任的创新""草根创新""社会创新"等命名的创新实践及相关研究不断涌现。技术创新关注的重点是变革性转型，实现负责任的创新、包容性创新（梁正和李代天，2018），创新系统内部多因素间的非线性互动特征成为研究共识。系统转型学派提出的多层次视角模型为垂直嵌套的三个层次，自下而上分别为微观的技术利基市场、中观的社会技术范式和宏观的社会技术远景（Geels，2004）。微观层面上，利基市场是创新特别是激进创新首先出现的地方。创新出现伊始其命运充满不确定性和各种风险，利基市场为创新提供了相对安全的保护空间，使它们免受主流市场选择机制的倾覆，因此利基是作为新技术的"孵化空间"存在的。中观层次，社会技术范式是一套规则体系，它嵌入在一系列复杂的要素当中，涉及广泛的技术及社会领域。它包括支撑某一种技术和产品的大规模基础设施、被广泛接受的技术标准、产业政策、用户偏好与选择习惯、相关利益群体对决策的影响（吕佳龄和张书军，2019）。

多层次视角模型响应了有关创新和可持续发展的研究与实践方面的需求，突破了技术、制度、权力与治理结构、文化以及认知共同施加给创新的锁定状态，最终推动深度转轨的发生。

三、民族地区绿色技术创新的基本观点

（一）技术创新不等同技术科学发现和技术发明

技术创新的方式包括采用新产品、应用新生产方法、开辟新市场、获得新的原材料或半制成品供应来源、实现工业的新组织（约瑟夫·阿洛伊斯·熊彼特，1912），其核心是要利用科学技术实现从原材料、半成品、生产到市场，以及包括组织管理模式在内的完整产业链条的提质升级。从技术创新的内涵看，凡是能够带来经济和社会效益的技术都可以纳入创新的范畴，包括对技术的应用创新和自主创新。科技发展史也表明，对一些技术的应用，同样能够产生巨大的社会和经济效益。因此，技术创新不仅要开展科学研究和技术发明实现科技进步，更重要的是科学和技术的广泛应用以促进经济进步和社会发展，最终目的是要达到科技的商业化和社会化应用，而推动经济发展的科技并不一定是高新科技或前沿科技的自主研发，也包括对技术的改进和应用。库克和摩根（Cooke and Morgan，1998）对欠发达地区由于缺乏先进技术而创新能力不足的观点给予了批评：如果创新仅仅被狭义地理解为新技术的产生和拥有根本性或颠覆性创新能力的话，那么欠发达地区显然并不具备创新性，因为他们在这方面没有实力，这也是他们成为"边缘"地区的原因之一。因此，如果从广义上去理解创新，重新理解技术创新的主体和过程，包括企业间在供应链中更加高效的网络关系、更加动态的协同作用，那么在欠发达地区谈论技术创新就不是幻想，还将有助于及早地跨越智力偏见，制定合适的技术创新战略和政策。

（二）民族地区应积极拥抱技术创新的带来的发展机遇

民族地区由于受到资金、人才、平台等各类科技资源短缺的限制，往往被认为没有能力开展技术创新，或者认为相较于经济发达地区，民族地区推动技术创新没有优势和实力。甚至提出，民族地区谈技术创新为时太早，民族地区自身也缺乏技术创新的信心，对技术创新前景并不看好。实际上，就企业的实践来看，民族地区企业收益增长的重要源泉虽然依赖于大量的资本、劳动力投入，但这种投资的边际效率已经很低，资金浪费、劳动力过剩已成为企业效率低下的根本因素。因此，如何使原有资金、使劳动力发挥出更高的生产效率是民族地区企业实现增长的迫切问题，而其出路只能是科技创新，因为科技创新是对资金、劳动力等生产要素的"重新组合"，是生产函数的变动，科技创新是企业资源配置发展战略中的重中之重（苏多杰，2005）。越是欠发达地区，越需要实施创新驱动发展战略。正如新疆社会科学院农村发展研究所所长、研究员阿布都伟力·买合普拉所认为的，"和发达地区相比，新疆经济发展对科技创新的需求更加迫切"。

从《中国绿色专利统计报告（2014—2017年）》可以发现，少数西部民族地区领跑技术创新的绿色转型，绿色专利并非完全集中在东部沿海的发达省份，部分西部省份的表现也十分突出，如四川、重庆、宁夏、陕西、贵州、云南、内蒙古等。西部民族地区的自然资源丰富，存在大量替代能源和农林资源，在中国绿色技术创新方面扮演着重要的角色（王班班和赵程，2019）。另外，民族地区资源优势明显、区位优势独特等因素赋予了科技创新很大的潜力，只有通过创新，才能让这些优势得到充分发挥。事实表明，经济不发达地区并不会由于其经济发展落后而失去技术创新的发展机遇。荷兰的林堡省通过技术创新，从典型的资源型经济转型为知识密集型区域经济，实现经济持续健康发展。经济落后的贵州省通过吸收北京科技成果，大数据产业迅猛发展，成为贵州省经济发展的重要动力。中国科学技术发展战略研究院发布的《中国区域创新能力评价报告2021》中，贵州的创新能力综合排名已由2014年的26位上升到2021年的18位。正如《中国区域科技创新评价报告2021》指出的：贵州在省委、省政府坚强领导下，坚持以大数据为引领实施区域科技创新战略，科技工作走出洼地，来到平地，有些地方还攀上了高地，逐渐走出一条有别于东部、不同于西部其他省份的差异化创新路子，贵州创新能力和科技实力显著提升。"十三五"以来，新疆在太阳能、风能、特高压输变电、硅基新材料、棉花生产、马品种改良培育、高效节水等领域取得了一批关键核心技术成果。新疆的区域创新综合潜力排名全国第21位，企业创新潜力排名全国第12位，创新绩效潜力排名全国第13位。

（三）绿色技术创新是民族地区高质量发展的内在驱动

民族地区资源短缺、环境恶化、人口众多、经济落后，这就要求民族地区企业要尽快走上依靠科技创新实现增长的道路。更重要的是，民族地区主要分布在我国的边境地区，占全国面积近1/5，生活着2300多万各族人民，其中少数民族人口近一半，是我国重点的生态功能区和资源涵养区，重要的战略资源储备区和生态安全屏障，也是国家生态文明建设和经济可持续发展主战场。遏制民族地区生态环境进一步恶化，确保经济社会可持续发展，是决胜全面建成小康社会进程中重要战略任务。民族地区需要对未来发展做出正确的定位，既不能走"只要发展、不要绿色"的老路，也不能走"先污染后治理"的"邪路"。民族地区的生态环境及绿色技术创新能力在一定程度上决定着我国未来高质量发展的空间和持久性。绿色技术创新是守住生态底线，建设生态文明的有力保障。转变传统的经济发展观念，创新经济发展新思路，将生态资源转化为生态资本，以技术创新推动民族地区的经济高质量发展、生态文明建设和绿色转型是必经之路。

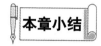 **本章小结**

　　本章基于我国绿色技术创新发文量（1994—2021 年）和研究重点，较为详尽地剖析了绿色技术和绿色技术创新特征和内涵，针对民族地区绿色技术创新的部分态度和观点，重点阐述了民族地区应拥抱技术创新的发展机遇，特别是在新发展时期，更应该转变传统的经济发展观念，将生态资源转化为生态资本，以绿色技术创新推动民族地区经济高质量发展。

第三章

技术创新和政策支持研究主题演化的文献计量分析

　　刻画和分析我国技术创新和政策支持领域的相关研究进展、研究热点和主题演进，对民族地区技术创新的相关研究具有重要的理论和现实意义。本章将基于中国知网（CNKI）数据库，应用知识图谱分析方法，对我国技术创新与政策支持相关的研究领域和热点问题、学者和研究团队等进行系统回顾和梳理。借助可视化分析软件，总结20多年来我国技术创新与政策支持的研究水平发展情况，了解其研究方向、范围、主题和趋势，探索和预判未来可能的研究方向。同时，针对民族地区的技术创新和政策支持研究主题的理论关注与实践发展，进行文献计量分析，发现主题变迁规律，把握政策导向，提出未来的实践发展和理论研究取向，从而为后续研究提供参考。

一、引言

技术创新与政策支持得到众多学者的广泛关注，围绕技术创新中政府作用的体现、政策工具选择以及模式设计等相关研究一直在不断深入与拓展。不同时期不同学科领域的学者基于各自的研究视角，对我国技术创新及其政策的发展和演变进行了及时的分析与总结，形成诸多富有创见的学术成果。吴建南和李怀祖（1998）在回顾改革开放以来我国技术创新政策的基础上，指出当前面临的重要问题是市场经济体制下政府该如何促进技术创新的发生和发展，将创新基础设施和技术基础设施进行综合，提出技术创新基础设施的概念，并对技术创新基础设施做了简要探讨。徐翔和聂鸣（2005）从科技创新政策在经济中的地位和作用研究、地区科技创新政策研究、行业科技创新政策研究、企业和高校及科研机构的科技政策研究、科技创新政策评估的研究和其他国家的科技创新政策分析六个方面对2000~2004年国内学者针对科技创新政策的研究状况进行了总结，提出了系统性的研究预判。陈凯华和寇明婷（2015）对科技与创新研究进行了总结与展望分析，发现科技与创新研究视角向科学性、复杂性、全球性、共生性、可持续性、开放性、预见性等特征发展，研究范围从聚焦科技活动向关注创新活动以及科技与创新整体系统扩展。明确了支撑我国的创新驱动发展战略，迫切需要加强科技与创新政策科学制定、企业创新主体地位的制度设计、创新监测与计量理论与方法、大数据背景下创新管理模式、开放与全球化背景下创新获益路径等重点选题的研究。高峰等（2017）以CNKI检索到的2145篇文献题录作为样本数据，通过定义"架构完善度"和"节点累积强度"概念，在共词聚类分析基础上，绘制我国科技创新政策研究的热点演进图。研究发现我国科技政策研究主要推动因素是重大科技政策的出台以及重要外部事件；20世纪80年代末到90年代末，科技创新政策没有出现较多明显的研究领域；当前的学术研究热点越来越关注政策的科学性、政策的绩效以及产业政策。随着技术创新对一个国家和地区的经济社会发展的重要性越来越明显，中国科技创新政策自 2006 年开始发生了深刻的范式变化，是中国改革开放全过程中波澜壮阔的一章。特别是自 2013 年以来，以习近平同志为核心的党中央高度重视科技体制改革工作，把科技创新作为提高社会生产力和综合国力的战略支撑摆在国家发展全局的核心位置，深入实施创新驱动发展战略，按照科技创新和体制机制创新"双轮驱动"的要求，研究部署推出了一系列重大改革举措（薛澜，2018）。随后，很多学者在回顾全球科技创新政策发展历程的基础上，对中国科技创新体系改革的历程分阶段进行了回顾，对科技体制创新改革与发展的实践给中国科技创新政策的研究提出的一系列重大的理论命题进行了反思，并提出下一步政策发展的若干思考（薛澜，2018；贺德方等，2019）。其中，李冬琴（2022）以 2006～2018 年中国科技创新政策为对象探索中国科技创新政策协同演变特征，科技创新政策协同度自 2006 年始呈上升之势，总效力显著增强，对科技创新绩效产生正向显著影响，存在差异性。认为越明确的政策方向指引越能促进应用型重大成果的产生，提高创新政策的协同有助于促进中国专利授权量的增长，而促进企业新产品销售收入增长则需相关创新政策在力度、协同度和可执行度三方面的结合。

本章采用文献计量分析方法，以 1998～2022 年收录在 CNKI 的学术论文为样本数据，回顾和评述技术创新与政策支持相关主题的研究进展。同时在此研究发现的基础上，聚焦民族地区的相关研究，通过研究现状进行分析和对比，剖析技术创新政策核心文献的主要特征，以期发现民族地区技术创新和政策支持相关研究主题的演变趋势，为推进民族地区技术创新研究和发展提供参考。

二、研究设计

(一) 研究思路

本章以 1998~2022 年发表在 CNKI 数据库的核心期刊上的学术论文为样本数据，依据引文分析的理论，对文献的科研产出进行统计分析。首先具体来说利用文献计量法的共现分析方法，建立共现网络，形成文献记录间的拓扑结构。然后通过聚类分析方法，把分析对象之间错综复杂的共现网状关系简化为数目相对较少的若干类群之间的关系并表示出来。在此基础上分析研究对象所代表的学科及文献的结构和特点，来获取学科的热点领域和研究方向，并对该研究领域的研究轨迹和演进过程进行呈现和分析。利用 VOSviewer 和 CiteSpace 文献可视化计量分析软件识别并绘制技术创新政策相关研究的知识图谱，旨在发现技术创新与政策支持研究领域的研究进展和研究前沿，如高发文作者和单位、高被引作者和单位、高发文期刊、研究热点等，并尝试确定潜在研究方向。

(二) 文献来源和分析方法

1. 数据来源

文献收集遵循两个标准：一是包含学界公认的能反映相关研究整体状况、实时动态变化且有相对可靠质量保证的文献；二是具有可操作性。本章选择学术界公认的能反映国内文献状况的 CSSCI 收录的核心期刊文献。具体检索策略如下：①选择检索主题词"技术创新"或"科技创新"与

"政策"或"政策支持";检索方式为"SU=('技术创新'+'科技创新')AND SU=('政策'+'政策支持')";②文献年份（1998～2022年），剔除2022年网络优先出版论文；③研究领域限定为"社会科学"和"经济与管理科学"。共检索到5228篇文献，为本章的初始样本。

2. 文献筛选

基于初步检索结果，对文献研究领域和文献类型进行精炼，在浏览文献题目、关键词和摘要后，按照下列标准进一步筛查文献：①政策/技术创新是主要论述主题的概念性论文；②政策/技术创新的案例研究；③政策/技术创新作为关键变量的研究。剔除不满足上述条件的文献后，阅读全部文献的标题、摘要对文献进行初步筛选。首先，在每一年所发表的文章中去除会议、报告、评论以及没有注明作者或作者是该刊编辑等文章；其次，重新逐一检查排除不相关的文献；最后，再次逐一排查，避免有不相关的文献没有被排除，并且检查被去除的文献中是否有该领域的相关文献被误排除。

3. 全文浏览

通过背对背快速全文浏览对文献进行深度筛选，精炼文献的原则如下：①剔除公开数据库全文无法获取的文献；②文献中必须对"技术创新政策"有明确描述或讨论，否则予以剔除；③剔除一般管理领域中只讨论创新过程不涉及"政策支持"的文献；④剔除环境管理领域中关于"技术创新"的文献。最后保留5116篇文献，作为样本。

4. 可视化分析方法

文献计量分析作为量化揭示某一研究领域发展规律的文献分析工具，强调采用数理统计方法考察文献的总体特征，以实现科学客观地描述、评价和预测该领域研究现状与发展趋势的目的。基于文献计量方法，本章分别对年发文量、文献来源、文献被引频次、文献内容等方面进行了统计分析。在此基础上，采用 CiteSpace 引文可视化分析软件，以知识图谱形式呈现突破性技术创新领域研究的分布情况、发展规律和知识结构，其优势在于图谱可读性强，通过大量多元、分时、动态的文献引文分析可视化语言以及空间布局将该领域的演进历程展现在一幅引文网络的知识图谱中，同时图谱上的引文节点文献和共引聚类等表征的研究热点和前沿问题能够有效地帮助读者掌握该领域的知识基础。

常用的知识图谱绘制软件主要有 VOSviewer、CiteSpace、BibExcel、Gephi、CitNetExplorer、HistCite 等。其中，VOSviewer 和 CiteSpace 两款软件因其能够绘制图谱的信息量大、视觉效果好，可以从不同侧面提供科研视角，并引入了 Pathfinder 算法，得到众多学者的广泛应用。本章的数据处理参数条件设定如下：①时间范围为 1998～2022 年，时间分区（Year Per Slice）设置为 1，共 23 个时间区；②节点类型（Node Types）设置为关键词（Keyword）；③参数关系强度（Strength）设置为"Cosine"，范围（Scope）设置为"Within Slice"；④阈值（Selection Criteria）设置为"Top50 Perslice"，即选取每个时间分区内排名前 50 的关键词；⑤Pruning 参数设置为"Pathfinder""Pruning Sliced Networks""Pruning the Merged Network"，使用寻径网络算法对网络进行裁剪，在网络聚类时，聚类标签命名选择 TF-IDF 算法，聚类的命名术语来自文献关键词。采用关键词共现图谱、关键词聚类图谱、关键词时区图谱等多种图谱，来反映该领域的研究热点及其演变轨迹。

三、研究过程与分析

（一）发文量分析

如图 3-1 所示，1998~2022 年我国技术创新和政策相关领域的发文量从 1998 年的 22 篇增加到 2022 年的 464 篇，总体上呈逐年上升趋势。其中，2021 年发文量从 2019 年的 358 篇增加到 470 篇，增速最快。1998~2005 年，增速平缓，个别年份甚至还出现下降的趋势，如 2005 年的发文量从 2004 年的 95 篇下降到 80 篇，表明这个阶段处于探索性起步阶段，逐步理性。2006~2013 年，发文量从 145 篇上升到 2013 年的 313 篇，持续保持上升态势，较前期有明显增加，部分年份发文量出现爆发式增长，如 2011~2013 年，从 230 篇增加到 313 篇，达到区间最高峰。但 2014~2020 年，增速平缓，发文量从 285 篇增加到 358 篇，2021 年出现反弹，发文量上升到 470 篇。技术创新和绿色可持续发展成为我国政策的聚焦领域，这种变化趋势与我国政府近年来倡导的发展方式和支持力度密不可分。党的十八大以来，生态文明建设作为统筹推进"五位一体"总体布局和协调推进"四个全面"战略布局的重要内容，2019 年国家发展改革委、科技部联合发布了《关于构建市场导向的绿色技术创新体系的指导意见》，都有力推动了相关研究的快速发展。

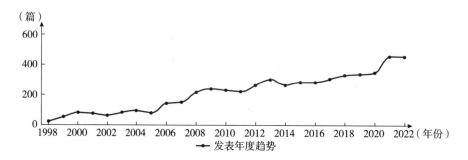

图 3-1　发文情况统计

资料来源：笔者整理。

（二）研究机构分布

通过 CiteSpace 软件对研究机构发文情况的样本数据进行空间分布的可视化分析，结果如表 3-1 所示。清华大学发文量最多，其次是华中科技大学、武汉大学、中国人民大学、南京大学、西安交通大学等研究机构，大学研究机构依然是技术创新研究领域的中坚力量。从合作情况来看，西安交通大学的中心度最大，其次是清华大学。另外，我国在整个技术创新领域的研究网络中占据相对次要的位置，国际影响力较小且与其他国家和机构之间的合作研究比较少，应加大对技术创新研究的力度，大力拓展国际合作，提高在该研究领域的贡献度和学术影响力。

表 3-1　研究机构发文情况

序号	研究机构	发文量	中心度	序号	研究机构	发文量	中心度
1	清华大学	142	0.72	10	华南理工大学	68	0.24
2	华中科技大学	124	0.14	11	北京大学	67	0.12
3	武汉大学	109	0.56	12	暨南大学	65	0.21
4	中国人民大学	96	0.52	13	中国社会科学院工业经济研究所	60	0.02
5	南京大学	88	0.05	14	浙江大学	60	0.00
6	西安交通大学	84	0.92	15	中国科学院大学	58	0.00
7	北京理工大学	40	0.14	16	中央财经大学	56	0.27
8	中南财经政法大学	69	0.32	17	中国科学技术发展战略研究院	50	0.54
9	南开大学	69	0.18	18	大连理工大学	50	0.00

资料来源：笔者整理。

（三）高发文量期刊

利用 VOSviewer 软件对发文量前 100 名的期刊进行可视化分析，如图 3-2 所示。发文量较多的是《经济研究参考》《科技管理研究》《中国科技论坛》《科学学和科学技术管理》《科研管理》《科技进步与对策》等。期刊和文献的被引频次可从侧面体现相关研究的水平以及科研人员对该研究的认可度，被引频次较高的文献代表着整个研究领域的较高科研水平，通过分析高被引文献的相关信息，可以发现相关领域的研究现状和热点等。统计发现，总被引数较高的期刊是《中国科技论坛》《税务研究》等。其中，《中国科技论坛》篇均被引数为 36.22 次，远高于其他期刊的篇均被引量。文献篇均被引数量在一定程度上可以反映论文质量和被认可程度，较高被引的文献《低碳技术创新与政策支持》（黄栋，2010），被引用 206 次，可以被视为技术创新与政策支持领域的标志性文章。该文在 2010 年提出政府是低碳技术创新的推动者，呼吁政府要在国家低碳技术创新体系的建设上充分发挥宏观调控作用，促进与低碳技术创新有关的制度建设、文化建设与行为引导。同时，加强创新主体的有机联系，对企业、NGO、大学等机构进行有效的组织与协调，充分调动和发挥创新主体（企业）的积极性。

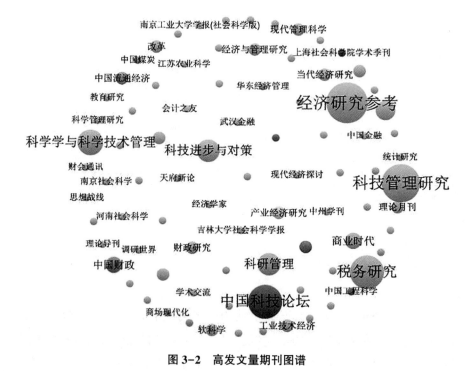

图 3-2　高发文量期刊图谱

资料来源：笔者整理。

（四） 研究热点可视化分析

关键词共现是指两个或两个以上的关键词在同一篇文献中出现，关键词共现图谱是高频关键词共词矩阵的可视化形式，是内容分析方法的一种，其主要原理是两两统计一组高频关键词在同一篇文献中出现的次数，并以此为基础对这些词进行聚类分析，得出这些词之间的亲疏关系，进而分析这些词所代表的学科或主题的结构与变化。CiteSpace 软件的关键词共现功能可统计关键词频次，并计算出相应的中心度，故可将关键词作为研究主题的代理指标，利用其频次（即关键词出现的次数）及中心度（即关键词的影响力）判断某一主题在领域内是否具有研究热度。本章采用关键词共现反映技术创新和政策支持的研究热点，具体操作中采用 Refworks 格式获取目标文献的篇名、作者、摘要、关键词等相关信息，并使用 CiteSpace 软件进行格式转换，以关键词为节点，通过寻径网络算法得到了关键词共现知识图谱（图 3-3）。

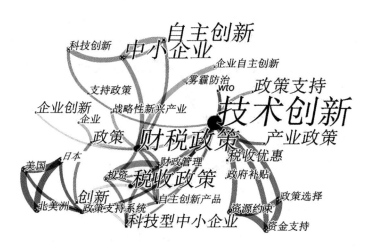

图 3-3 关键词共现图谱

资料来源：笔者整理。

由图 3-3 可知，"技术创新"对应的圆形面积和字体最大，这与本研究主题一致。其余圆形或字体较大的关键词，即"财税政策""政策支持""税收政策"等表明了政策支持的主体；"自主创新""中小企业""科技型中小企业"等反映了技术创新中关注的核心问题；"产业政策""政府补贴""资源约束"等关注了技术创新政策的效率。根据高频关键词和关联度，下面将分别从财税政策、中小企业、自主创新、产业政策几个角度对文献进行综述。

1. 财税政策

财税政策与技术创新的相关研究主要集中在以下两个方面：

（1）财税政策的制定及相关法律、法规的完善。关于财税政策对技术创新作用和改进在早期已经得到学者们的普遍关注，与美国相比我国对大中型企业的政府创新资金资助强度明显偏低，政府在地区和行业上的资助有较大差别，需要完善促进企业自主创新的财税政策体系，同时要做到公开、公平的统一财税优惠政策（韩雪，2010；连燕华等，2005）。李响和殷林森（2022）以上海 1979~2020 年颁布的支持科技创新财税金融政策为样本，发现财税金融政策工具应用存在环境面供给过溢而需求面拉动不足的结构性问题；政策工具对创新价值链中研发和产业化两端环节的激励与牵引拉动效应明显，中试生产阶段政策推动力较弱；各演进阶段政策着力点分散且政策主体协同关联度不高。随着新时代科技创新发展呈现研发链条缩短，创新主体、要素和投入多元化，创新活动复杂多样等突出特点，科技创新政策面临新挑战，相关税收政策设计需要新思路。薛薇和尉佳（2020）提出从改革基本税制、探索税式支出管理制度、优化税收优惠政策布局以及对重点创新行为灵活应用特惠性优惠等方面，加快完善我国科技创新税收政策体系。注重优化财税金融配套政策工具的内部结构，加强政策工具在需求面的均衡配置，开发基于创新价值链的综合政策工具组合，完善跨部门政策协同机制设计依然是财税政策设计和完善的关键点。

（2）财税政策对技术创新的影响。财政补贴与税收优惠是财税政策的常用手段，如上海形成了以专项投入、税收减免和基金引导为主线的直接刺激型政策架构体系（李响和殷林森，2022）。庞兰心和官建成（2018）将财税政策划分为直接资金资助和间接减免税两种形式，创新产出区分为非市场化导向的创新产出和市场化导向的创新产出。研究发现政府的直接资金资助对高技术企业非市场化导向的创新产出作用更为显著，而间接的减免税政策更有助于企业市场化导向的创新活动。崔也光等（2017）基于经济区域视角，运用中国创业板和中小板上市公司 2011~2015 年的面板数据，实证检验以研发相关的政府补贴和所得税优惠为主的财税政策对企业研发强度的作用效果，并验证区域创新能力对财税政策与研发强度关系的调节作用。姚林香和冷讷敏（2018）研究发现税收优惠、财政补贴政策两者之间的激励效应和作用机理差异明显，对不同行业的激励效应也不尽相同。要增强税收优惠、财政补贴政策对战略性新兴产业的激励效应，应加大税收优惠力度，增强战略性新兴产业获益能力；调整财政补贴方向，提高财政补贴效率；并采取差异化政策，提高政策精准性。马凌远和李晓敏（2019）把我国 2011 年设立的"促进科技和金融结合"试点作为准自然实验，基于 2006~2016 年 286 个城市的面板数据，评估了科技金融政策对于地区创新水平的影响。研究发现：总体上，促进科技和金融结合显著提升了试点地区的创新水平，促进科技和金融结合对创新的促进作用主要存在于地方政府效率、初始创新水平相对较高的地区，而试点设立对于高等级和低等级城市的创新水平提升均具有积极显著的影响，相对而言，低等级城市试点对创新绩效促进作用更大；此外，影响机制检验结果表明，试点地区通过改善地方金融发展效率、提高政府科技支出占比促进地区创新水平的提升。

2. 中小企业技术创新与政策支持

一般来说，中小企业是最具创新活力的企业类型，党的十九大中明确指出要"加强对中小企业创新的支持"。合理有效地利用政府政策工具，对中小企业尤其是科技型中小企业的发展尤为重要。政府要为中小企业提供创新支持，缓解中小企业的创新资源匮乏和创新动力不足等问题，来推动社会经济的持续健康发展。针对中小企业的技术创新和政策支持的相关研究，主要有以下三个方面：

（1）实施中小企业创新支持政策的必要性。王媛和王硕（2014）通过对比分析欧盟与我国的中小企业技术创新支持政策，提出我国国际化政策制定的相关启示。林敏（2019）认为，中小企业技术创新政策应通过职业教育体系的完善来培育高技能人才，提高产品国际竞争力，助力产业结构调整；加强间接金融手段的使用，发挥市场作用筛选真正好的项目，提高资金安全性。周国林等（2018）认为，高新区科技型中小企业是创新经济发展的重要主体，需要认真借鉴发达国家的经验做法，结合各个高新区发展的实际，把科技型中小企业作为战略目标来抓，开展有效率的科技管理与服务，从空间布局、联动发展、内部治理、政策服务多方面实施创新举措。

（2）中小企业技术创新支持政策的作用机制。杜楠等（2019）在对影响科技型中小企业技术创新驱动内在机理研究的基础上，提出了10个内外部驱动因素。研究发现，外部因素对科技型中小企业技术创新具有引领和影响作用，企业文化、企业家精神、组织建设等内部因素对科技型中小企业的技术创新具有决定性意义。企业要加大对技术创新的投入，不断提升企业自身的技术创新能力。吴凤菊（2015）将江苏省对科技型中小企业的金融扶持政策分为五大类，进行了经验总结。汪锋和方炜俊（2014）通过对湖北省85家科技型中小企业的调研，就如何进一步完善支持政策体系提出建议。高松等（2011）选取上海市257家科技型中小企业调研，结果显示，企业在不同的生命周期阶段对外部支持、战略定位、人员、生产四个要素的关注度没有明显的区别。宁靓和李纪琛（2019）从财政补贴、税收优惠政策两个维度，运用多元回归模型实证分析了财税政策对科技型中小企业技术创新活动中的创新投入与创新产出阶段的激励效应。实证结果发现财政与税收政策对科技型中小企业技术创新活动的激励效应程度存在着差异；在创新投入阶段，财政补贴的激励效应更为显著；在产出阶段，税收优惠的激励效应更为显著；财政补贴中的研发补贴、利息补贴以及税收优惠中的直接优惠、间接优惠的激励效应也分别存在着差异。此外，分别从加大财政补贴和税收优惠政策力度、完善财税政策配合及实施有差异化的财税激励政策三个方面提出了提高科技型中小企业创新水平的对策建议。

（3）技术创新政策对中小企业绩效的影响。蔡卫星等（2015）研究发现，政府支持和贷款可获得性对中小企业研发决策有着显著正向影响，提高了中小企业进行研发的概率；政府支持和贷款可获得性对研发决策的这种正向影响在融资困难的子样本中更加显著；在政府支持方式中，政府补贴对研发决策的正向影响要显著高于税收优惠和土地优惠。林菁璐（2018）以深圳证券交易所中小企业板 46 家 2008~2012 年连续在董事会报告中披露研发投入的中小企业为研究对象，用实证数据检验政府研发补贴对中小企业研发投入的影响。平衡面板数据的实证结论表明我国政府研发补贴与中小企业的研发投入显著正相关，说明我国政府对中小企业的研发补贴是有效的，在引导企业增加研发投资方面起到了积极作用。刘素荣（2018）利用 2012~2016 年中国中小板上市公司的相关数据，从政府补贴相关性分类计量的视角，探索了打开融资约束下政府补贴激励中小企业研发投资的"黑箱"。发现与收益相关的政府补贴虽然能够缓解中小企业的融资约束对其研发投入的抑制作用，但是对企业的研发投入不具有激励效应；与资产相关的政府补贴同时具有缓解企业融资约束与激励企业研发投入的"正 U 形"拐点效应，这在东部地区和高新技术产业的企业中表现更为显著。张晓月和张鑫（2019）采用多元回归方法对政府专利奖励和中小企业绩效之间的关系进行了实证研究，并从创造、管理、运营、保护四个维度探讨了知识产权能力在其中的调节作用，为中小企业优化知识产权建设，提升绩效、政府建立健全专利奖励政策提供了理论依据。曾繁华等（2022）研究了培育类政策对中小企业创新长期具有显著的促进作用，但政府认定次数增加并不能推动中小企业创新由量转质的飞跃。培育类政策可通过激发创新意愿、加速人才聚集、提升市场关注度促进中小企业创新。异质性分析表明，该类政策对国有中小企业创新促进作用更为显著，且仅对低集中度行业企业起到促进作用，知识产权保护水平较低地区政策激励与创新补偿效应更强。

3. 自主创新

（1）自主创新政策。随着"市场换技术"战略的失败，20 世纪 90 年代中期之后，学术界对自主创新及其政策展开了丰富研究，政府的创新支持政策在企业自主创新的研发和扩散过程中扮演重要角色。杨华（2007）通过对我国科技创新政策中存在的投资渠道单一、创新成果转化率低等问题进行系统分析，认为政府的科技支持政策要想有效提高企业自主创新需要建立财政科研资金专户管理办法、丰富和拓展筹资渠道、整合科研能力以提高创新成果转化率。韩莉（2010）从成本补偿、创新风险以及政策调控三个方面系统地分析了政府的财政支持与企业自主创新的影响，提出政府相关部门需要建立对企业自主创新的长效激励机制。欧文汉（2012）对德国和瑞典的工业企业自主创新的宏观机制、政府创新的战略制定、工业企业自主创新的地位和产学研合作及其成果转化等方面进行了全面的对比分析，在政府科研支持力度、科研经费管理机制、税收优惠和金融扶持等方面进行了剖析和总结，并结合我国实际情况提出针对我国工业企业自主创新中政府支持模式的政策建议。段忠贤（2017）研究借鉴已有政策量化研究成果，结合政策的基本构成要素，从政策工具、政策目标和政策力度三个维度，构建了自主创新政策量化的"T-O-P"三维分析框架，并制定了具体的量化标准。通过对改革开放以来的 346 项自主创新政策文本进行量化分析发现，我国自主创新政策供给数量呈现上升趋势，政策规定缺乏强制性规范，颁布机构表现出较高协同度，政策工具以环境型为主，政策目标侧重自主创新管理能力和支撑能力。徐军玲等（2018）以 2012~2017 年的江苏、浙江、湖北三省出台的关于自主创新的意见与办法为政策文本，对三省的自主创新政策进行比较分析，归纳总结出湖北省与江苏省、浙江省在自主创新政策上的异同点，并提出湖北省未来的自主创新政策体系要提升人才引进政策的针对性，吸引高层次创新人才，要适当加大政策供给，注重法治红利，营造创新环境激发企业自主创新积极性，要重视绿色创新，建立健全绿色创新体制机制。

（2）自主创新机制。王刚等（2015）基于产业创新系统视角，选择中国汽车、家电、航天和计算机为案例研究产业，进行大样本数据调研，研究发现创新政策对创新有正向作用，其中政府采购政策的正向作用最大；创新政策对创新机制有正向作用，对激励机制的作用比对运行机制的作用更为显著；创新机制对创新有正向作用，且激励机制的作用大于运行机制，而物质激励大于非物质激励。曲如晓和臧睿（2019）认为，中国自主创新是拉动制造业出口质量升级的主要动力，外商直接投资与进口贸易技术溢出显著促进了制造业出口产品质量升级，而跨国专利申请具有阻碍作用，以及自主创新对制造业出口产品质量存在 U 形的非线性影响。

4. 产业政策

产业政策扶持对企业创新作用的研究较多。宋凌云和王贤彬（2013）认为当企业受到产业政策的扶持时，可以得到大量的政府补贴、税收优惠等，从而为创新活动提供必要的资金支持。产业政策引致的资源不仅可以直接缓解企业的融资约束，有利于其创新活动，而且这一政府行为具有间接的认证功能，能够提升外部投资者对企业创新的认可水平，缓解双方的信息不对称，帮助企业获取外部融资；从另一个角度来看，政府对某一产业进行扶持时，还会营造良好的企业竞争环境，如加强基础设施建设和人才培养，放松行业管制、降低进入壁垒、简化行政审批手续等，政府的上述行为无疑会加速潜在企业的进入和在位企业的淘汰，企业不断进入、退出的动态变化随即引致行业竞争态势的加剧，进而迫使企业加大技术创新以获得竞争优势、争夺市场份额。张杰等（2017）通过研究也发现，企业创新受行业竞争环境的影响较大，行业竞争会提高企业的创新意识和创新投入。何钰子等（2022）借助 2008~2019 年中国上市公司与宏观区域经济的面板数据，检验地方性产业政策对企业创新活动的影响。研究发现，地方产业政策的确促进了企业创新活动，然而不同属性产业政策的创新驱动效果有显著差异。在区分企业属性差异的条件下，产业政策也有着明显的异质性效果。进一步地，地方性法规形式的产业政策能够有效利用补贴和税收政策支持企业技术创新活动，而地方政府规章形式的产业政策则无此效果。恰当的地方政府行为激励，能够引导产业政策与企业技术创新活动相匹配，这对于地方性法规而言更是如此。

四、民族地区技术创新与政策支持的研究现状

（一）研究现状的统计分析

通过在 CNKI 中的高级检索功能，将检索条件限制为"期刊""专业检索"，并在"专业检索表达式"中输入"SU =（'民族地区'+'西部地区'+'欠发达地区'）AND SU =（'技术创新'+'科技创新'）AND SU =（'政策'+'政策支持'）"，其他条件为默认，共检索到 187 篇相关文献。以年份为横坐标、以历年发文量为纵坐标，绘制了发文情况统计图（图3-4）。

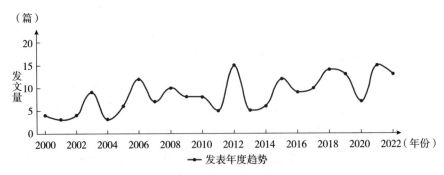

图3-4　发文情况统计

资料来源：笔者整理。

总体上看，有关民族地区的技术创新和政策支持方面相关研究非常有限。从图 3-4 可以发现，2000 年以来，发文量呈现波浪式周期变化，年发文量稳定在 3~15 篇。该领域研究文献年度数量变化的阶段性特征，是实践领域发展驱动因素变化的综合反映。

采用 CiteSpace 软件的谱聚类算法对上述技术创新领域共被引网络进行聚类，并根据聚类得到的一系列重要的研究方向，判断该领域的热点主题。由于每篇文献的关键词都是该文研究内容的精炼和浓缩，本章基于 LLR 算法从关键词中提取聚类标签，一共聚类出 12 类，聚类标签排名前 5 的结果如表 3-2 所示。从图谱上发现，国内学者对于民族地区技术创新和政策支持的研究主要集中在 "环境规制" "自主创新" "科技政策" "高技术产业" "人才政策" 等五个方面。下面将对这几个方面进行综述，进一步发现研究领域内的主要议题。

表 3-2　样本文献的主要聚类

序号	聚类标签	规模	轮廓值	平均发文年份
	高质量发展	13	0.85	1999~2000
1	环境规制	29	0.89	2011~2020
2	自主创新	5	0.82	2005~2018
3	科技政策	4	0.78	2000~2015
4	高技术产业	4	0.75	2005~2018
5	人才政策	3	0.81	2006~2009

资料来源：笔者整理。

1. 环境规制

民族地区经济快速发展的同时，资源损耗巨大、环境污染严重等问题也日益受到关注，现有关 "环境规制" 的研究主要集中在对 "波特假说" 的检验。王锋正和姜涛（2014）在技术创新理论的基础上，对我国西部地区 11 个省份的面板数据进行实证分析，研究发现，环境规制对西部地区技术创新能力有显著的正向影响。刘伟和薛景（2015）实证分析发现，环境规制强度对西部地区工业行业技术创新存在"U 形"影响关系。王小宁和周晓唯（2014）通过对西部地区 11 个省份的实证分析发现，命令控制型、市场激励型的环境规制工具对西部地区技术创新具有显著的正向影响，隐性环境规制对技术创新有显著的抑制作用。许华和刘佳华（2019）以西部地区 2006~2016 年数据为样本，分析环境规制下西部地区工业企业的污染现状，并从完善环境规制政策，加强环境规制监督；加强清洁生产力度，加大资源利用率；加大技术创新投入，强化自主创新能力；加强环保宣传力度等方面提出政策建议。但也有学者持不同观点，如韩素娟（2020）认为，西部地区环境规制政策对企业技术创新有显著的抑制作用，从而也间接抑制了西部地区产业结构转型升级，同时发现，由于西部地区相关产业发展政策没有可持续性，经济总量的急速增长不仅没有有效促进产业结构转型升级甚至阻碍了产业结构升级。

另一个有关环境规制的研究重点是，关注效率和政策的有效性评价。程波辉和武清瑶（2016）认为民族地区地方政府环境规制有效性的核心考量标准：维护民族团结与社会稳定是前提条件，提高生态环境质量是核心任务，运用法治工具是关键举措，提出"民族和谐—环境质量—规制法治"的框架来评价民族地区地方政府环境规制有效性。恩佳等（2019）基于 2000~2015 年民族地区省级面板数据，实证考察了存在影子经济的情况下，环境规制强度对民族地区环境污染的影响，研究发现，环境规制能够有效降低民族地区的环境污染，影子经济提高了民族地区的环境污染程度。环境规制和影子经济的交互作用恶化了民族地区的环境质量。民族地区的人均收入水平与环境污染并未呈现出"倒 U 形"关系，EKC 假说在民族地区不成立。民族地区技术创新资源和环境匮乏，企业为达到政府要求的环境保护门槛而为此投入的资金可能会挤占创新费用从而抑制绿色技术创新水平（解垩，2008），极有可能出于惯性采取"先污染、后治理"的生产方式来改善环境。民族传统文化与风俗习惯（程波辉和武清瑶，

2016)，短时间内，很难发挥环境规制对绿色技术创新的正向效应。沈能和刘凤朝（2012）研究发现，环境规制与技术创新间存在"U形"关系，但受门槛值的影响，只有当环境规制达到这一门槛值时，才能激发企业技术创新的行为。王杰等（2014）认为环境规制与企业生产率间呈现"倒N形"关系，且只有恰当的环境规制政策才能促进技术创新水平的提高。迄今为止，相关研究仅限于民族地区的技术进步效率（李星颐，2013；金世文，2017），环境规制对民族地区环境污染、产业升级和经济发展的影响（徐杰和朱承亮，2018；韩素娟，2020）等方面的研究。考察和分析环境规制下民族地区绿色技术创新，不仅涉及对民族地区环境规制适度性的检验，还是环境规制下绿色技术创新对经济高质量发展影响的一种衡量。因此，结合民族地区文化经济的独特性，如何把握环境规制强度大小，发现其门槛效应的作用范围，有待进一步分析和检验。

2. 高质量发展

2020 年 5 月，中共中央、国务院《关于新时代推进西部大开发形成新格局的指导意见》发布，这是党中央、国务院站在新的历史起点，顺应新时代区域协调发展新要求做出的重大决策部署，标志着西部大开发战略进入 3.0 时代。创新驱动作为引领西部地区高质量发展的第一动力，同时，也必须把营造创新生态作为西部地区科技创新的重要举措（李学，2020）。唐琳等（2020）以 2003~2017 年我国西部地区 77 个地级市的面板数据为样本，利用中介效应模型框架，检验金融发展对科技创新以及全要素生产率的贡献，并分析金融发展通过促进科技创新最终作用于全要素生产率的具体效应。发现当前西部地区金融发展促进了科技创新成果转化和产业化进而提高经济发展质量，还没有明显推动原有传统产业的技术升级。李澜和王建新（2020）从民族地区生态脆弱性出发，运用绿色全要素生产率测度法对 2000~2017 年经济发展状况进行分析，认为新时代民族地区经济发展向高质量转型，一方面要以新发展理念为指导，摒弃数量增长的片面追求，摆脱传统发展的路径依赖；另一方面重在选择绿色创新之路，构建绿色技术创新体系，全面提升绿色技术进步贡献率，推进经济高质量发展。陶克涛等（2020）利用 1949~2017 年民族地区的样本数据，解析了民族地区产业结构和经济发展的现状，通过运用 PVAR 模型分析 1990~2017 年的数据，研究企业技术创新、产业结构升级与经济高质量发展之间的动态关系，证实三者之间存在动态互联机制。研究发现，企业技术创新可以促进产业结构升级，同时企业技术创新对于经济高质量发展的推动作用较大，产业结构升级对经济高质量发展的推动作用较小。狄方耀和赵丽红（2020）研究认为，在经济转型的宏观背景下，西藏区域经济依靠以往的外延式粗放型经济发展方式向高质量发展转型具有必然性和必要性。通过分析全国宏观经济背景和西藏区域经济发展状况，以党的治藏方略为根本遵循，紧紧抓住西藏经济高质量发展历史机遇，从创新体制机制、优化经济格局等方面提出实现西藏经济高质量发展的路径。钟海燕和郑长德（2020）认为，新时期我国经济社会高质量发展的难点在民族地区，民族地区要实现加快发展，更加重视绿色发展，经济空间促进增长、调整结构和引导集聚，社会空间升级禀赋结构，实现基本公共服务均等化，基础设施通达程度比较均衡，人民生活水平大体相当，扶贫重点转向缓解相对贫困、多维贫困和统筹城乡扶贫，扶贫攻坚和乡村振兴、城乡融合发展协同，实现城乡一体化发展。通过提升技术创新能力促进落后地区的经济发展，在一定程度上解决区域经济不平衡发展问题（Goddard et al.，2012；张军扩等，2019）。少量研究开始关注民族地区，李曦辉（2010）认为提高民族地区经济发展水平，缩小发展差距，只有创新的能力不断提高，经济才能可持续稳定发展。部分实证研究发现，技术创新不仅可以促进民族地区经济增长，还可以提高经济发展质量（何兴邦，2019；陶克涛等，2020）。对改善民族地区经济发展质量，绿色技术创新的作用不可忽视，但创新推动潜力有待进一步激发（杨柳青青和李小平，2020）。

3. 自主创新

有关"自主创新"的研究主要集中在创新政策上。李鸿（2006）指出国家的扶持政策奠定了民族地区科技进步的基础，各级政府要在有条件的地方帮助民族地区发展高新技术及其产业，以科技进步为推动力的生态经济将成为民族地区经济较大的增长点之一。张雪琴和叶进（2006）提出民族地区应该以政策引导自主创新、树立自主创新意识、为自主创新企业提供良好的制度环境，同时要注重加强创新人才的培养。毛振军（2009）认为，西部民族地区由于受基础设施和地理条件等因素的制约，诸多产业领域技术储备不足，企业技术水平与发达地区存在着巨大的差距。技术转移和技术创新的契合是西部民族地区企业实现技术进步的最优选择。在技术转移和技术创新的契合过程中，需要构建企业技术转让方和技术受让方合作竞争的博弈机制，加强政府的政策支持，使西部民族地区企业从原有的跟踪模仿思路转变为跟踪模仿和自主创新的思路，真正实现企业技术进步。四川民族地区提升自主创新能力既有机遇又面临一定的挑战。国家实施西部大开发战略、生态建设系统工程，以及四川民族地区拥有的自然资源优势、旅游优势、后发优势等都为提升自主创新能力带来了良好的机遇；但同时也存在认识误区、创新人才紧缺、技术水平滞后、研发资金投入较低、区域创新系统的协调性不高等不利条件。针对民族地区的现实情况，在借鉴国外提升自主创新能力经验的基础上，四川民族地区要提升自主创新能力，需走出认识误区，解决人才紧缺，提升技术能力，提高研发经费投入，增强区域创新系统协调性。李曦辉（2010）认为民族地区是国家的一个重要组成部分，在国家政治经济生活中具有重要的意义，民族地区的安全又是重中之重。用创新来支撑民族地区及国家的经济安全则是我们的一次创造性尝试。我国西部民族地区具有丰富的自然资源，但因技术创新能力有限，导致产业发展落后于发达地区。随着我国进入科技创新的新时代，为民族地区经济发展带来重要机遇，提高企业的科技进步与创新能力已成为民族地区国有经济发展面临的重大课题。近年来，我国通过推动战略性新兴产业发展，不断提高自主创新能力，进一步推动西部地区经济发展。屈海涛（2018）明确民族地区所有制结构及其特征，进而深入分析民族地区国有经济科技创新与竞争力的现状，最终提出科技创新对民族地区国有经济竞争力提升的具体路径，即提升民族地区国有经济竞争力。许登峰和甘玲云（2019）在系统梳理战略性新兴产业协同创新相关理论的基础上，对我国战略性新兴产业发展和创新现状进行了分析，并进行了区域对比，明确了西部民族地区战略性新兴产业协同创新存在的问题，提出协同创新影响因素，同时构建相关理论模型并加以验证，借此分析在创新协同发展过程中遇到的问题。

4. 科技政策

有关"科技政策"的研究集中在科技政策的评价与完善上。王思薇和安树伟（2010）通过对西部地区科技政策实施绩效进行评价发现科技投入人员的增加并不能促进西部地区的经济增长，而 R&D 投入经费、专利申请量、发明专利申请授权量和市场合同成交总额的增长却有助于西部地区的经济增长。苏多杰（2005）指出实现西部少数民族地区的不断发展，一方面要认真实施我国科技政策；另一方面要从西部实际出发，进一步完善科技政策。罗宇航（2015）以重庆为例，运用比较研究和调查研究法分析西部地区科技创新基础能力。研究发现，重庆科技创新基础能力较弱，科技管理理念不适应形势发展、创新基础设施水平较低、科技政策实施效果欠佳是其主要原因。科技创新是驱动欠发达地区经济社会跨越发展，实现后发赶超的动力源泉。江鹃等（2016）基于对湘西地区科技创新能力情况进行的实地调研与统计，提出了要实施差别化的区域政策、差别化的产业政策、对接外国直接投资（FDI）与产业转移、破除科技创新短板、创新绩效评价体系、政产学研协同合作，以及建立健全科技创新服务、监管与反馈机制等对策。杨世信等（2020）基于少数民族地区的企业调查数据，从财政政策、金融政策、技术政策、人才政策四个维度，将科技政策、创新资源投入和创新绩效纳入统一的研究框架，探讨科技政策对企业创新绩效的影响及其影响路径机制。研究发现，科技政策能够激励企业增加研发投入、改善内部激励，而研发投入和内部激励能够提升企业的创新绩效；科技政策对企业的创新绩效具有正向激励作用，而且这种正向激励作用是通过企业增加研发投入和改善内部激励的中介机制实现的。

5. 高技术产业

高技术产业是技术创新的制高点，也是民族地区技术创新和经济发展的制高点。邱成利和魏际刚（2001）指出西部地区能否增强竞争优势，关键在于能否在发展高新技术产业方面取得突破。西部地区需要制定有利于高新技术产业发展的政策措施，在具有优势的产业技术领域寻求突破，逐步形成以高新技术为主导的新的产业结构。顾晓燕和刘丽（2014）通过实证分析发现，知识产权贸易对我国西部地区高新技术产业技术创新能力具有正向推动作用。胡凯等（2020）基于兰州新区地理区位、自然资源、科技要素、人力资源等禀赋状况，分析其在产业发展中产业结构不合理、产业科技水平含量不高及产业之间互补性不足等主要问题，遴选出符合兰州新区自身要素禀赋状况的五类产业，在研究的基础上，为促进兰州新区产业引进与发展提出若干建议。刘钒和邓明亮（2019）运用超效率 DEA 模型测算 2013~2017 年国家高新区创新效率，利用面板数据模型考察对外贸易、高新技术企业发展与创新效率的相关关系及地区差异。研究表明我国东部地区国家高新区创新效率相对较高，中部地区、西部地区、东北地区高新区创新效率差异明显。

6. 人才政策

政策支持在促进民族地区科技创新人才发展方面发挥了重要作用。加强民族地区急需的创新人才尤其是拔尖创新人才的培养，加大应用型、复合型、技术技能型人才培养的比重，为民族地区的高质量发展提供人才支撑。人才问题在西部大开发中就得到了学者的关注，如孙懿（2000）提出要改变用人观念，从本地区的实际出发确定人才政策；加强调查研究，根据本地区的人才实际确定人才培养计划；根据本地区的经济发展状况调整人才队伍的结构；按照本地区的需求，加快教育体系的改革；引入竞争机制，对人才进行科学化管理。一方面要充分甚至是创造性地利用国家制定的种种优惠政策，加大本地区人才培养和开发的力度，提高人才素质、调整人才结构，充分发挥本地区人才队伍的作用；另一方面也要营造宽松的人才环境，要敢于大胆任用其他民族的优秀人才，营造一个"选贤任能"的良好环境以吸引人才，壮大人才队伍，为西部民族地区的发展提供坚实的人才保证。马斌和李中斌（2011）以西部地区支持科技创新的人才政策的 56 份政策为研究样本，从"颁布数量""适用对象""政策类型""文种类型"四个维度对政策文本进行分析，研究表明，西部地区支持科技创新的人才政策不平衡状态有待改善，人才政策缺乏指导性和可操作性；专一型政策欠缺，选才结构不够合理；人才保障不够完善；人才吸引机制亟待革新。需要平衡政策的数量，补充具有指导性和可操作性的政策；重视专一型政策制定，优化选才结构；健全人才保障制度；创新人才吸引模式。陆姗（2017）以宁夏回族自治区为例，提出要制定民族地区可适用的科技创新人才发展的税收优惠政策，针对税收优惠政策门槛偏高、支持力度不够、政策落实不到位三个制约民族地区科技创新人才发展的因素，建议给予宁夏回族自治区企业所得税、个人所得税及产学研联合方面的税收优惠政策支持。苏帆等（2019）的研究发现欠发达地区人才政策的完善性、针对性、有效性、吸引力等方面尚显不足。需要借鉴国内外人才赶超的经验，从完善政策、创新机制、搭建平台、改进管理、优化服务等方面，为突破人才发展"软瓶颈"提出对策、建议。

（二）研究方向

1998~2022 年有关民族地区技术创新和政策支持方面的研究，经历了起步和平稳发展期，取得了一定的成果，但仍然是一个有待深入研究的洼地。从目前的研究来看，大部分研究主要从国家或政府层面开展；某个行业、区域或集群的中观层面研究次之，而针对企业微观层面展开的研究则很少。此外，研究主题比较零散，研究内容不够深入。民族地区自身发展及地理位置等条件的特殊性，需要相关研究人员深刻剖析其经济发展的内部机理，更需要紧密结合中央及各级地方政府的创新政策多角度、多层面地展开研究。

1. 民族地区技术创新与经济高质量发展

创新是引领发展的第一动力。党的十九大报告指出，我国经济已由高速增长阶段转向高质量发展阶段。"更高质量、更有效率、更加公平、更可持续"是民族地区经济的发展理念和方向。绿色发展和技术创新是重要的研究课题。通过财政扶持、税费减免、资源使用优惠等支持政策，实施承接产业转移、模仿创新、自主创新来提高科技创新能力，推动绿色高新技术产业的发展；利用税率与资源使用成本及退出补偿机制等环境规制手段，逐步对高污染、高能耗、低效益的产业实施转型升级等。利用技术创新，实现产业结构调整和转型升级。绿色技术创新是重点关注的焦点之一。政策制定是影响绿色技术创新的外部因素之一，国家制度和政策体系的建立是实现绿色技术创新的关键点。民族地区经济还是属于传统产业或劳动密集型产业，创新资源和创新能力相对较弱，民族地区经济发展战略未能实现向依靠技术创新和提高人力资本质量的转移。民族地区目前的技术创新发展状况与其他非民族地区相比还处于落后位置，对技术创新事业的人力、财力、物力投入和重视程度、文化氛围各方面都严重不足。同时，民族地区各地经济状况、资源禀赋不同，技术创新发展进程参差不齐。因此，中央和地方政府在制定技术创新政策时，不仅要考虑进一步加大技术创新政策激励力度，而且需要针对自身的特点，考虑区域的差异性，因地制宜制定相应政策。例如，如何充分运用财政、税收、人才与知识产权政策等，构建与实施有扶有控的差别化政策支撑体系。

2. 民族地区技术创新创业与产业振兴

技术创新是促进就业的重要方式，是高效、快速实现民族地区产业振兴的有效途径。政府政策最直接的功能就是为民族地区技术创新活动减轻风险，引导企业自主创新的同时增加就业机会。为此，各民族地区政府应该建立健全长效普惠性的扶持机制，适时出台精准有效的差别化技术创新支持政策，调整完善财税政策体系，注重与实践相结合，采用多元扶持方式助力技术创新能力的提升。民族地区财政部门等应建立技术创新信息库，资助具有创新精神和创新热情的企业进行技术创新活动，结合国家产业扶贫等相关政策，构建政府、产业和企业相结合的合作平台和保障体系，通过出台相关优惠政策降低技术创新成本、提供技术创新资源。确保民族地区经济的可持续发展。

3. 政产学研协同与技术创新服务平台搭建

服务平台的建设至关重要。对于民族地区来说，搭建技术创新平台需要借助多方力量，其中最为关键的是政府。首先，搭建技术创新服务平台离不开资金、场地、人员等方面的支持，政府对于市场化不够发达的民族地区来说是重要的依靠力量，政府应该加大技术创新平台建设的资金投入和人员投入，建设民族技术创新孵化基地，积极鼓励具有创新性又体现民族文化的技术创新项目的培育并给予充分的优惠政策。其次，对于各民族地区政府来说，可以建立少数民族传统技术革新基地，通过具有创新意识和能力的创新型人才对民族地区传统技术进行革新，研发出既能符合各民族地区传统生产方式又能提高生产效率的新技术或新的工艺流程。最后，形成以民族地区科技创新、产业转型升级、经济社会发展为导向，企业为主体，科研院所与高校为两翼，民间资本积极参与的政产学研协同合作，整合国内优势资源，推进欠发达地区绿色科技创新与产业跨越发展。

4. 民族地区的绿色技术创新

越来越多的企业关注绿色技术创新，一致认为绿色创新以可循环利用资源代替有限资源不但有助于减少污染、资源消耗和有害物质的消耗，而且还能提高能源生产率（Eltayeb et al.，2011）。有关民族地区的绿色技术创新的研究可能涉及的问题主要有三个：①从国家和政府层面，针对绿色技术创新的政策支持系统、民族地区经济发展的差异性，通过与发达国家或国内经济发展较好的地区进行绿色技术创新经验借鉴和对比分析，进而做好顶层设计，指导民族地区绿色技术创新；②从中观层面关注绿色技术创新效率、绿色技术创新的影响因素；③从微观层面关注企业的绿色技术创新。获取一手资料，深入分析企业绿色创新的问题，提出有针对性的对策与建议。

本章小结

本章从技术创新环境发生深刻变化的宏观背景以及民族地区技术创新和政策支持的重要性出发，运用文献计量与可视化分析方法，分析了CNKI数据库1998~2022年有关技术创新和政策支持以及民族地区的技术经济和政策支持的相关文献，基于关键词共现图谱、聚类图谱及时区图谱等，对我国当前技术创新与政策支持的研究团队、研究热点等信息进行系统梳理。研究发现，已有的研究焦点主要集中在财税政策、中小企业、自主创新和产业政策等方面。同时，针对民族地区的技术创新和政策支持的研究，在过去20多年取得了较大的进步，但仍存在文献数量较少、关注程度不够、研究议题有限等不足。未来可进一步拓展研究议题，特别是在"创新、协调、绿色、开放、共享"的"五大发展理念"的导向下，进一步探讨技术创新及政策相关的重要研究主题，推动民族地区经济高质量发展。此外，提出了民族地区技术创新和政策支持方面可能的研究方向：民族地区技术创新与经济高质量发展；民族地区技术创新创业与产业振兴；政产学研协同合作与技术创新服务平台搭建；民族地区的绿色技术创新。

第四章

民族地区高新技术创新支持政策的供给和演变

经济发展的历史轨迹表明，技术创新早已成为影响经济增长的举足轻重的要素，在经济增长方面取得较大成功的国家或地区都将技术创新置于极重要的地位。政策作为上层建筑的重要组成部分，是一种潜在的资本，协调生产力的各要素，形成推动经济发展的合力。国家创新体系理论也强调国家政策因素对技术创新的影响，认同国家是参与和影响创新资源的配置及其利用效率的行为主体、关系网络和运行机制的综合体系。技术创新政策作为引导、支持和调整技术创新活动的工具和手段，对创新具有重要的引领和激发作用，世界各国或地区历来都非常重视创新政策的制定和修订。从世界各国发展历史来看，通过政策干预和倾斜来促进落后地区的发展，是各国或地区普遍采用的有效手段。自《坚持走中国特色自主创新道路，为建设创新型国家而努力奋斗》重要讲话发表以来，我国明显加快了技术创新政策体系建设步伐，先后出台了大量的创新政策文件，对提升我国民族地区企业技术创新能力起到了积极推动作用，是我国民族地区经济发展政策的核心组成部分。

高新技术是技术创新的重要载体，也代表了技术创新的制高点。本章将回顾和梳理近年来我国民族地区高新技术创新支持政策，剖析创新支持政策的基本现状，厘清政策得失，对于未来制定和实施更加有效的政策手段，具有重要的理论和现实指导意义。

一、引言

政策是指特定的主体对社会公共资源进行权威性分配的过程，作为政府决策的产物，以有效解决社会公共问题为诉求和行为对象。最初解释政府干预经济运行合理性的理论是经济学上所讲的"市场失灵"：一项政策的出台是否合理，政府干预是否有效，就看它能不能解决市场机制在某些领域的失灵问题，能不能弥补"看不见的手"固有的缺陷。国外将政策工具理论引入公共领域时间比我国要早，政策工具理论的应用领域包括环境保护政策、土地资源管理政策、财政金融政策、可再生能源产业政策等。从世界各国发展历程来看，通过政策倾斜来推动欠发达地区的发展是各国政府普遍采用的有效手段。

"二战"后，美国为迅速提高国家高新技术创新能力，全方位采取支持性政策推动高新技术供给，激励民营企业加快创新步伐。其政策支持主要涉及供给、需求和规则三个方面（杨长湧，2012）：①政府直接资助研发活动，包括与私人企业签订研发合同，全额或部分支付研发成本；与大学签订研发合同；由政府实验室进行研发活动；与包含企业、大学、政府在内的研发联盟签订研发合同。②对技术创新的商业化活动进行直接或间接资助，包括专利保护；研发支出的税收抵免；对那些给市场带来新技术的企业进行税收抵免或生产补贴；对购买新技术的支出进行税收抵免或返还；政府采购；技术创新工程。③对知识和技术的学习和扩散给予支持，包括加强教育与培训（针对技术人员、工程师、科学家、企业家和消费者）；对技术知识进行汇编和扩散（对研发结果进行筛选，解释并合理化，对数据库进行资金支持）；设定技术标准；技术和产业延伸服务；宣传和证明消费者使用新技术、新产品的信息。

美国总统科技政策办公室在 1990 年向国会提交的《美国技术政策声

明》，以及 1993 年美国总统发表的技术政策报告《促进美国经济增长的技术-增强经济实力的新方向》，提供了创新政策实施的八个主要方面：①通过政府的财政与金融环境，促进企业对技术创新投资；②创造适宜的技术创新政策和法律环境，消除技术创新的障碍；③促进政府研究机构的成果向企业转移；④鼓励政府研究机构、大学和产业合作；⑤政府采购法规和行为；⑥对知识产权进行妥善保护，以便从研发中获取更多的利益；⑦重申对基础科学技术的承诺，是一切技术进步的最终依托的基础；⑧促进互利的国际科技合作。国家政策干预技术创新的途径主要通过财税、金融、人力等政策工具，来诱导资源更多地投入研究开发、高新技术企业发展、人力资本投资等领域。多数国家，如美国、日本以及我国主要从政府补贴、税收优惠、风险投资、知识产权以及政府采购来实施创新支持政策（靳晓明，1991）。

我国高新技术产业起步于 20 世纪 50 年代，经历了从技术引进、模仿创新到自主创新的国家高新技术产业战略发展阶段。改革开放后，我国高新技术产业发展的政策体系逐步完善。关于创新支持政策演变的相关研究，大体上是从创新政策概念和内涵出发，定性分析创新政策的演进过程，或者是基于一定的质化研究方法，从政策实施效果的角度探索创新政策演变，而对创新支持政策演变的研究主要集中在创新支持政策历史演进、创新支持政策效力和类别、创新支持政策工具、创新支持政策理论基础的演变轨迹等（孙蕊等，2016）。李凡等（2015）从政策目标、政策工具、政策行动三方面选取了适当变量，比较了中国、俄罗斯、印度的技术创新政策四个时间段以及整体政策演进的差异。马玉新等（2018）对中国1995~2017 年的 239 份企业技术创新政策原文进行定性分析的基础上，运用扎根理论提取各个阶段的关键词，引入 TF-IDF 加权技术和政策效力等级，根据余弦相似度的定义得出各阶段双重加权的关键词共词矩阵，并由此得到各阶段共词网络和聚类结果，梳理整体政策演进过程和规律。黎春燕等（2018）运用内容分析方法对我国最具高新技术产业竞争力城市的扶持政策文本进行内容编码和量化比较研究。研究发现，各地区通过财政、投融资、人才、产学研等多元化政策综合发挥协同效应，依托差异化政策因地制宜提升竞争优势，以密集化政策促进产业形成特色。张永安等（2016）通过对区域科技政策的计量分析，发现政策工具在不同的产业、不同的时期，其政策效率各有不同。黄萃等（2015）通过对1949~2010年中央政府颁布的政策文献展开量化研究，发现我国的科技与创新政策在不同的历史时期所关注的焦点发生着不同的变化。梁正（2017）系统地梳理了中国科技政策体制的演化过程，并指出了当前政策范式存在的一系列问题，如理念和定位问题、协调配套问题、决策机制问题等。

二、民族地区技术创新政策演变过程的划分

关于我国创新政策演变历程和发展阶段，学者们持有不同的观点。范柏乃等（2013）将1978~2011年的我国自主创新政策从政策目标、政策内容和政策工具的角度划分为四个阶段：重构科技体制阶段（1978~1985年）、建立研发投入机制阶段（1986~1998年）、促进科技成果转化阶段（1999~2005年）和构建国家创新体系阶段（2006年至今），并针对不同阶段的政策实施效果进行了实证考察。杜根旺和汪涛（2015）根据扎根理论运用三级编码技术将中国1978~2013年的创新政策划分为三个阶段。孙蕊等（2016）从政策生命周期的角度出发，将中国1978~2013年创新政策划分为"科技管理的市场化改革阶段""自主创新战略及其实施阶段""科技创新治理现代化阶段"三个阶段。国家高新区近几十年创新发展报告则将国家高新产业创新政策呈现划分为四个阶段的演变过程，第一个阶段是政策制定的不成形探索（1978~1987年）；第二个阶段是线性创新模式下的区域聚焦政策（1988~1998年）；第三个阶段是着眼于创新系统要素相互作用的创新体系的构建（1999~2006年）；第四个阶段是全部门创新政策（2007~2020年），每个阶段关注的焦点、政策方向等如表4-1所示。

表 4-1　国家高新技术创新支持政策发展演变

政策阶段	1978~1987 年（第一个阶段）	1988~1998 年（第二个阶段）	1999~2006 年（第三个阶段）	2007~2020 年（第四个阶段）
关注焦点	积极探索、恢复和发展科学技术	吸引投资、支持创业、促进技术转让	搭建创新服务平台、鼓励研发、支持企业成长、产业集群	改善环境、人力资源、财政创新、市场建立、机构改革
政策方向	全面恢复和探索	区域目标	部门目标、创新促进	平行政策、创新促进
主要政策	恢复被破坏或停滞的各项人才政策；研究和制定技术政策；高科技园区财税优惠措施；科技贷款	国家高新区内税收优惠；出口和外商直接投资优惠政策；孵化器	创新资助，研发加计扣除；研发中心支持；孵化器和加速器；合作计划；产业联盟；软件服务产业	人才招募；政府采购；风险资本/母基金/产业基金；平台网络；股权激励；创新资源平台；社区服务
主要部门	科技部门为主	科技部门为主	科技部门为主	相关部门高度参与

资料来源：王胜光，程郁.国家高新区创新发展报告：二十年的评价与展望 [M].北京：中国经济出版社.2013.

1978 年 3 月我国召开了全国科技大会，成为中国创新政策发展的重要开端。因此，一般以 1978 年为技术创新政策的研究起点。这个时期，国家对于高新技术政策的研究，完全处于初步状态和探索期，并没有区域差异。科技创新政策的总体特征是以促进企业对技术的引进和消化为主，很多政策是关于产业方面的扶持政策，多以供给型和环境型政策为主；具体政策措施还不健全，没有明确针对科技创新与发展方面的政策；国家在高新技术方面取得了多项科技成果，技术开发能力也进一步增强并培养了大批科技人才和科技管理人才。

由于自然条件、环境要素和历史遗留问题等制约，民族地区经济发展始终处于相对落后的位置，20 世纪 90 年代初很长一段时间，民族地区的技术创新政策基本上属于空白，处于萌芽状态。1985 年 3 月中共中央颁布了《中共中央关于科学技术体制改革的决定》（中发〔1985〕6 号），对科技管理体制、科技拨款制度、国家重点项目管理、科研机构的组织结构、人事制度等方面进行了改革。1995 年 5 月中共中央、国务院颁布了《关于加速科学技术进步的决定》，确定了"科教兴国"的战略方针，指明了以科技和教育带动经济发展的方向。自此，民族地区的高新区建设和高技术发展才步入探索和发展阶段。2006 年初《国家中长期科学和技术发展规划纲要（2006—2020 年）》（国发〔2005〕44 号）正式发布，明确了"自主创新、重点跨越、支撑发展、引领未来"的科技工作指导方针，提出到 2020 年把中国建成创新型国家的发展目标。2013 年以来，以习近平同志为核心的党中央高度重视科技体制改革工作，把科技创新作为提高社会生产力和综合国力的战略支撑摆在国家发展全局的核心位置，深入实施创新驱动发展战略。基于我国技术创新背景以及创新政策自萌芽、产生到发展至今的政策发展脉络，从政策生命周期的研究视角，本章将民族地区高新技术创新支持政策的演变分为三个阶段：探索阶段（1997~2005 年）、建设阶段（2006~2013 年）、发展和创新阶段（2014~2020 年）。

三、民族地区技术创新政策文本的统计分析

政策文献量化研究是引入内容分析法、统计学、文献计量学等学科方法，围绕政策文献进行研究，对政策文献内容与外部结构要素进行量化分析，从而揭示政策主题的变迁、政策工具的选择与组合、政策过程的主体合作网络等公共政策研究问题。民族地区的技术创新政策的发展阶段基本上是始于 1997 年，下文将以 1997 年以来民族地区出台的技术创新政策的文本为基础展开分析，通过对出台的政策、政策呈现的基本特征、所采用的政策工具类型进行收集整理和统计分析，来反映技术创新政策的演变历程，为技术创新政策的优化和完善提供科学的政策指引。相关政策文本来

源于我国 5 个自治区以及少数民族聚居的云南、甘肃、贵州和青海等 4 个省份的政府门户网站以及所辖科技厅、财政厅、税务局等省直单位的官方网站，分别以"高新技术创新""高新技术""科技创新""技术创新""科学技术"为关键字进行政策文本的搜索与收集，获得高新技术创新政策原始文本，并在此基础上剔除发布部门或者年限不详的记录，共计 380 份（1997~2019 年）。采用多维度统计分析方法，对技术创新政策的效力（法律、行政法规、部门规章）和类别（科技政策、产业政策、财政政策、税收政策、金融政策等）进行梳理和统计分析。

（一）政策类型视角

通过对民族地区高新技术创新支持政策脉络的基本梳理，发现政策工具主要包括财税政策、金融政策、技术推进政策、人才建设政策四个方面。这些政策共同作用，构成了我国民族地区高新技术政策支持的基本框架。

（二）政策效力视角

创新政策主要以自治条例、行政法规和部门规章等形式出现，根据民族地区技术创新政策法律效力的高低，将其分为三个等级：A 级为自治区或省人大及人大常委会制定的自治条例或地方性法规，B 级为自治区或省政府制定的地方政府规章，C 级为各自治区或省的厅级单位如科技厅、财政厅等出台的各项政策。政策分类的两个前提假设基础（刘凤朝和孙玉涛，2007）：第一，$U_A > U_B > U_C$，即 A 等级政策的效用强于 B 等级政策的效用，B 等级政策的效用强于 C 等级政策的效用。第二，$U_{A1} = U_{A2} = U_{A3} \cdots U_{An}$，$U_{B1} = U_{B2} = U_{B3} \cdots U_{Bn}$，$U_{C1} = U_{C2} = U_{C3} \cdots U_{Cn}$，即相同等级的政策作用相同。假设某一维度出台的政策数量越多，政策效用就越强。

1. 政策总量分析

从表 4-2 的统计数据可以看出在 1997~2019 年，所有高新技术创新政策中最多的是技术推进支持政策，共285项，其次是金融支持政策、高层次人才建设政策和财税支持政策。

（1）技术推进支持政策直接作用于高新技术创新活动，是民族地区政府引导和调控高新技术创新的最基础、最直接的工具。技术推进支持政策多采取政府直接投资、政府采购等方式，通过政府资金示范和杠杆效应调节社会资源。民族地区先后出台科学技术进步条例、科技成果转化条例、科技进步奖励办法、专利保护条例和科学技术发展规划等政策措施鼓励本地区高新技术创新发展。从整体上看，一方面政策的效力较低，由自治区或省人大（及其常委会）出台的自治条例或地方性法规仅有37项，地方政府规章仅有74项，而最多的是省或自治区所辖的各厅级单位出台的174项政策，占总数六成以上。高效用等级的政策较少，不足以形成社会强制力。另一方面，在统计的285项技术推进支持政策中，不同效用等级的政策之间没有明显的匹配关系，层次比较混乱，这就可能导致高等级的政策无法得到有效的落实与推进。此外，在国家"大众创新，万众创业"的政策指引下，科技创新教育在高新技术创新中扮演着重要角色，但是在285项政策中与科技创新教育相关的政策几乎空白。因此，今后技术推进支持政策应该注意统筹规划，提升效用等级，同时注重科技创新的培育。

（2）金融支持政策是主要的政策工具。金融支持政策主要通过营造良好的金融环境、降低金融成本、管控金融风险进而间接促进高新技术创新活动。政策文本数量共计52项，排名第二。金融支持政策多关注高新技术创新主体的投资和收益分配问题，如内蒙古于2001年出台《关于加快建立科技风险投资机制的意见》（内政发〔2001〕23号），贵州于2015年出台《贵州省科技保险补助资金管理暂行办法》（黔科通〔2015〕22号），宁夏回族自治区于2017年出台《宁夏国有科技型企业股权和分红激励暂行办法》等。高新技术创新的主体中有很大一部分是科技型中小企业，他们技术研发需要投入大量资金，但是由于我国特殊的金融环境，这些企业存在严重的融资问题，虽然相关部门已经关注到这一现象，但是仍然没有有效的政策使这一问题得到根本的解决。同时，金融支持政策的效用等级也比较低，A 等级的政策只有 3 项，而且这些政策全部出自贵州省人民代表大会常务委员会，进一步说明民族地区的政策效用等级普遍偏低。

（3）高层次人才建设政策共有 38 项，位于第三位。人才资本是企业开展技术创新活动的智力基础和先决因素。人才队伍建设是提升企业创新能力的核心内容。与前两项政策相比，民族地区高新技术创新的人才政策相对薄弱，高效用等级的政策更加缺乏，但是各个民族地区结合当地高新技术发展现实状况，从不同方面发力，出台了一系列可操作性较强的人才政策。甘肃出台高层次人才认定及高层次人才（团队）项目认定办法，同时对于高层次人才的住房、配偶就业、子女入学出台了配套的政策措施。宁夏重点帮扶科技人员的专项科技项目，重奖科技有功人员，重视科技创新团队的评价与管理。

（4）财税支持政策仅有 5 项，且全部为 C 等级。在已有的 5 项政策中，有 3 项与研发费用的加计扣除相关。这表明在税收征管中，政府为高新技术创新主体提供了一定的税收优惠，但在实际执行中存在很多的限制，这便降低了政策的可操作性，也使政策效果大打折扣。

表 4-2　1997~2019 年民族地区高新技术创新政策分类

等级	金融支持政策	技术推进支持政策	高层次人才建设政策	财税支持政策	总计
A 级	3	37	1	—	41
B 级	4	74	15	—	93
C 级	45	174	22	5	246
总计	52	285	38	5	380

资料来源：笔者整理。

2. 政策总量的时间序列分析

根据表 4-3 和图 4-1，从数量上将 1997 年以后的民族地区高新技术创新政策的历史演进分为三个阶段。

表 4-3 1997~2019 年民族地区高新技术创新政策分类分年统计

年份 \ 政策类型 等级	金融支持政策			技术推进支持政策			高层次人才建设政策			财税支持政策			总计
	A	B	C	A	B	C	A	B	C	A	B	C	
1997	—	—	—	—	—	1	—	—	—	—	—	—	1
1998	—	—	—	1	—	—							1
1999	1			—	3	1							5
2000	2	1	1	1	1	2	—	—	—	—	—	—	8
2001	—	1		2	3	—							6
2002	—			1	—	1							2
2003	—		1	3	1	1	—	—	—	—	—	—	6
2004	—		1	3	—	1	—	1	1	—	—	—	7
2005	—		2	—	3	1							6
2006	—		1	2	6	1							10
2007	—		4	2	1	3	—	—	—	—	—	—	10
2008				1	2	4							7
2009			3	1	—	6						1	11
2010	—	1	—	1	3	6	1	2	1	—	—	—	15
2011	—			4	2	5	—	1	1				13
2012				2	5	9	—	7	2				25
2013	—			1	1	9	—	—	2				13
2014	—	—	7	1	3	6	—	—	2			1	20
2015			4	1	12	14	—	—	3				34
2016	—	—	3	4	9	20	—	2	4			1	43
2017	—	—	5	2	9	37	—	—	1			1	55
2018	—	1	10	3	6	34	—	—	4			1	59
2019	—	—	3	1	4	12	—	2	1			—	23
总计	3	4	45	37	74	174	1	15	22	—	—	5	380

资料来源：笔者整理。

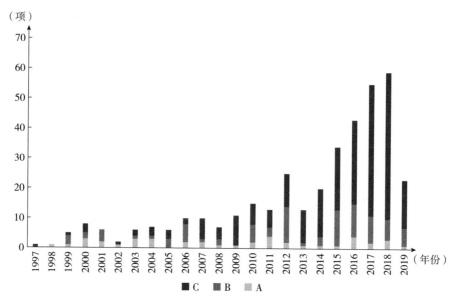

图4-1 1997~2019年民族地区高新技术创新政策结构比例变化趋势

资料来源：笔者整理。

（1）探索阶段（1997~2005年）。这一时期的创新政策总体上数量偏少，从政策的效用等级上多为B级效用的政策，从政策分类上主要为技术推进支持政策和金融支持政策，高层次人才建设政策和财税政策则几乎为空白。这一时期，民族地区陆续出台了科技成果转化政策，如内蒙古于2000年出台《内蒙古自治区促进科技成果转化条例》，新疆于2004年出台了《新疆维吾尔自治区科技成果转化专项管理细则》。同时，相关政策开始向扶持民营科技企业方向倾斜，如广西于2004年出台了《广西壮族自治区民营科技企业促进条例》，甘肃省于2005年出台了《甘肃省科学技术厅关于促进民营科技机构等非公有制经济发展实施办法的通知》。

1991年3月6日国务院颁布了《关于批准国家高新技术产业开发区和有关政策规定的通知》（国发〔1991〕12号）。1991年在我国西部批准设立了5个国家级高新区，分别是西安高新技术产业开发区、成都高新技术产业开发区、重庆高新技术产业开发区、桂林国家高新技术产业开发区、兰州高新区。1992年批准设立了7个国家高新区，分别在包头、南宁、绵阳、贵阳、昆明、宝鸡和乌鲁木齐建立国家高新技术产业开发区。1997 年批准设立了全国唯一一家农业高新技术产业示范园区——杨凌农业高新技术产业示范区。我国西部高新区主要分布在智力资源密集、经济发展水平较高以及区域条件较好的大中城市。在西部地区，国家级高新区设立最多的是陕西省，其次是四川省和广西壮族自治区。《国家高新技术产业开发区高新技术企业认定条件和办法》（国科发火字〔2000〕324 号）、《国家高新技术产业开发区若干政策的暂行规定》《国家高新技术产业开发区税收政策的规定》明确了建设国家高新技术产业开发区的有关政策。1991 年甘肃省发布了《甘肃省实施国家高新技术产业开发区若干政策的暂行规定办法》（甘政发〔1991〕168 号）。

这个阶段西部民族地区高技术产业创新政策主要体现在税收优惠和财政扶持方面。西部民族地区努力提高财政研发投资占 GDP 比重和财政科技投入的增长比例，通过资金配套等方式支持研发与科技创新，不断构建并形成西部民族地区高新技术开发区群。1996 年我国科学院启动了"西部之光"人才培养计划，对吸引和培养高层次人才到西部工作起到了积极的作用。实践证明，这一时期的高新技术产业政策提升了政策对优化资源配置的功能，在西部民族地区发展高新技术产业初期起到积极作用。随着 2000 年西部大开发战略的试行，对西部民族地区调整和改革了增值税制度，完善了税收优惠政策，对科技成果收入给予了减免税负。加大了对西部民族地区高新技术产业的转移支付力度，进一步完善了省级以下分税制财政体制。此外，还制定了在通信等项目上予以营业税减免等措施。

（2）建设阶段（2006~2013 年）。2006 年的全国科技大会标志着新政策促进阶段的开始，科技大会提出了创新型国家建设的目标。表明创新已经深入社会经济发展的各方面，成为各行业和各领域的核心，国家创新政策也随之进入以创新为中心、各部门共同推进的创新政策新阶段。这一时期的创新政策在数量上较上一时期有了明显的增长，除了最多的技术推进支持政策以外，金融支持政策和高层次人才建设政策也相继出台。内蒙古自治区于 2006 年出台了《内蒙古自治区中长期科学和技术发展规划纲要

（2006～2020 年）》，贵州省于 2008 年出台了《贵州省高新技术产业发展条例》，青海省于 2012 年出台了《青海省科学技术进步条例》等。这一时期的政策还有一个明显的特征，各个民族地区相继出台政策重视培养和吸引科技创新人才，如贵州省 2010 年出台了《贵州省优秀青年科技人才培养对象选拔、培养管理办法》，广西 2010 年出台了《关于加快吸引和培养高层次创新创业人才的意见》等。

（3）发展和创新阶段（2014～2020 年）。2014 年国家提出"大众创业，万众创新"，创新驱动成为国家经济发展的重要引擎，各民族地区也更加重视当地科技创新与发展。2016 年，中共中央、国务院发布了《国家创新驱动发展战略纲要》（中发〔2016〕4 号），为中国科技创新未来发展提供了顶层设计和系统谋划，明确了到 2050 年中国创新驱动发展的目标、方向和重点任务。2015 年，国务院发布了《国务院关于大力推进大众创业万众创新若干政策措施的意见》（国发〔2015〕32 号），推进科技创新与双创融通发展（薛澜，2018）。这一时期的民族地区高新技术创新政策在数量上呈现急剧增长的趋势，虽然依旧以技术推进支持政策为主，但是人才、金融和财税政策能够与之呼应、相互补充，为科技创新提供优良的发展环境。在政策结构上，C 等级效用的政策占大多数，A 等级和 B 等级的政策占比较少，这也反映了政策效用等级较低，不能形成强制力的问题。

四、民族地区技术创新政策体系的特征分析

中华人民共和国成立以来，民族地区实施国家科技政策，为发展民族地区的经济做出了巨大的贡献。尤其是进入 21 世纪后，民族地区的科技政策不断完善，企业、科研院所以及个人的科技创新意识、动力和能力明显加强，政策法规建设取得重要进展，区域创新系统建设受到各级政府的高度重视，并根据民族地区的实际发展需要，制定出了一些科技政策，一方

面服务于国家基本政策；另一方面使国家科技政策更加具体化，为科技发展和科技创新服务。在制定和演进过程中，民族地区结合自身政治和经济条件，不断扩展与完善技术创新支持政策体系，其特征主要表现在六个方面。

（一）在落实和延续国家级政策的同时进行调整和完善

不同历史时期的技术创新政策是特定社会经济条件下的产物，民族地区的技术创新政策同样也是针对当时社会经济发展的客观需求，在特定的社会经济条件下出台的。1978 年至 20 世纪 90 年代初，我国技术创新政策主要集中于中央层面，政策形式多表现为政府的指导方针、法律、行政法规、中长期规划和重大项目等宏观政策。随后，民族地区的各级政府相继出台地方技术创新政策和地方性法规。20 世纪 90 年代中期，民族地区技术创新政策沿着中央政策的发展轨迹，逐步由单项的科技政策向一个系统化的创新政策体系进行演化和转变。总体上看，民族地区的技术创新支持政策，一方面是国家政策的具体落实和延续，服务于国家的基本政策，使国家科技政策更加具体化；另一方面结合民族地区的实际经济发展水平，制定一些有针对性的技术创新政策，进而促进民族地区的科技发展和科技创新服务。这些政策，为发展民族地区的经济做出了巨大的贡献，特别是进入 21世纪后，民族地区的科技政策不断完善，企业、科研院所以及个人的科技创新意识、动力和能力明显加强，政策法规建设取得重要进展，区域创新系统建设受到各级政府的高度重视。2020 年科技部印发《关于加强科技创新促进新时代西部大开发形成新格局的实施意见》（国科发区〔2020〕336 号），2022 年云南省印发《云南省加快建立健全绿色低碳循环发展经济体系行动计划》，2020 年内蒙古自治区印发《关于加快推进"科技兴蒙"行动支持科技创新若干政策措施》《内蒙古自治区高新技术企业奖补实施细则》等。

但同时也存在一些不足，如部分地区出台的政策缺乏针对性，照搬国家相关政策，缺少长远、科学的规划和整体的宏观导向，未充分利用当地的社会经济特点、产业优势和自然资源禀赋，制定与其经济发展阶段、产业发展优势及其需求相符的技术创新支持政策。部分技术创新和政策支持的研究分散在各类科技计划之中，未能形成系统化的结构体系，对技术创新与政策支持的深刻认识与后续研究不利。

（二） 创新政策支持的重心从模仿创新向自主创新转变

由于民族地区特定的经济发展条件，最初的技术创新更多停留在模仿创新层面上，相应的创新政策也体现在对技术引进和模仿创新方面的支持。政策的重点是对民族地区实施差别化、更宽松的知识产权政策，从而促进技术外溢与扩散，更好地发挥模仿创新对促进科技创新的作用。通过吸引 FDI、承接产业转移和模仿创新，提高科技创新能力。例如，支持对接 FDI 和东部地区、中部地区产业转移，促进技术外溢、扩散与模仿创新。2021 年内蒙古自治区科学技术厅制定的《内蒙古自治区科技计划"揭榜挂帅"实施办法》，旨在将内蒙古产业发展"所需"用"科技悬赏"的形式张榜，充分引导集聚区内外优势创新资源，集中力量解决一批关键核心技术和"卡脖子"问题。2021 年底，内蒙古高新技术企业总数突破 1200 家，入库科技型中小企业达到 828 家。2022 年，企业承担关键技术攻关和科技重大专项项目数较上年增长了近一倍，支持资金增长了 70% 以上。

当企业具备了一定的技术能力之后，创新政策的重点逐步转向鼓励企业从事自主研发，促进本土技术供给，来培育本土企业形成真正的技术能力与创新能力。随着企业的技术能力进一步提升，创新政策的重点则转向技术发展方向的引导和市场需求的创造，战略导向从引进、消化吸收的模仿创新过渡到集成创新和自主创新，技术创新政策的开放程度有所提高。总体上看，民族地区的技术创新政策沿着鼓励技术引进到创新能力培养，再到方向引导和市场需求创造的轨迹发展。

随着国家对民族地区生态环境的重视，部分政策开始利用环境规制，对区域内的高污染、高能耗、低效益的产业和技术，通过提高税率与资源使用成本及退出补偿机制等手段，倒逼企业进行绿色技术创新，促使其转型升级。此外，通过财政扶持、税费减免、资源使用优惠等支持政策，引导、吸引与扶持绿色高新技术产业进入和发展。

（三）对政策调节作用的认识和重视程度提高，但政策体系缺乏系统性和前瞻性

从出台的政策和调研情况来看，各地政策的共同点依然有以下方面的表现（苏多杰，2005）：一是对科技成果管理推广比较重视；二是对技术创新体制改革高度重视；三是从战略的高度重视高新技术产业化，纷纷出台有关推动科技创新和高技术产业化政策；四是对加强技术创新人才队伍建设非常重视，出台了一些吸引和稳定高科技人才的政策措施。但由于民族地区的技术创新政策处于启动和加速状态，政策力度不强，技术创新体制改革比东部、中部地区要弱一些，技术创新政策的前瞻性也不够，导致少数民族地区技术创新活动中出现技术创新投入不足、企业的主体地位没有形成、技术成果转化率低、企业缺乏技术创新的动力、技术创新者的利益得不到保护、技术创新资源不合理等问题。

政策缺乏系统性，未形成行之有效的实施举措，部分政策细化不够、操作性不强，具体实施部门无据可依，导致部分出台政策难以落地。调查发现，政策在实施过程中也存在一些问题。部分地区对相应的政策实施信心不足、重视不够，"等""靠"国家财政资金帮扶的思想仍然存在，对相应的创新支持政策的推介力度不够，多是在政府部门的网站上发布信息，导致政策知晓度低、工作进展缓慢。另外，还存在缺乏专业工作人员，甚至对相关政策不甚了解，在很大程度上制约了企业对相关政策的认知。

（四）资金输入式的政策为主，自主创新引导性政策为辅

由于历史和现实条件的限制，民族地区人民生活贫困、技术水平和生产率相对低下。加上技术创新能力不足、地方政府的财力短缺、产业发展

的不平衡、投融资环境不完善，导致了民族地区经济发展滞后。要想改变这种状况，完全依靠民族地区自身力量和民间资本是不够的，况且技术创新高投入的高风险，所以应加大国家的资金支持，通过"供血式"的资金投入，再借助外部资金流入，连通民族地区技术创新系统的各要素资本，推进该地区的技术创新，首先需要的是资金的大力投入，加大财政倾斜。

民族地区的经济相对落后，不仅体现在数量上，更体现在质量上。国家已明确重点扶持西部战略性产业，其中一些国防科技力量比较发达和专利资源比较雄厚的城市，需要加快发展具有市场竞争力的机械装备工业、航空航天工业、新能源、新材料、生物技术和信息技术等高新技术产业。在政策设计中，通过货币金融政策、税收优惠政策、人才政策、科技政策等来调节优势资源的转化，企业通过自主创新，促进产业升级。在大力发展本地适宜地方科技的同时，充分运用和承接国内外及东部地区技术转移①。

（五）政策手段多样，呈现多元投资的政策供给

初期技术创新支持的政策手段是依靠政府的直接投资、国家财政及相关金融政策支持，主要有两种形式：一是直接干预，如采用市场准入、项目审批、目录指导等手段来直接干预企业技术创新；二是间接诱导，如政府投资、财政补贴、税收减免、政府采购、贷款优惠等政策。

随着经济的进一步发展，推动西部民族地区技术创新政策手段开始呈现多元化特征。在政府资金和其他配套政策的促进下，还需要构建多元化的投资渠道，依靠民间资本来探寻市场化运作模式。打造技术创新的投资环境，为外商和民营资本的进入提供相应的政策支持。对产品出口贸易、技术合作以及地区之间的合作方实施优惠的技术创新投资政策等。2019年4月15日国家发展改革委、科技部发布《关于构建市场导向的绿色技术创新体系的指导意见》，提出到2022年基本建成市场导向的绿色技术创新体

---

① 参见《2016年中国大数据交易产业白皮书》。

系，突出绿色技术创新的市场导向作用。《关于促进西部地区特色优势产业发展的意见》将高技术产业、重大装备制造列为特色产业，《关于进一步加强国家重点领域紧缺人才培养工作的意见》《外商投资产业指导目录（2007 年修订）》《关于加强西部大开发科技工作的若干意见》也相继出台，2020 年科技部发布了《关于加强科技创新促进新时代西部大开发形成新格局的实施意见》等政策。民族地区技术创新从"输血型"外延式向"造血型"内涵式演进，呈现由"忽视发挥市场机制"向"注重发挥市场机制"的转变趋势。

（六）强化创新支持政策颁布，弱化政策执行的监督

释放技术创新引擎的动能，助推创新体系整体效能提升，实现科技自立自强，要通过深化科技创新体制机制改革、强有力的技术创新机制保障，确保各项支持政策的落实落地。对有关政策进行梳理和研究发现，国家针对民族地区的政策投入并不少，但部分相关创新政策在实施过程中没有得到很好的执行，"政策失灵"时有发生。例如，财政政策，资金利用受部门分割管理和专款专用制度的制约，资金拨付滞后或不到位，地方在产业资金的使用中很难有效整合。科技创新体制机制改革落实不深不细，用足用好国家科技创新优惠政策还有差距。有些创新政策在具体实施过程中，由于没能被认真消化吸收，而未能得到很好的落实，出现实施偏差，使得对创新政策进行抵触、滞后而执行不力。财政资金流转环节监控不力，资金擅自挪用、转移、侵吞等问题频频爆出，财务风险增加，体系监督和约束制度不力或缺乏。市场中最重要的交易主体是企业，较高的政府研发投入容易滋生寻租现象，不利于制度红利的释放和政府职能的转变，在某些领域存在"政策依赖过度"的特征，在缺乏健康产业生态和有效监管手段的前提下，高额补贴的存在一定程度上扭曲了价格信号与竞争行为。民族地区技术创新政策与经济、产业政策的统筹衔接不够，全社会鼓励创新、包容创新的机制和环境亟待优化。

本章小结

　　本章在我国高新技术产业政策发展的背景下，简要回顾了我国民族地区的技术创新政策的发展阶段和演变过程，从政策类型和政策效力视角对民族地区技术创新政策文本进行了统计分析。总体上来看，政策体系呈现以下特征：在落实和延续国家级政策的同时进行调整和完善；创新政策的支持重心开始从模仿创新向自主创新转变；对政策重视程度高，但缺乏系统性和前瞻性；对政策调节作用的认识和重视程度提高，但政策体系缺乏系统性和前瞻性；以资金投入式的政策为主，自主创新引导性政策为辅；政策手段多样，呈现多元投资的政策供给；强化创新支持政策颁布，弱化政策执行的监督机制等。

第五章

民族地区技术创新水平和
影响因素分析

在新发展阶段，上至国家政策层面，下至地区发展规划，创新受到整个社会前所未有的重视。技术创新也越来越表现出其对于经济社会发展不可忽视的促进作用。科技创新作为驱动民族地区经济发展的战略支撑，迎来一个崭新的发展阶段。打破制约科技创新的瓶颈，加强创新体系建设，是民族地区实现经济高质量发展的重要举措。本章将从数据层面来展现和测度在国家政策支持和引导下民族地区企业的创新资源条件、创新要素投入、创新成果产出、创新活动绩效、创新驱动发展等方面的成效，分析民族地区在横向和纵向层面上技术创新绩效序列中的优势和劣势，明确其技术创新的发展方向。

一、引言

技术创新的特点决定了无法直接衡量技术创新的质量和数量，一般是采用一些替代性指标体系进行测量。专利是一个国家或地区创新过程中科技资产的核心，是最富经济价值的组成部分，对其拥有量既能反映国家或地区对科技成果的原始创新能力，又能折射出这些成果的市场应用潜能，从本质上揭示技术创新的能力。结合专利数据的可得性及其衡量创新能力的可靠性，越来越多的研究者将其作为技术创新能力的评价指标。沈琼和王少朋（2019）认为专利数据对创新分析仍然具有重要作用。R&D 统计针对的是基础研究、应用研究和试验发展，主要统计投入（包括经费和人力）和产出（主要包括科学出版物和专利）。

本章主要从投入与产出两个方面来分析民族地区企业技术创新现状。测度的指标包括：①技术创新投入方面，主要是资金和人力，包括各地区 R&D 经费和 R&D 人员全时当量。②技术创新产出方面，主要采用有效专利数量、专利申请受理量。数据主要是来源于《中国统计年鉴》《中国科技统计年鉴》《中国高技术产业统计年鉴》。数据库有国家统计局、中国经济与社会发展统计数据库、科学技术部、国务院发展研究中心和中国经济信息网等。样本范围：采样数据主要集中在 2012～2020 年。民族八省区仅包括内蒙古、广西、贵州、云南、西藏、青海、宁夏、新疆。在西部民族地区和中部、东部地区对比分析中，西部地区包括西部民族八省区，以及甘肃、陕西、重庆和四川共 12 个省份。为了更好地分析民族地区政府技术创新面临挑战和应对问题的特殊性，对中部地区、东部地区、西部地区进行对比，阐释民族地区在技术创新资源、人才、资金等方面存在的不足。

二、民族地区技术创新水平的概况

综合发展指数（Comprehensive Development Index，简称 CDI）用来代表科技活动水平的提升，是科技实力、竞争能力、研发能力、创新能力在经济社会发展中的集中体现。根据 2015~2021 年《中国区域创新能力评价报告》发布的各地区综合科技进步水平指数，2014~2020 年，内蒙古、广西、新疆、宁夏、西藏、云南、贵州、青海等民族八省区综合科技进步指数不仅全部低于全国年平均水平，而且居全国 31 个地区（不包含港澳台数据）末位的几乎均为民族地区。例如，2015 年内蒙古、广西和青海居于第三类，云南、新疆、贵州居于第四类，西藏为唯一的第五类地区。根据 2020 年综合科技创新水平指数排名来看，前 5 位的分别是广东、北京、江苏、上海和浙江，贵州、云南等西部地区追赶势头迅猛，创新步伐不断加快。2021 年贵州的区域创新能力居全国第 18 位，比 2015 年提高 4 位；综合科技创新水平居全国第 25 位，比 2015 年提高 5 位。但排名下降的其他 9 个地区中，宁夏和青海均下降 6 位，民族地区转型依然面临困难。

（一）技术创新投入的关键性指标对比分析

1. 研究与开发人员全时当量

研究与开发（R&D）人员全时当量是国际上通用的用于比较科技人力投入的指标。全时当量为全时人员数与非全时人员按工作量折算为全时人员数的总和。2020 年全国 R&D 人员全时当量共计 5234508 人年，其中广东的 R&D 人员全时当量居于首位，高达 872238 人年，江苏与浙江分别居于第二位和第三位。然而民族八省区均居于后位，其中 R&D 人员全时当量最多的云南，也只有 60369 人年，仅为广东 R&D 人员全时当量的 6.9%。总体来看，民族地区研发人员全时当量均远低于全国平均水平，且民族八省区总量为 207879 人年，仅占全国总量的 3.97%。

2. 研究与开发经费内部支出

企业研发经费是指企业在产品、技术、材料、工艺、标准的研究、开发过程中发生的各项费用，该指标可以用于衡量研发活动中的财力投入程度。"十三五"以来，在一系列创新激励政策的作用下，我国企业逐渐替代科研机构和高等院校，成为研发活动和技术创新的主体。企业技术创新方面的投入不断增加，其创新投入主体地位进一步强化。2020 年全国各地区 R&D 投入经费内部支出总计 24393.11 亿元，占国内生产总值的 2.4%。相比 2019 年增长了 0.16%（表 5-1）。广东、江苏分别以高于 2000 亿元的高额居于前两位。民族八省区中仅有内蒙古、广西、云南、贵州跻身百亿元行列中，西藏 R&D 投入经费内部支出最低，为 4.4 亿元，仅占广东的 0.13%。民族八省区全年研发经费总计 574.2 亿元，占全国全年投入研发内部支出经费的 3.64%。

表 5-1　2015~2020 年各地区内部（R&D）经费支出

年份 地区 项目	全国	东部	中部	西部
2015 年 R&D 投入费用（亿元）	14169.90	9628.90	2146.90	1731.60
2015 年 企业资金所占比例（%）	75	77	81	59
2015 年 政府资金所占比例（%）	21	19	16	37
2016 年 R&D 投入费用（亿元）	15676.70	10689.40	2378.14	1944.34
2016 年 企业资金所占比例（%）	76	77	83	62
2016 年 政府资金所占比例（%）	20	18	15	34
2017 年 R&D 投入费用（亿元）	17606.10	11884.80	2820.20	2196.60
2017 年 企业资金所占比例（%）	76	78	83	63
2017 年 政府资金所占比例（%）	20	18	14	33

续表

年份 \ 项目 \ 地区	全国	东部	中部	西部
2018 年 R&D 投入费用（亿元）	19677.90	13189.90	3287.30	2490.60
企业资金所占比例（%）	76	78	82	62
政府资金所占比例（%）	20	18	15	34
2019 年 R&D 投入费用（亿元）	22143.58	14614.01	3867.64	2858.53
企业资金所占比例（%）	76	78	83	64
政府资金所占比例（%）	20	19	14	32
2020 年 R&D 投入费用（亿元）	24393.11	15968.28	4330.21	3212.94
企业资金所占比例（%）	77	79	83	64
政府资金所占比例（%）	20	18	15	32

数据来源：笔者根据历年《中国科技统计年鉴》统计数据整理所得。

从 2020 年企业内部资金研发投入占总的研发经费的比例来看，全国为77%。东部地区为 79%，而西部地区为 64%，特别是西藏只占到了23.3%，表明民族地区的企业尚未真正成为技术创新的主体。相反，政府资金投入的相对比例则明显高于其他地区，如 2020 年西部地区政府资金投入所占比例达 32%，高出全国平均水平 12 个百分点。同时，西部民族地区企业没有成为技术创新的利益分配主体和技术创新的风险主体，导致企业技术创新动力不足。

（二）技术创新产出的关键性指标对比分析

1. 专利申请受理数量

专利申请受理数量反映了技术创新成果。截至 2020 年全国总共申请专利数 5016030 项，广东、江苏、浙江分别以 967204 项、719452 项和 507050项的数量位居前三。全国有 29 个省份专利申请数过万（不包括香港、澳门、台湾）。民族八省区中专利申请受理量最高的广西为 51712 项，贵州 49200 项、云南 45153 项、内蒙古 26224 项、新疆 18843 项、宁夏 12172 项、青海 6736 项以及西藏 2296 项。民族地区专利申请受理总数为 212336 项，占全国专利申请受理总数的 4.23%。

2. 有效专利数量

专利是企业创新的重要产出成果，反映了技术创新能力和水平。有效专利是指还处于有效期内的专利。专利权维持有效时间越长，表明其创造经济效益的时间越长，市场价值越高。在国家创新激励政策的推动下，企业在专利申请、专利授权和有效专利数量方面快速增加。截至 2020 年全国有效专利共计 11236868 项。民族八省区总共获得有效专利为 419644 项，占全国有效发明专利总量的 3.73%。广西作为民族八省区中全年有效专利最多的地区，数量为 102867 项。从增长速度来看，东中西三个地区趋同，都增加了 3 倍左右。从总量上看，2020 年西部地区有效专利数只有 120 万件，相当于东部地区的 15.06%。这种惊人的差距反映了其科技创新产出的竞争力不足。多年来国家制定了一系列包括财税、金融、政府采购、知识产权等在内的创新支持政策，其数量、内容和范围均达到甚至超过了世界创新型国家及东亚各国的政策力度（邓练兵，2013）。从创新资金投入上来看，西部地区 2020 年政府资金占到了 32%，而东部地区只占到了 18%。可见民族地区技术创新效率和创新效果一般的情况。

表 5-2 2012~2020 年各地区国内有效专利数

单位：万件

地区＼年份	2012 年	2013 年	2014 年	2015 年	2016 年	2017 年	2018 年	2019 年	2020 年
东部	218	261	286	337	386	444	531	624	797
中部	32	41	48	60	72	83	101	120	157
西部	27	35	41	52	63	70	82	96	120

数据来源：笔者根据历年《中国科技统计年鉴》统计数据整理所得。

3. 规上工业企业新产品开发项目数

新产品开发项目数反映了创新产品的开发力度。2020年全国规上工业企业新产品开发项目数总计788125项。民族八省区全年总计新产品开发项目数22886项，仅占全国总数的2.9%。位于全国前三位的省份分别是广东（166140项）、浙江（133346项）、江苏（102826项）。全年新产品开发项目数超过一万项的共有17个省份，占全国31个省份（不包含香港、澳门、台湾）的93.65%。民族八省区中，广西全年新产品开发项目最多，为6502项。云南5532项、贵州4993项、内蒙古2527项、宁夏1777项、新疆1195项、青海308项、西藏52项。

4. 规上工业企业新产品销售收入

新产品销售收入直观反映了创新产品的收入绩效。2020年全国规上工业企业新产品销售收入总计2380736642万元。民族八省区全年新产品收入总计72111444万元，仅占全国同年新产品销售收入的3.03%。广东、江苏、浙江均以高于250000000万元的收入名列前三位。民族八省区新产品收入情况普遍不乐观，其中，广西和内蒙古分别为25712986万元和12424598万元。

三、民族地区技术创新水平的测度

（一）指标体系、测度模型和数据来源

1. 指标体系

在借鉴有关技术创新能力评价指标研究成果的基础上，从技术创新可持续发展能力、技术创新投入能力以及技术创新产出能力三个角度，建立

民族地区技术创新能力评价指标体系。

（1）技术创新可持续发展能力。地区生产总值、人均GDP、地区人口受教育程度、教育经费支出、科学技术经费支出和高等教育专任教师数量、环境污染治理投资额、工业三废的处理量等是决定一个地区技术创新可持续发展的基本保障，能表征技术创新的可持续发展能力。

（2）技术创新投入能力。R&D人员全时当量、R&D经费、R&D经费投入强度以及R&D经费占GDP比重是反映某一地区技术创新的资金和人员投入的关键指标，能够很好地体现地区技术创新的投入水平。

（3）技术创新产出能力。绿色专利、高技术产品出口额以及高技术产业新产品销售收入、工业三废的排放量等能够很好地反映一个地区的技术创新成果及技术经济效益。

为提高能力评价指标的鉴别能力，使用变差系数来描述评价指标的鉴别力，计算得到第二轮评价指标中15个指标的变差系数，构成了最终的评价指标体系，如表5-3所示。

表5-3　民族地区技术创新能力评价指标体系

一级指标	二级指标	三级指标
民族地区技术创新能力	技术创新投入能力	X_1 R&D人员全时当量（人年）
		X_2 R&D经费投入强度（%）
		X_3 环境污染治理投资额（亿元）
		X_4 R&D经费（亿元）
	技术创新产出能力	X_6 国内三种绿色专利授权量（件）
		X_6 高技术产品出口额（百万美元）
		X_7 高技术产业新产品销售收入（万元）
		X_8 工业烟（粉）尘排放量（万吨）
	技术创新可持续发展能力	X_9 大专以上学历人口数（人）
		X_{10} 教育经费支出（亿元）
		X_{11} 科学技术经费支出（亿元）
		X_{12} R&D经费占GDP比重（%）
		X_{13} 工业废水治理设施处理能力（万吨/日）
		X_{14} 工业固体废物处置量（万吨）
		X_{15} 工业废气治理设施处理能力（万立方米）

资料来源：笔者整理。

2. 测度模型

因子分析法有利于发现数据结构的内在联系，经因子分析法提取后的公因子能够代表原始变量的主要信息，可以替代原始变量来解释一些经济现象，在很多领域被使用。具体使用时，先基于各指标数据的内部相关关系，把众多指标用少数几个被称为公因子的变量来表示，实现降维，再依据每个因子的方差贡献率进行客观赋权，构造得分函数，计算各因子得分。

因子分析法基本模型中，设研究对象为 Y，且 Y 存在 p 个具有可能相关关系的原始变量 X_1，X_2，$\cdots$，X_p，即 $X=(X_1$，X_2，$\cdots$，$X_p)$，其均值向量为 $E(X)=0$；设 $F=(F_1$，F_2，F_3，$\cdots$，$F_q)$ 为研究对象 Y 提取的公共因子变量信息，q 为公共因子的个数，且 $q \leqslant p$，其均值向量 $E(F)=0$。另外，X_i 含有特殊因子 $\varepsilon_i(i=1，2，3，\cdots，p)$，$\varepsilon=(\varepsilon_1，\varepsilon_2，\cdots，\varepsilon_p)$ 代表的是从初始变量中提取的新因子变量所无法表达的剩余信息，也称之为残差信息。在经过标准化处理以后每一个变量的均值都为 0，三者之间的线性函数关系可以表示为：$X=AF+\varepsilon$，其中，F 为公共因子，A 为因子载荷矩阵，a_{ij} 是第 i 个变量在第 j 个因子上的负荷。如果把变量 X_i 看成 n 维空间中的一个点，则 a_{ij} 表示它在坐标轴 F 上的投影。a_{ij} 的大小表明了 X_i 对公共因子 F_j 的依赖程度。ε 表示特殊因子，其均值为 0，代表不能被解释的部分。

因子分析法的具体实施步骤如下：

（1）数据的标准化处理。在进行实证分析之前需要对数据行进标准化处理，以消除量纲以及数量级等因素对分析结果的影响，标准化处理后，可以保证数据服从正态分布。设样本数据观测值为 X_1，X_2，$\cdots$，X_p，样本的均值为 $\overline{X}$，样本标准差为 S，则对应的第 i 个指标的数据值为：$Z_i=\dfrac{X_i-\overline{X}}{S}$。

（2）因子分析适用性检验。使用因子分析法的前提条件是各个变量之间有较强的相关关系。在 SPSS 中，主要的检验方法是 Bartlett's 球形检验和 KMO 测度。其中，KMO 测度作为因子分析适用性检验的重要工具，其适合度的取值范围为 0~1，数值越接近 1 说明各解释变量之间有越强的相关性，适合做因子分析。

（3）公因子筛选与命名。筛选公因子要遵循两个原则：一是特征值，特征值反映了该因子对变量的解释力度，一般选择特征值大于 1 的因子作为公因子；二是公因子的累计方差贡献率，累计方差贡献率越大解释力度越强，通常要求提取的公因子的累计方差贡献率不低于 80%。公因子的提取数量确定后，需要对各公因子命名，为提高命名的可解释性，通常需要对因子做旋转处理，使每一个公因子对应少数几个具有高荷载的变量，更具解释意义。

（4）计算因子及综合得分。依照成分得分系数矩阵中显示的关系，将公共因子分别表示为原始指标的线性形式，由此得到因子得分函数；用公因子的方差贡献率与累计方差贡献率之比作为权重进行加权计算，可得综合得分函数。

依据构建的指标体系，收集相应数据，按照以上分析步骤，采用 SPSS 软件进行数据处理，得到各因子得分及综合得分，并进行比对分析。

3. 数据来源

在构建技术创新能力评价指标体系和确定评价方法的基础上，本章主要选取内蒙古、广西、贵州、云南、西藏、青海、宁夏和新疆民族八省区 2013~2017 年的数据进行实证研究，指标体系中三级指标的数据来源于《中国科技统计年鉴》《中国统计年鉴》《中国环境统计年鉴》《中国能源统计年鉴》、国家统计局网站、各省份统计年鉴。通过分析年鉴中相关指标间的关系和具体含义的解释，综合数据的完整性，选择出技术创新能力相关指标及其数据构成实证分析的基础。

（二）实证分析

1. 因子分析数据检验及处理

通过 KMO 统计量检验和 Bartlett's 球形检验来确定变量之间有足够的冗

余信息，进而保证其可以用来做因子分析。本章利用 SPSS 进行 Bartlett's 球形检验和 KMO 统计量检验，显著性值为 0，说明原始变量之间存在复杂的相关关系，因此可以用来做因子分析。

2. 主因子提取及命名

运用 SPSS 统计软件对经过标准化处理的数据进行估计，得到民族地区技术创新能力的因子特征值、方差贡献率及累计方差贡献率。根据特征值大于 1 的原则，有 3 个公因子的特征值大于 1，并且前三个因子的累计解释方差贡献率达到 80.95%，说明前三个因子能够比较完整地反映全部信息。因此提取前三个因子为主因子分别记为 F_1、F_2、F_3。

在公共因子 F_1 上具有较大载荷值的变量包括 R&D 人员全时当量（X_1）、国内三种专利授权量（X_5）、高技术产品出口额（X_6）、国内三种专利申请量（X_7）、工业烟（粉）尘排放量（X_8）等几个指标。根据各指标变量的经济含义，在体现绿色创新产出的综合性指标中提取 5 个主成分，解释原有 7 个原始变量，将其命名为技术创新产出能力因子。

在公共因子 F_2 上，R&D 经费投入强度（X_2）、环境污染治理投资额（X_3）指标上具有较大载荷值，根据各指标变量的经济含义，在体现创新投入的综合性指标中提取 2 个主成分，解释原有 4 个原始变量，将其命名为技术创新投入能力因子。

在公共因子 F_3 上具有较大载荷值的指标变量为 R&D 经费（X_4）、教育经费支出（X_{10}）、科学技术经费支出（X_{11}）和工业废气治理设施处理能力（X_{15}），反映某一地区技术创新能力的可持续性，公共因子 F_3 体现了技术创新可持续发展方面的综合性指标，将其命名为技术创新可持续发展能力因子。

（三）主因子得分及综合得分

利用 SPSS 统计软件中的 Bartlett's 球形检验估计各因子得分。将经过标准化处理后的数据带入公式（5-1）中，计算出民族八省区各年的 F_1、F_2 和 F_3 公因子得分。

$$Fm = FT^T \times ZX \qquad (5-1)$$

其中，$Fm = (Fm_1，Fm_2，Fm_3)^T$ 表示各主因子在民族八省区的得分向量；FT^T 表示主因子得分系数矩阵的转置矩阵；$ZX = (ZX_1，ZX_2，\cdots，ZX_{15})^T$ 表示经过标准化处理后的变量向量。在以上算出民族八省区技术创新能力主因子得分的情况下，可以利用经过旋转后的主因子方差贡献率占累计方差贡献率的比重作为各民族地区技术创新能力计算综合得分的权重，具体如式（5-2）所示。

$$M = 0.632 \times Fm_1 + 0.192 \times Fm_2 + 0.176 Fm_3 \qquad (5-2)$$

根据式（5-1）和式（5-2）可以计算出民族八省区 2013~2017 年各年的技术创新能力三个主因子得分以及综合得分，具体得分情况如表 5-4 所示。

表 5-4　2013~2017 年民族地区技术创新能力主因子得分以及综合得分

省区	年份	F_1得分	F_2得分	F_3得分	综合得分	F_1平均得分	排序	F_2平均得分	排序	F_3平均得分	排序	平均综合得分	排序
内蒙古	2017	-0.095	0.980	2.151	0.504	-0.327	5	0.274	3	2.355	1	0.260	4
	2016	-0.115	0.206	2.780	0.456								
	2015	-0.448	0.115	2.492	0.178								
	2014	-0.451	0.187	2.277	0.152								
	2013	-0.528	-0.119	2.073	0.008								
广西	2017	1.632	-0.333	0.571	1.068	1.249	1	-0.015	6	0.410	2	0.858	1
	2016	1.690	-0.889	0.912	1.057								
	2015	1.277	0.158	0.302	0.890								
	2014	0.976	0.511	0.144	0.741								
	2013	0.671	0.476	0.119	0.536								

续表

省区	年份	F₁得分	F₂得分	F₃得分	综合得分	F₁平均得分	排序	F₂平均得分	排序	F₃平均得分	排序	平均综合得分	排序
贵州	2017	1.477	0.391	-1.067	0.821	0.937	3	0.068	4	-0.976	8	0.434	3
	2016	1.487	-0.417	-0.560	0.760								
	2015	0.999	0.265	-1.277	0.458								
	2014	0.612	0.111	-1.103	0.214								
	2013	0.112	-0.012	-0.872	-0.085								
云南	2017	1.350	1.449	-0.397	1.062	1.075	2	0.480	2	-0.389	5	0.703	2
	2016	1.377	0.457	0.095	0.975								
	2015	1.069	0.173	-0.489	0.623								
	2014	0.943	0.136	-0.509	0.532								
	2013	0.635	0.183	-0.644	0.323								
西藏	2017	-0.888	-2.287	-0.107	-1.019	-0.902	6	-1.895	8	-0.412	6	-1.007	8
	2016	-0.944	-1.680	-0.318	-0.975								
	2015	-0.912	-1.875	-0.408	-1.009								
	2014	-0.915	-1.741	-0.556	-1.011								
	2013	-0.852	-1.891	-0.669	-1.020								
青海	2017	-1.029	-0.223	-0.207	-0.729	-1.123	7	0.024	5	-0.317	4	-0.763	7
	2016	-0.996	-0.689	-0.086	-0.777								
	2015	-1.179	0.151	-0.230	-0.767								
	2014	-1.216	0.331	-0.434	-0.781								
	2013	-1.195	0.549	-0.627	-0.759								
宁夏	2017	-1.104	2.233	-0.618	-0.377	-1.168	8	1.581	1	-0.548	7	-0.530	6
	2016	-1.085	1.660	-0.436	-0.443								
	2015	-1.219	1.613	-0.485	-0.545								
	2014	-1.183	1.295	-0.634	-0.610								
	2013	-1.247	1.103	-0.566	-0.676								

续表

省区	年份	F_1得分	F_2得分	F_3得分	综合得分	F_1平均得分	排序	F_2平均得分	排序	F_3平均得分	排序	平均综合得分	排序
新疆	2017	0.491	-0.150	-0.322	0.224	0.259	4	-0.516	7	-0.108	3	0.046	5
	2016	0.488	-0.708	0.191	0.206								
	2015	0.140	-0.602	0.038	-0.020								
	2014	0.167	-0.549	-0.163	-0.028								
	2013	0.008	-0.570	-0.285	-0.154								

资料来源：笔者整理。

（四）聚类分析

从表5-4中可以看出，2013～2017年技术创新能力综合平均得分从高到低依次排序为：广西、云南、贵州、内蒙古、新疆、宁夏、青海和西藏。采用 Ward 聚类法对民族地区技术创新能力综合得分进行聚类分析，大致可以分为两类：

第一类为积极发展型。具体包括广西（0.858）、云南（0.703）、贵州（0.434）、内蒙古（0.260）、新疆（0.046）。这些省区技术创新能力综合得分较高，且技术创新能力提升较大。其中，广西 F_1（技术创新产出能力）、F_3（技术创新可持续发展能力）得分较高，但是 F_2（技术创新投入能力）得分偏低。云南 F_1（技术创新产出能力）、F_2（技术创新投入能力）得分相对较高，但是 F_3（技术创新可持续发展能力）得分中等。贵州 F_1（技术创新产出能力）、F_2（技术创新投入能力）得分相对较高，但是 F_3（技术创新可持续发展能力）得分最低。内蒙古 F_3（技术创新可持续发展能力）得分最高，其余 2 个主因子得分中等。新疆 F_1（技术创新产出能力）、F_3（技术创新可持续发展能力）得分较高，但是 F_2（技术创新投入能力）得分很低。

第二类为保守落后型。具体包括宁夏（-0.530）、青海（-0.763）、西藏（-1.007）。这些省区的技术创新能力得分均为负值，低于其他民族省区的技术创新能力得分，且2013～2017年技术创新能力提升不明显甚至稍有下降。其中，宁夏 F_2（技术创新投入能力）得分最高，但 F_1（技术创新产出能力）和 F_3（技术创新可持续发展能力）得分很低，表明宁夏需要注重提高技术创新转化效率，增强经济发展水平。青海3个主因子得分均较低，青海在技术创新资金投入和创新转化效率上整体提升空间较大。西藏3个主因子得分均相对较低，其中 F_2（技术创新投入能力）得分最低，据年鉴显示，西藏2017年R&D经费投入强度为0.22%，为全国最低水平；人均GDP为4.49万元，排在全国第20位；技术创新产出在民族八省区中排在第6位。以上数据说明，西藏在技术创新可持续发展能力、技术创新效率和技术创新投入方面均有待提升。

四、民族地区技术创新水平的影响因素分析

基于数据可获得性和部分文献的观点，确定了影响民族地区技术创新能力的10个因素。在经过对原始数据的无量纲化处理、计算指标体系的关联系数、计算灰色关联度并进行大小排列，最终得出各影响因素对民族地区技术创新投入、技术创新产出、技术创新可持续发展三个子项的重要性程度。进而采用Pearson相关性分析，揭示各影响因素与三个子项间的正负相关性及其密切程度。最后，综合关联度排序与相关系数统计得出民族地区绿色技术创新能力的主要影响因素。

从表5-5可知，各影响因素的关联度基本超过0.6，表明选取的民族地区技术创新能力影响因素指标与民族地区技术创新能力各子项间均有一定程度的关联性。在使用SPSS统计软件对10个影响因素进行Pearson相关性分析后发现，各影响因素与民族地区技术创新能力三个子项间大部分

都存在显著相关。另有部分相关系数大于0.8,存在高度相关,表明选取的民族地区技术创新能力的影响因素具有较强说服力。

表5-5 影响因素与各子项的灰色关联度和相关分析

因素 \ 子项	F_1		F_2		F_3	
A_1环境污染治理投资额(亿元)	0.698	0.131	0.717	0.809**	0.791	0.802**
A_2R&D经费外部支出(万元)	0.573	0.586*	0.763	0.818**	0.637	0.601**
A_3购买技术经费支出总额(万元)	0.790	0.607**	0.884	0.672***	0.691	0.635**
A_4高技术产业新产品销售收入(万元)	0.621	0.857**	0.788	0.263**	0.688	0.605**
A_5大专以上学历人口数(人)	0.532	0.447*	0.634	0.432**	0.634	0.739**
A_6R&D经费占GDP比重(%)	0.580	0.450	0.891	0.820**	0.502	0.620**
A_7人均GDP(亿元)	0.642	0.619*	0.760	0.327**	0.609	0.698**
A_8技术市场成交额(亿元)	0.451	0.765**	0.766	0.565**	0.897	0.781**
A_9政府治理效能排名比例	0.561	0.447*	0.567	0.465**	0.540	0.665**
A_{10}环境规制法规与规章总数	0.763	0.542*	0.581	0.676*	0.419	0.697**

注:A_1至A_{10}各影响因素对应的F_1至F_3各横排共有两列数据,第1列数据是各影响因素对应各子项的关联度,第2列数据是各影响因素对应各子指标的相关系数。相关系数列数据中,*表示在0.1水平(双侧)上显著相关,**表示在0.05水平(双侧)上显著相关,***表示在0.01水平(双侧)上显著相关。

资料来源:笔者整理。

1. 技术创新产出因子(F_1)的影响因素与关联度

由表5-5可知,在影响技术创新产出的因素中,根据关联度大小排序和呈现显著相关的影响因素指标,不难看出民族地区技术创新产出(F_1)的主要影响因素有高技术产业新产品销售收入、技术市场成交额、购买技术经费支出总额。

2. 技术创新投入因子(F_2)的影响因素与关联度

由表5-5可知,在技术创新投入的因素中,根据关联度排序和呈现显著相关的影响因素指标，可以发现技术创新投入的主要影响因素有 R&D 经费占 GDP 比重、R&D 经费外部支出、环境污染治理投资额、购买技术经费支出总额、高技术产业新产品销售收入、大专以上学历人口数、人均 GDP、技术市场成交额。

3. 技术创新可持续发展因子（F_3）的影响因素与关联度

在影响技术创新可持续发展因子的因素中，根据关联度排序和呈现显著相关的影响因素指标，可以发现技术创新可持续发展的主要影响因素为环境污染治理投资额、大专以上学历人口数、R&D 经费占 GDP 比重、环境规制法规与规章总数、政府治理效能排名比例等。

综合以上各影响因素与三个因子的灰色关联度和相关性分析发现，民族地区绿色技术创新能力的影响因素主要集中在以下几个方面。

（一）地区经济发展水平低下

我国民族地区基本位于西南、西北边疆，许多地方自然环境恶劣，基础设施十分薄弱，发展起点低，工业发展设施不完善，远离了国家政治经济核心区，社会发育程度低。客观地理条件增加了社会运行成本和交易成本。薄弱的经济基础使得大多数区域内企业短期内根本无法以雄厚的资金实力进行科技创新项目的开发。地广人稀的现状导致各项投资较难形成规模效益，同时影响投资回报。

民族地区经济发展总量偏小，经济结构相对落后，受自然、历史和社会等诸多因素的影响，民族地区的经济总量和人均 GDP 低于全国其他地区。民族八省区综合科技进步指数（2010~2020 年）均低于全国年平均水平，这表明，民族地区的科技进步水平与其经济社会发展水平基本是一致的。民族地区技术创新能力不仅受相应的资源投入影响，还依靠当地的经济发展水平，从而又能通过技术创新能力作用于经济发展。

（二）经费投入不足

首先是研发经费的投入。研究开发经费强度是评价一个地区技术创新能力的一项重要指标。受经济水平的制约，民族地区企业普遍缺乏技术创新活动所需要的资金，民族地区企业技术创新的资金支持、投入体系还有待建立或完善，资金不足是民族地区企业提高技术创新能力的主要障碍。2012~2020年，东部地区的R&D投资一直占到了70%左右，而西部地区则在15%左右。2020年，全国研发经费内部支出达到了24393.11亿元，占国内生产总值的2.4%。2020年，西部地区R&D经费内部支出总和为3212.94亿元，占全国的13%，高于北京的886.3618亿元。西藏自治区R&D经费内部支出为4.4亿元，其中，政府投入资金3.2亿元，约占73%。

财政科技拨款是从另一个侧面反映国家或地区科技投入水平的重要指标。在我国的R&D经费中，30%为政府拨款。2011~2020年，西部地区年均经费从21.70亿元增至59.88亿元。

2020年全国财政科技支出为9018.3亿元，民族八省区全年获得地方财政科技创新活动拨款总计365.48亿元，仅占全国4.05%。从2011~2020年统计数据来看，民族八省区地方财政科技支出普遍不高，尤其是宁夏、青海、西藏的年支出量基数较低，直至2020年，青海、西藏年财政科技创新支出数仍未超过15亿元。从绝对数衡量，2011~2020年，民族八省区地方财政的科技创新活动拨款逐年增长。2011年八省区总拨款量为148亿元，到2020年已涨至365.48亿元，涨幅将近146.95%。其中，贵州的涨幅最快，为421.61%，广西、云南、新疆和内蒙古的涨幅分别是134.13%、129.47%、56.25%和14.83%。宁夏、青海和西藏的涨幅分别为253.29%、177.89%和164.41%，但由于2011年的财政科技支出基数小，因此到2020年全年财政科技支出分别也只有27.91亿元、10.56亿元和8.99亿元（表5-6、图5-1）。

表 5-6　2011~2020 年西部地区地方财政科学技术支出

单位：亿元

地区	2011 年	2012 年	2013 年	2014 年	2015 年	2016 年	2017 年	2018 年	2019 年	2020 年
内蒙古	28.20	27.60	31.60	32.87	35.72	32.38	33.67	26.05	28.29	32.38
广西	28.30	42.80	54.40	59.93	49.63	45.20	60.04	64.43	72.33	66.26
重庆	25.00	29.80	38.70	38.16	45.67	51.62	59.31	68.59	79.23	82.87
四川	45.80	59.40	69.50	81.76	96.69	101.09	106.57	147.91	184.95	181.70
贵州	21.70	29.00	34.30	44.34	58.68	69.30	87.72	102.88	114.13	113.19
云南	28.30	32.70	42.60	43.15	48.56	46.86	53.42	54.94	59.00	64.94
西藏	3.40	5.10	4.20	4.42	5.41	4.81	8.49	8.12	7.28	8.99
陕西	29.00	34.90	38.00	44.86	57.28	62.01	79.34	87.22	71.38	56.45
甘肃	13.20	16.20	19.80	21.16	29.85	26.23	25.83	25.74	29.39	32.07
青海	3.80	7.20	8.40	10.39	11.22	10.90	11.94	12.80	10.37	10.56
宁夏	7.90	9.60	10.70	11.66	17.25	18.26	25.55	34.02	31.26	27.91
新疆	26.40	33.00	39.90	40.34	41.64	44.98	42.81	42.25	20.81	41.25
总计	261.00	327.30	392.10	433.04	497.60	513.64	594.69	674.95	708.42	718.57
均值	21.70	27.28	32.68	36.09	41.47	42.80	49.56	56.25	59.04	59.88

注：地方财政支出均为本级支出，2000 年以前不包括国内外债务还本付息支出和利用国外借款收入安排的基本建设支出。

资料来源：笔者根据历年《中国统计年鉴》整理。

　　如表 5-7 所示，西部民族地区八省区近年来的财政科技支出增长势头良好，但是，从每年地方财政科技创新拨款占地方财政总支出的比例来看，2012~2020 年每年民族各省区的财政科技支出比例并未发生明显改变，基本维持在 1%左右。绝对数的增长并没有从实质上加大地方财政对于民族地区科技创新活动的支持力度。

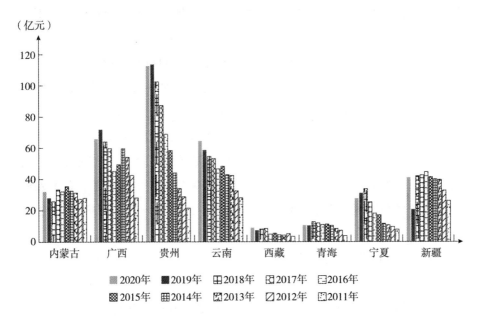

图 5-1 2011～2020 年民族地区地方财政科技拨款

资料来源：笔者根据历年《中国科技统计年鉴》整理。

表 5-7 2012～2020 年民族八省区地方财政科技创新支出占总财政支出比例

单位:%

年份	内蒙古	广西	贵州	云南	西藏	青海	宁夏	新疆
2012	0.81	1.43	1.05	1.74	0.56	0.62	1.11	1.21
2013	0.86	1.69	1.11	1.04	0.41	0.68	1.16	1.30
2014	0.85	1.72	1.25	0.97	0.37	0.77	1.17	1.22
2015	0.84	1.22	1.49	1.03	0.39	0.74	1.52	1.09
2016	0.72	1.02	1.63	0.93	0.30	0.71	1.46	1.89
2017	0.74	1.22	1.90	0.94	0.50	0.78	1.86	0.92
2018	0.54	1.21	2.05	0.90	0.41	0.78	2.40	0.84
2019	0.56	1.24	1.92	0.87	0.33	0.56	2.17	0.77
2020	0.61	1.07	1.97	0.93	0.41	0.55	1.89	0.75

资料来源：笔者根据历年《中国科技统计年鉴》整理。

自身资金不足加上财政扶持不够，使民族地区的研发经费投入远不足以实现自我创新能力的发展。长期以来，政府在技术创新财政经费使用上存在着一些结构性的问题，如支持企业自主创新的财政经费比例过低，重视用财政科技经费立项解决具体的技术问题，而对利用财政科技拨款引导企业把资金投入技术创新的力度较弱。很多国家和地区都提出了需要公共财政补贴来开展技术创新，美国提出复兴制造业，欧洲提出了面向2020年的制造业政策框架。我国民族地区在模仿创新的路径下，实施持续的增长，完成二次创新，也要实施基金的相关补贴性政策措施，从利益上保证创新企业的积极性，培养和发展新兴产业。

（三）政府的治理能力较弱

政府的治理能力有效的环境规制对当地绿色技术创新能力的可持续发展有着重要影响。增加研发投入、创新产出、完善创新体制和创新模式是技术创新能力提升的重要途径。从软环境来看，虽然目前全国范围的投资软环境得到了极大的改善，但民族地区地方政府的工作效率低及优惠政策落实难等问题屡见不鲜。创新的动力来源于市场竞争，由于民族地区的经济体制改革缓慢且经济的市场化水平不高，受传统计划经济体制的影响，民族地区企业的科技开发多是由国家行政拨款，其研发机构多集中在大专院校、科技部门，政府干预过多，而企业自有的研发机构较少。改革开放以来，我国民族地区国有经济比重较高，非公有制经济发展迟缓，科技体制改革滞后，使得不少企业特别是国有企业技术创新能力较差，与国际先进水平和东部地区不但没有缩小差距，而且有拉大的趋势（曹海英和贾春晨，2010）。

（四）市场竞争意识和主动创新意识相对落后

长期以来，思想保守、自给自足的小农经济观念等已成为民族地区深化改革、加快发展的最大障碍。改革开放以来，东部地区的开拓创新意识逐步展现为现代市场经济观念，成为推动生产力发展的强大动力。民族地区由于本身的地理位置闭塞，传统观念引导下人们更愿意凭借前人的经验来发展小农经济。对新的生产方式、新的经营模式、新的技术运用具有一定的抵触情绪，导致了民族地区企业科技进步与创新基础能力低、创新氛围淡薄、创新驱动严重不足。民族地区不仅有市场经济体制建成后仍存在的技术创新环境问题，还有经济体制转型期如股份制、产权等特殊问题。制定合理适宜的政策作为政府推动技术创新的主要手段，需要政府部门改变观念和行为方式。

（五）创新人力资源和创新型高端人才严重不足

据统计，2020 年全国共有研发工作人员 7552986 人，其中广东研发人员总数居于首位，高达 1175441 人。民族八省区均居于后位，其中云南研发人数最多，为 95071 人，也仅为广东研发人数的 8.09%。R&D 人员全时当量指 R&D 全时人员（全年从事 R&D 活动累计工作时间占全部工作时间的 90% 及以上人员）工作量与非全时人员按实际工作时间折算的工作量之和，是国际上通用的、用于比较科技人力投入的指标。民族八省区工业企业的 R&D 人员全时当量如表 5-8 所示。

图 5-2 给出了民族八省区 2012~2020 年规模以上企业科技创新活动中研发人员投入量及各省区位次变化。从图 5-2 中可以看出民族八省区的科技创新活动研发人员投入总量低且不平衡。民族八省区年科技研发人员总量从 2012 年的 111424 人增长至 2020 年的 199058 人，增长约 78.65%。其中，贵州和云南的研发人员投入呈明显的增长趋势，研发人员数量也略高于其他省区。新疆、宁夏、青海、西藏的研发人员投入总量基本维持在一个稳定的低水平。

民族地区缺乏创新需要的专业技术人才和管理人才。民族地区创新基础较薄弱，相应的创新型企业和高科技企业数量偏少，科技园区质量不高，无法有效承接高层次人才。人才引进后从事研发工作的条件不足、个人成长发展空间有限，导致民族地区人才流失严重，这种流动趋向使得民

表 5-8 2017~2020 年民族八省区工业企业 R&D 人员全时当量

单位：人年

序号	地区	2017 年	2018 年	2019 年	2020 年	2020 年/2017 年
1	内蒙古	23243	15777	15002	18393	0.79
2	广西	16163	17228	22102	20407	1.26
3	贵州	18786	20041	23164	26261	1.40
4	云南	21393	24048	29440	28894	1.35
5	西藏	202	326	264	190	0.94
6	青海	1799	1157	2379	1557	0.87
7	宁夏	6392	7060	8073	8333	1.30
8	新疆	6191	5806	4698	4752	0.77
	均值	11771.13	11430.38	13140.25	13598.38	1.09

资料来源：根据历年《中国科技统计年鉴》整理。

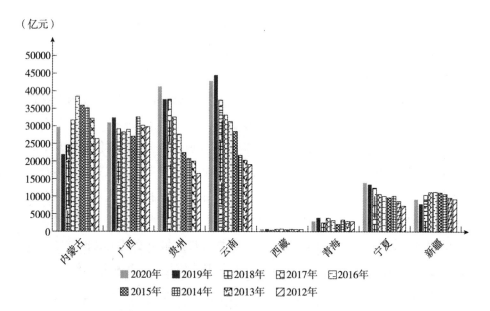

图 5-2 2012~2020 年民族八省区科技创新研发人力投入

资料来源：笔者根据历年《中国科技统计年鉴》整理。

族地区的科技队伍与东部相比差距较大。在科技创新人才匮乏的同时，由于经济地理环境的限制，员工待遇差，发展机遇少，民族地区人才流失现象也十分严重，使得西部民族地区和东部发达地区在人才、技术上的差距进一步拉大。仅新疆近十年来流失各类人才20多万。留住人才更是成了当下民族地区面临的一个重要难题。人才总量少、总体素质偏低、人才行业分布和专业结构不合理、新兴产业技术型人才稀缺等问题使得民族地区的科技创新人才严重匮乏。由于财政困难、经费有限，各行业劳动者能外出学习进修的机会很少，知识更新速度慢，导致专业技术水平日趋落后，更谈不上技术创新驱动。

科研成果是技术创新投入和政策支持有效性的检验标准之一。民族地区较少的科技研发投入导致其科技创新产出，如发明专利、新产品收入等成果大幅低于全国平均水平。从2012~2020年《中国科技统计年鉴》的部分指标，不难发现，民族地区的研发机构个数、高科技企业个数、新产品开发项目数量、专利申请、技术市场成交合同数等方面，都推进缓慢（表5-9）。

表5-9　2012~2020年民族八省区技术创新相关数据

指标 年份 地区	R&D 人员（人）								
	2012 年	2013 年	2014 年	2015 年	2016 年	2017 年	2018 年	2019 年	2020 年
内蒙古	41974	48366	50208	50695	54641	48755	41182	39936	46947
广西	64935	65783	65382	64843	69091	71954	74996	82445	82409
贵州	29967	36113	38165	40516	45222	52746	63689	67285	71604
云南	47038	49585	52943	67540	74561	77584	82222	92992	95071
西藏	2135	2318	2496	2112	2345	2509	2618	2896	2733
青海	7848	7322	7860	6675	7378	9675	7814	9661	7773
宁夏	14039	14412	16385	16133	16533	17232	19824	20924	21158
新疆	26740	26950	28271	30804	31651	28835	27677	25628	27482

续表

指标 年份 地区	规上工业企业开办研发机构（个）								
	2012 年	2013 年	2014 年	2015 年	2016 年	2017 年	2018 年	2019 年	2020 年
内蒙古	212	240	235	238	278	224	159	143	166
广西	425	447	421	367	324	305	271	323	453
贵州	148	165	224	242	474	442	494	590	679
云南	287	339	388	479	554	648	542	538	488
西藏	3	6	3	2	5	4	—	3	4
青海	27	33	47	41	46	50	45	47	64
宁夏	150	159	160	360	181	198	177	268	234
新疆	91	150	187	208	220	160	124	134	135

指标 年份 地区	规上工业企业新产品开发项目数（项）								
	2012 年	2013 年	2014 年	2015 年	2016 年	2017 年	2018 年	2019 年	2020 年
内蒙古	1567	1581	1570	1801	2260	1606	1686	1996	2527
广西	3320	3332	3328	2397	2664	3232	3444	4846	6502
贵州	1978	1908	1802	1619	2145	2537	3102	4235	4993
云南	1512	1903	2123	3017	3441	4208	4150	5661	5532
西藏	11	8	16	21	29	22	38	39	52
青海	103	111	130	150	296	369	195	259	308
宁夏	1131	966	1049	1125	1342	1194	1350	1448	1777
新疆	826	1103	1025	972	1002	976	936	1018	1195

续表

指标 地区 年份	规上工业企业申请专利数（个）								
	2012 年	2013 年	2014 年	2015 年	2016 年	2017 年	2018 年	2019 年	2020 年
内蒙古	1650	2062	2269	2585	2970	3796	3769	5064	5755
广西	3025	4468	4840	4613	5555	5428	6239	6373	7546
贵州	2794	3446	4051	3782	4341	5344	5976	6919	7227
云南	2404	2793	3137	3751	4942	5389	6190	7611	9451
西藏	18	9	18	17	44	20	39	51	92
青海	215	334	384	305	612	729	859	1088	1423
宁夏	914	1132	1160	1429	1757	1978	2205	2885	3774
新疆	1776	2256	2458	2340	2546	3022	3568	3632	4427

指标 地区 年份	技术市场技术输出地域成交合同数（项）								
	2012 年	2013 年	2014 年	2015 年	2016 年	2017 年	2018 年	2019 年	2020 年
内蒙古	1232	631	535	498	605	678	814	1201	1494
广西	423	694	2347	1577	1832	2039	2149	2647	3404
贵州	509	593	658	650	974	2950	2813	2906	3437
云南	2246	3084	2785	2666	2607	3500	3684	3324	3325
西藏	—	—	—	—	—	3	3	40	67
青海	639	747	801	952	986	1016	1071	836	1073
宁夏	564	597	544	661	990	980	617	1922	1864
新疆	1531	984	704	658	705	468	452	687	189

资料来源：笔者根据历年《中国科技统计年鉴》整理。

本章小结

　　本章从横向和纵向层面对民族八省区以及全国平均水平和东部省份，在技术创新投入和产出两个方面进行了直观对比分析。利用因子分析法，从技术创新产出、创新技术投入、技术创新可持续发展三个维度构建了我国民族地区绿色技术创新技术的能力测评指标，以民族八省区 2013～2017 年的面板数据为依据，构建了技术创新能力的统计测度模型，得出我国民族八省区的绿色技术创新技术能力与排名情况，并进行聚类分析和影响因素分析。总体上发现，作为我国经济社会发展的相对滞后区域，民族地区总体技术创新能力相对不足，科技成果商品化、产业化程度低，技术创新对经济增长的带动作用比较薄弱。同时，民族地区企业尚未成为技术创新的主体，企业技术创新能力较弱，并且由于技术以及相关方面的人才向民族地区企业转移比较困难，再加上当地企业科技经济的低层次循环，导致民族地区企业对科学技术的吸纳能力很低。另外，受经济水平的制约，民族地区企业普遍缺乏技术创新活动所需要的资金、民族地区企业技术创新的资金支持、投入体系还有待建立或完善。因此，总体上看，民族地区企业与东部沿海地区企业相比差距较大，技术创新能力较弱、企业效益较差、产品的市场占有率较低、企业缺乏活力和竞争力，但民族地区的技术创新方面的能力和绩效在国家政策的大力支持下，得到稳步发展和逐步提升。

第六章

环境规制、经济发展水平与民族地区技术创新

改革开放以来，我国经济总体保持快速发展趋势。自 2010 年第二季度起，我国经济总量超过了日本，成为世界第二大经济体，人均收入也步入了世界中高收入经济体行列，但这也使我国付出了沉重的资源和环境代价。多年来，各级政府和社会各界都积极倡导、大力发展绿色经济，提出要尽快实现经济与环境的正向互动和协调发展。在党的十九大报告中，党和政府已经将环境治理工作提升到了前所未有的高度，建设生态文明被提升为"中华民族永续发展的千年大计"，进一步凸显了我国加强环境规制的重要性和紧迫性，中国经济增速从 2012 年开始降到 8% 以下，开始向高质量发展阶段转型发展。

民族地区是我国生态文明建设、经济发展和脱贫攻坚的主战场和重点区域。经济发展和工业化进程是民族地区在今后相当长的一段时间内的重要任务，而民族地区的生态环境及技术创新能力在一定程度上决定着我国未来经济高质量发展的空间和持久性。由于民族地区长期处于发展边缘，独有的优势未能充分发挥作用，经济社会发展相对滞后，贫困面广、程度深，小康社会建设压力大，发展的不充分也对环境提出了更高的要求。相对落后的发展水平使民族地区在发展与保护中纠结不清，较低的经济发展水平无法为技术创新提供充足的资金支持，发展不充分制约着民族地区的生态环境保护。民族地区的环境问题还体现在经济发展和技术创新投入不平衡等问题上。民族地区如何避免踏入"中等收入陷阱"中所述的低端制造和环境污染问题是我国新发展时期的重要任务之一。

本章将讨论环境规制对我国民族地区技术创新能力的影响，并从地区经济发展角度出发，研究民族八省区经济发展对两者关系的调节作用，分析环境规制对民族地区技术创新能力提升及推动区域经济高质量协调发展的重要作用。

一、引言

改革开放以来，我国民族地区经济高速发展，特别是党的十八大以来，民族地区脱贫攻坚取得重大成就，经济社会得到快速发展。2019 年，国内生产总值为 990865 亿元，即将突破百万亿元，比上年增长 6.1%，民族地区生产总值为 100452.1 亿元。民族地区经济增长的同时也面临着生态破坏、环境污染等经济增长方式带来的负面影响（程松涛，2017）。经济的增长和新型工业化的推进，需要技术进步做支撑，而技术进步也会促进环境保护。Anderson（2001）分析技术进步对减少空气和水污染的贡献，认为对减少环境损害具有促进的作用。但同时，工业部门作为推动国民经济增长的主要动力，也是环境污染的主要来源（宋马林和王舒鸿，2013）。由于环境负外部性的存在，可能对民族地区的生态、环境等带来负面影响，由技术进步带来的一部分福利则被恶化的生态环境抵消。从规模看，2006~2015 年，民族地区用占全国 15% 的人口，创造了 10% 左右的国内生产总值（GDP），却排放了 20% 左右的污染；从结构看，化学需氧量排放量中大量来自工业生产，经济发展对生态环境的压力仍然高居不下；从强度看，尽管民族地区的污染排放强度也在逐年下降，但大气污染物排放强度远远高于全国平均水平，结构调整在降低民族地区污染排放强度方面尚没有发挥积极作用（杜雯翠，2018）。为了应对日益严重的环境问题，民族地区政府出台各种直接遏制污染排放为目的的环境规制政策，如关停中小型污染企业、大幅度缩减化石能源使用，抑制局部地区污染物排放，同时，加大绿色技术创新的投资力度，促进环境友好型技术进步，引导企业的绿色环保生产经营行为。虽然政府环境规制政策频繁出台，但是我国民族地区当前的绿色技术创新现状仍不容乐观。非此即彼的环境政策不仅易造成经济增长与环境保护形成交替占优博弈，而且会反向束缚地区经济绩效的提升和压缩节能减排空间（刘加林、严立冬，2011）。当前我国处于绿色经济发展的初级阶段，绿色技术创新和应用成本过高，企业在进行绿色生产决策时，往往会关注当前带来的高额成本。

20 世纪 50 年代，美国著名经济学家西蒙·史密斯·库兹涅茨（Simon Smith Kuznets）提出经济增长与收入分配关系呈倒 U 曲线（Inverted U Curve）假说，认为在经济发展的初级阶段，随着经济增长，收入分配差距扩大；当经济发展到一定水平后，随着经济增长，收入分配差距缩小。环境库兹涅茨曲线（Environmental Kuznets Curve，EKC）是指环境污染、生态破坏是工业化进程中必须经历的阶段，随着经济增长，环境质量会逐渐得到改善。Shafik（1994）研究认为，经济活动规模扩大导致环境不断恶化的前提条件是技术进步和污染治理投资额保持不变；随着收入增加，人们对环境质量需求提升，改善环境所需的各种投资也逐渐增多，因此，随着对环境质量需求的提升，环境治理投资额也会随之增加，从而提升环境规制强度。环境库兹涅茨曲线引发众多学者们的关注，学者们基于倒 U 曲线关系，分别从国家、地区等层面研究提出了 N 形曲线、倒 N 形曲线、U 形曲线、单调递增、单调递减等多种非环境库兹涅茨曲线。这也为经济学界深入研究民族地区如何实现环境规制与经济增长"双赢"目标提供了理论支持。马子量等（2014）利用 1995~2011 年民族地区的省份面板数据，对 EKC 假说进行了估算和拟合，发现民族八省区的 EKC 有所差异，各省区在经济增长过程中面临的环境压力是不同的。成艾华和田嘉莉（2014）采用面板门槛模型对民族地区的环境压力进行评价，认为在东部地区"推力"和民族地区"拉力"的双重作用下，民族地区承接东部地区高污染产业的动力仍然存在，这将面临更大的环境压力，建议因地制宜地采取一系列措施保护民族地区环境。

环境规制是政府制定实施的各项关于环境保护的法律法规、政策措施总称。环境规制一般通过四种途径来实现外部经济性：一是政府赋予环境资源私人使用者产权（Property Right）；二是政府限制环境资源的开发利用；三是政府通过外部成本内部化的征税方式，抑制环境资源使用或造成污染；四是排污权交易（Pollution Rights Trading）或者称作可交易的许可证（Marketable Permits），赋予环境资源使用者一定限额的权利。Antweiler（2001）利用44个国家的数据进行分析，结果表明，由于宽松的环境规制，污染型企业的生产从富裕国家转移到贫穷国家，对贫穷国家来说经济水平得到发展，然而从长远看，贫穷国家需要花更大力气弥补环境破坏所带来的损失。自"波特假说"（Porter，1991）提出以来，关于环境规制与技术创新能力之间的关系，一直存在着较大争议，主要有以下四种观点。

（一）"促进假说"——环境规制会促进技术创新能力提升

"波特假说"认为，合理的环境规制能够激励被规制企业进行技术创新，实现环境改善与企业竞争力提升"双赢"。该观点基于以下五方面考虑：第一，环境规制使企业知晓资源利用缺乏效率并指出技术改进方向；第二，集中于信息收集的环境规制将通过企业生态环境保护意识的提升而受益；第三，环境规制有助于降低环境有价值的投资的不确定性；第四，环境规制为企业带来创新进步压力；第五，环境规制可以改变传统的竞争环境。部分学者支持"波特假说"，认为环境规制对技术创新有积极的影响（Managi et al.，2009；Cole et al.，2010）。Lanjouw和Mody（1996）结合美国、日本和德国的数据进行分析，发现随着环境成本（规制）的提高，环境专利的数量也相应增加。技术进步做支撑经济的增长和新型工业化的推进，同时也会促进环境保护。Anderson（2001）通过分析技术进步对减少空气和水污染的贡献，认为对减少环境损害具有促进的作用。Johnstone和Labonne（2004）针对7个经济合作与发展组织（OECD）国家制造业的研究表明，环境规制政策的严厉程度和柔性都对环境研发投资具有正向作用。Popp（2011）对芬兰等5个国家制浆行业替代漂白技术专利的申请情况的研究发现，环境规制会引发环境技术创新，但在环境规制政策引入之前，消费者压力已经产生了作用。黄德春和刘志彪（2006）认为环境规制在提高企业成本费用的同时，也在一定程度上激发了生态技术的创新。张成等（2011）提出，合理环境规制政策的制定不仅能使企业实现治污技术的提升，而且可以实现生产技术的进步，从宏观上提出人均 GDP 的提高对环境效率有促进作用。景维民和张璐（2014）研究表明，技术进步具有路径依赖性，合理的环境管制能够转变技术进步方向，有助于中国工业走上绿色技术进步的轨道。张倩（2015）认为，合理的环境规制政策配合适度的严厉性，可以激励绿色技术创新，有利于实现经济发展和环境保护的双赢。曹霞和张路蓬（2015）通过构建政府、企业与公众消费者之间的三方演化博弈模型，探究了环境利益相关者的规制行为对于企业绿色技术创新及扩散的演化影响。

持"促进假说"的"强波特假说"的学者认为，环境规制能够激励企业技术创新和提高企业生产率，补偿遵循成本并提升企业竞争力。以交易许可等为代表的市场化环境规制，对发明、创新以及环境友好型技术的传播具有较为显著的积极作用，采取技术创新的方式减少单位产出污染副产品，从而减少环境支出。另外，在环境意识日益提高的情况下，环境规制使得率先采用环境友好型创新技术的企业，获得先发优势和减少未来发展的机会成本而更具竞争力。Ambec 等（2006）从行为学角度指出，现实中企业行为由企业经理控制，尽管创新投资能够增加企业未来收益，却无法增加企业当期收益，现期偏好将使企业经理延迟创新投资，环境规制有助于遏制企业经理因对现期偏好而产生短视行为，激励企业经理进行创新投资。因此，从长期来看，环境规制可以激发创新、促进节能减排技术或新能源技术的研发、改进生产无效率、提高投入生产率，最终部分或全部抵消短期环境规制的成本。

（二）"抑制假说"——环境规制会抑制技术创新能力提升

持"抑制假说"的"弱波特假说"的学者认为，环境规制能够激励企业技术创新，但并不能确定这种技术创新对企业影响的优劣。新古典经济理论认为环境规制将企业面临的外部污染内部化（Walter，1982；Baumol and Oates，1988），在不同程度上增加了企业额外的人力、物力和财力投入，从而提高环境规制水平、增加企业治污成本。在资金有限的情况下，污染治理投资的增加会挤出企业的技术创新投入（许长新和胡丽媛，2019）。这种观点认为环境规制能够提升社会福利，但无形中会增加企业环境治理的成本，从而影响企业的技术创新能力。以 Gray 和 Shadbegian（2003）为代表的学术观点则认为，在技术、资源配置和消费需求不变的静态假设下，环境规制的引入会增加企业的经营成本，受规制企业为了满足生态技术创新的资金要求，而不得不放弃其他具有良好前景的项目，引致企业未来收益降低，即"挤出效应"，削弱企业的竞争力。Chintrakarn（2008）、Kemp 和 Soete（1992）认为，受规制企业为了满足生态技术创新的资金要求，而不得不放弃其他具有良好前景的项目，引致企业未来收益降低，即"挤出效应"。Dean 和 Brown（1995）、解垩（2008）等学者的研究也表明，环境规制对技术创新有消极的影响。

（三）"不确定假说"——环境规制对技术创新能力提升的影响是不确定的

演化经济学认为，企业存在异质性，对于同一行为规则，不同的企业会产生不同的决策。由于行业、地区、环境、时间等随机因素的不同，环境规制对于技术创新能力的影响并不是简单的线性关系。Jorgenson 和 Wilcoxen（1990）研究发现环境规制无助于技术创新，甚至阻碍经济发展，特别是对矿业、化工业、造纸业等产业的负向作用最为显著，认为波特假说不成立。部分学者通过研究发现环境规制与技术创新之间存在着复杂关系，认为伴随着随机因素和时间因素的影响，环境规制对技术创新的影响有很大程度的不确定性（Conrad and Wastl，1995；Arimura and Sugin，2007；Daddi，2010）。另外，王国印和王动（2011）研究发现波特假说的存在具有地区差异性，在我国东中部地区支持波特假说的成立，而西部地区则不支持，沈能和刘凤朝（2012）认为这种不确定性是由环境规制强度和经济发展水平的不同造成的。在我国转型期，多种因素的影响使企业对涉及环境保护的技术进步的态度更具有不确定性。陈诗一和陈登科（2010）对我国 1980~2008 年行业数据的研究发现，改革开放以来实行的一系列节能减排政策有效推动了工业绿色生产率的持续改善，环境政策绿色革命成效显著。黄德春和刘志彪（2006）建立了改进的 Robert 模型，研究结果表明环境规制一方面增加了企业成本；另一方面则激励企业进行技术创新。

（四）"门槛假说"——环境规制对于技术创新的影响具有一定的门槛效应

"狭义波特假说"认为，只有适当或有效的环境规制才能刺激企业选择技术创新。如果环境规制产生的成本占企业总成本的比例很小，则环境规制可能不会对技术创新能力产生明显的影响，此时只有加大环境规制强度，当达到某一门槛值后才能起到激发创新投入、促进技术创新能力提升的作用。沈能和刘凤朝（2012）研究发现，当环境规制强度超越门槛值，环境规制强度与技术创新之间呈 U 形曲线关系，蒋伏心等（2014）、陶长琪和琚泽霞（2015）、刘章生等（2018）赞同环境规制对于技术创新的影响具有一定的门槛效应，即环境规制强度在不同的门槛值范围内对于技术创新有着不同的影响。宋马林和王鸿舒（2013）指出由于环境规制而额外附加的约束条件，企业在进行技术创新时不可避免地要受到环境规制带来的"成本效应"和"补偿效应"的影响。当环境规制的"成本效应"明显大于其"补偿效应"时，企业不会主动地积极寻求技术的创新，倾向于使用末端治理的方式治理环境污染，甚至有可能不惜违背法律法规的束缚，形成更大的负外部性。当环境规制的"补偿效应"可以弥补甚至远远高于企业的"成本效应"时，环境规制会积极推动企业进行技术创新、降低成本、减少污染物排放、推动区域的可持续发展。

民族地区和发达地区显著的差异在于经济发展水平。环境规制、技术创新及经济增长之间的关系一直是学者和政策决策者们关注的话题。本章将经济发展水平作为调节变量，对环境规制与地区技术创新能力之间的因果关系及调节机制进行识别和检验，以期明晰以下关键问题：①环境规制政策制约抑或促进我国民族地区的技术创新能力吗？②在经济不太发达的民族地区如何通过改变环境规制强度来提升技术创新能力？③民族地区的经济发展水平在环境规制与技术创新能力之间具有怎样的影响？相关研究结论为我国民族地区环境规制政策的实施，提供来自不同经济发展水平地区的经验证据，也将为我国实施的包括碳税在内的各种环境规制政策提供参考。

二、研究设计

（一）研究假设

对于经济发展水平相对滞后、创新资源和创新环境匮乏的民族地区来说，增加环境规制强度会迫使当地企业为达到新的环境标准、保持合规性经营而采取加大污染治理等措施，即通过引入新的生产设备、采用新的原材料或者新的污染治理设备等手段，达到政府要求的环境保护门槛，而为此投入的资金可能会挤占企业的技术创新费用（Cole and Elliott，2003），从而抑制民族地区技术创新能力的提升。此外，由于民族地区技术创新活力不足，民族地区的许多企业还不可能主动把自己的发展理念上升到区域协调发展大格局中，致力于基于技术创新的清洁生产，减少资源配置对周边环境的压力，或在产品生产中也不会自觉进行产品生态设计以减少资源消耗和非期望产出排放，实现产品在整个生命周期中对环境影响的最小化；或自愿改变生产模式，进行集约型的发展，推动资源节约型社会形成。因此，企业缺乏自主创新动力、技术创新能力相对薄弱，当实施较严格的环境标准后，企业极有可能出于惯性采取"先污染后治理"的生产方式来改善环境，这种生产方式对于经济发展相对落后、自然资源丰富且资源依赖性强的民族地区来说极难转变。但是，国家的各种技术创新优惠政策可能对此存在"弥补效应"，即在实施较强环境规制措施的同时，国家在创新投入、创新补贴和技术开发减免税等方面的帮扶力度也在同步加大，国家的创新优惠政策与环境规制会无形中形成强大的外部创新激励，产生技术创新动力，从而刺激企业进行生产优化，加大技术创新投入，"倒逼"企业提高创新效率，促进企业技术创新能力提升。由此得到假设 H1。

H1：环境规制会显著促进民族地区技术创新能力的提升。

经济增长和环境质量如何相容发展，一直是学术界关注的焦点。关于环境规制对经济增长的影响，两种不同的观点即"遵循成本假说"与"规制红利假说"并存。李树和陈刚（2013）评估 2000 年《中华人民共和国大气污染防治法》的修订对工业行业全要素生产率增长的影响，发现严格但适宜的环境规制，能够促使经济增长与环境质量协同发展。经济发展质量的提高是经济发展方式转变的前提，政府治霾有助于提升大气环境和经济发展质量，助推中国经济的高质量发展，如以 PM2.5 浓度衡量地区环境质量探究雾霾污染对地区经济增长质量的影响，结果发现雾霾污染通过降低地区城市化水平，挤出地区人力资本，使地区经济增长质量下降，但政府治理措施能显著改善地区的雾霾污染程度，从而推动地区环境质量的提升（陈诗一和陈登科，2018）。

由于各个地区经济发展情况不同，对环境的重视程度也不一样，环境管制对技术创新的影响往往也具有地区差异性，即不同地区经济发展水平存在差异，导致在不同的地区环境规制对技术创新的影响不同（游达明和蒋瑞琛，2018）。一般来说，经济发展水平较高的地区，拥有良好的技术创新环境、丰富的创新资源，其市场机制更健全，知识产权保护体系更完善（Smarzynska and Wei，2001）。因此，在实施严格的环境规制政策时，经济较发达的地区能够具有更加充裕的创新资金和创新型人才投入，进行技术创新，以满足边际污染成本最低。同理，经济发展滞后的地区，在实施严格的环境规制政策后，其短期的适应性和应变能力会低于经济较为发达的地区，环境规制政策对其技术创新能力提升的影响效果可能会降低，即地区经济发展水平越高，环境规制对技术创新能力的影响效果越好。宋马林和王舒鸿（2013）研究表明中国西部地区，环境规制对环境效率的效用普遍较低，这说明环境规制的地区差异与该地区经济增长程度相关。经济发达地区因经过多年经济高速发展，故环境效率在环境规制效用下容易得到提升，而其他地区由于经济发展刚刚起步、财力也有限，往往要靠更有力的环境规制才能尽快提高环境效率。因此，得到假设 H2。

H2：区域经济发展水平在环境规制与技术创新能力之间会起到显著的正向调节作用。

（二）模型与变量选择

1. 模型构建

本章借鉴 Cole 和 Elliott（2003）的实证分析方法，通过构建包括截面数据（我国民族八省区）和时间序列数据（2009~2017 年）的面板数据模型开展研究。由于相同的环境规制强度在不同经济发展水平的地区可能对技术创新能力有不同的影响，因此将地区经济发展水平作为调节变量，分析地区经济发展水平在环境规制与民族地区技术创新能力之间是否存在调节作用，并建立模型（6-1）和模型（6-2）。为了缓解变量的多重共线性和方程的异方差性，对模型进行对数处理。

$$lnI_{it} = \alpha_i + \beta_1 lnL_{it} + \beta_2 lnF_{it} + \beta_3 lnGDP_{it} + \beta_4 lnER_{it} + \varepsilon_{it} \qquad (6-1)$$

$$lnI_{it} = \alpha_i + \beta_1 lnL_{it} + \beta_2 lnF_{it} + \beta_3 lnGDP_{it} + \beta_4 lnER_{it} + \beta_5 lnER_{it} * lnGDP_{it} + \varepsilon_{it}$$

$$(6-2)$$

其中，lnI 表示技术创新能力指标对数，lnL 表示技术创新人员投入指标对数，lnF 表示技术创新资金投入指标对数，lnGDP 表示各民族地区经济发展水平指标对数，lnER 表示环境规制强度指标对数，$lnER_{it} * lnGDP_{it}$ 为交互项，α 表示截距项，β 代表待估计的参数，i 表示第 i 个民族地区，t 表示时间 （2009~2017 年），ε 表示误差项。

2. 变量选择

（1）被解释变量——技术创新能力。随着我国近年来专利授权等相关制度不断完善和企业等研发机构产权保护意识的不断提升，申请专利保护自主知识产权、保证核心竞争力越来越得到重视和应用，并且我国的专利数据完整且较易获取。因此，选取专利授权数 （I）来衡量民族地区技术创新能力。专利授权数是衡量创新活动中知识产出水平的一个通用指标，是知识性成果的一种直接反映。同时，本章还分别研究环境规制对我国民族地区发明专利授权数量（I'）、实用新型专利授权数量（I"）、外观设计专利授权数量（I"'）的影响（分别用模型 3、模型 5、模型 7 表示，形式同模型 1），并探讨地区经济发展水平的调节作用（分别用模型 4、模型 6、模型 8 表示，形式同模型 2）。

（2）解释变量——环境规制。目前学术界对于环境规制的衡量指标并没有达成共识，通过对以往文献的梳理发现，学术界对于环境规制的衡量指标主要有四种：第一，Smarzynska 等 （2001）从环境政策视角出发，通过测量政府制定相关环境政策前后污染物排放量的变化来衡量环境规制强度；第二，Fredriksson 等 （2002）、赵红 （2008）、刘加林和严立冬 （2011）从污染物治理费用视角出发，分别选取"三废"治理费用、污染治理成本占工业总产值比重、污染治理项目本年度完成投资额等来衡量环境规制强度；第三，Cole 和 Elliott （2003）、江珂和滕玉华 （2014）从污染物排放情况的视角出发，选取污染物排放量占工业总产值的比重、"三废"排放达标率衡量环境规制强度；第四，李勃昕 （2013）从国民收入的视角出发，选择国内生产总值占能源消耗量的比重来衡量环境规制强度。结合数据的可获得性，借鉴刘加林和严立冬 （2011）、赵磊 （2018）对于环境规制的衡量方法，选择各个民族地区污染治理项目本年完成投资额作为环境规制的衡量指标，该指标能够体现出各个民族地区在环境治理与保护方面所付出的努力程度，污染治理项目本年完成投资额越高说明该地区的环境规制强度越大。

（3）调节变量——地区经济发展水平。民族地区的 GDP 能够反映该地区常驻单位在一定时期内生产的全部最终产品和服务价值的总和，是衡量一个国家（或地区）经济发展状况的常用指标。选择各个民族地区的 GDP 来衡量地区经济发展水平。

（4）控制变量——技术创新投入。技术创新投入主要分为创新人员投入和资金投入，参考已有文献的衡量方法，并结合数据的可获得性，将 R&D 人员数作为技术创新人员投入的表征指标，将 R&D 经费内部支出作为技术创新资金投入的表征指标，这两类指标也是学术界普遍认可的技术创新投入的衡量指标。

3. 数据来源

选取我国内蒙古、广西、贵州、云南、西藏、青海、宁夏和新疆八个民族地区 2009~2017 年的数据进行实证研究。专利授权数、发明专利授权数、实用新型专利授权数、外观设计专利授权数以及 R&D 人员、R&D 经费内部支出的数据主要来源于《中国科技统计年鉴》，污染治理项目本年完成投资额的数据主要来源于《中国环境统计年鉴》，各民族地区 GDP 数据主要来源于《中国统计年鉴》，其中，西藏 2009 年和 2010 年污染治理项目本年完成投资额没有相关统计数据，采用求平均值的方法对这两年的数据进行估算，估算结果会有误差，但是对总体研究结果不会有很大影响。为了消除价格变动的影响，以 2009 年为基年利用固定资产投资价格指数对各个民族地区的污染治理项目本年完成投资额、GDP 和 R&D 经费内部支出三个以货币为计量单位的指标进行平减。表 6-1 为样本数据的描述性统计。

表 6-1　样本数据的描述性统计

	LnI	LnI′	LnI″	LnI‴	LnL	LnF	LnGDP	LnER	lnER*lnGDP
平均数	7.7734	5.8676	7.1581	6.3161	7.6356	12.5260	8.4462	11.0860	94.8790
中位数	8.0810	6.1461	7.5973	6.5666	8.1227	12.8720	8.8313	11.4670	100.6100
最大值	9.6336	8.5484	9.2188	8.6317	9.0898	14.1200	9.7214	13.4420	129.9400
最小值	4.7957	1.9459	2.9957	3.4011	5.9558	9.2534	6.0898	6.3918	44.9210
标准差	1.3610	1.4359	1.5962	1.2369	1.0076	1.2893	1.0460	1.4896	21.6920
偏度	−0.7042	−0.5055	−0.9787	−0.4543	−0.4156	−0.9838	−0.6125	−1.3559	−0.8056
峰度	2.5184	2.6723	2.9442	2.4026	1.6092	3.1265	2.1458	4.5173	2.7945
观测量	72	72	72	72	72	72	72	72	72
截面数	8	8	8	8	8	8	8	8	8

资料来源：笔者整理。

三、实证分析

（一）面板数据的单位根检验与协整检验

面板数据也被称为时间和截面的混合数据，基于面板数据而建立的回归模型，即为面板数据模型，能够同时反映在时间和截面两个维度空间上数据变化的规律特征，具有单一时间序列数据或者纯截面数据无法比拟的优点，同时面板数据还可以解决内生性问题。因此，采用 Eviews9.0 建立面板数据模型，对环境规制与我国民族地区技术创新能力之间的关系进行实证研究。

1. 单位根检验

在利用面板数据进行回归之前需要对变量进行单位根检验，来检验数据的平稳性。关于面板数据单位根的检验方法主要有两种：一种是假定含有相同单位根的检验，其检验方法有 LLC 检验、Breitung 检验、Hadri 检验；另一种是假定含有不同单位根的检验，检验方法有 IPS 检验、Fisher-ADF 检验、Fisher-PP 检验等。单一的单位根检验方法可能存在缺陷，因此，本章采用 Eviews9.0 软件的 Unite Root Test 功能，选择含有相同单位根的 LLC 检验和含有不同单位根的 Fisher-PP 检验两种方法进行面板数据单位根检验。表6-2 为各变量的单位根检验结果。从表6-2 可知，所有变量均在 10% 的显著水平下通过了 LLC 检验和 Fisher-PP 检验，说明所有变量均具有平稳性。因此，回归分析排除虚假回归或伪回归的存在。

表6-2　单位根检验结果

变量	Method	Statistic	Prob.	Cross-Sections	Obs
LnI	Levin, Lin & Chu t*	-2.92048	0.00170	8	61
	PP-Fisher-Chi-square	68.40160	0.00000	8	64
LnI'	Levin, Lin & Chu t*	-4.41997	0.00000	8	64
	PP-Fisher-Chi-square	47.90740	0.00000	8	64
LnI″	Levin, Lin & Chu t*	-2.59691	0.00470	8	60
	PP-Fisher-Chi-square	38.90740	0.00110	8	64
LnI‴	Levin, Lin & Chu t*	-2.50219	0.00580	8	64
	PP-Fisher-Chi-square	40.01210	0.00080	8	64
LnL	Levin, Lin & Chu t*	-2.99007	0.00140	8	62
	PP-Fisher-Chi-square	30.69380	0.01470	8	64
LnF	Levin, Lin & Chu t*	-5.07724	0.00000	8	64
	PP-Fisher-Chi-square	39.89300	0.00080	8	64
lnER	Levin, Lin & Chu t*	-2.20105	0.01390	8	60
	PP-Fisher-Chi-square	28.52600	0.02730	8	64
lnGDP	Levin, Lin & Chu t*	-910329	0.00000	8	61
	PP-Fisher-Chi-square	95.83590	0.00000	8	64
lnER * lnGDP	Levin, Lin & Chu t*	-3.85737	0.00010	8	61
	PP-Fisher-Chi-square	23.95230	0.09060	8	64

资料来源：笔者整理。

2. 协整检验

在对面板数据变量进行单位根检验之后，为确定变量之间具有长期稳定的均衡关系，需进行协整检验。常用的协整检验方法为 Pedroni 检验、Kao 检验、Johansen 检验，利用 Eviews9.0 软件的 Kao 检验分别对各个变量之间的协整关系进行检验。检验结果如表 6-3 所示。

从表 6-3 中可知，8 组序列的统计量均在 10% 显著性水平下通过了 Kao 检验，拒绝了变量之间不存在协整关系的零假设，因此 8 组变量的数据存在长期显著的协整关系。

表 6-3　各模型的协整检验

		ADF	Residual variance	HAC variance
模型 1	t-Statistic	−2.453072	0.168352	0.162062
	Prob.	0.007100	——	——
模型 2	t-Statistic	−2.098713	0.168352	0.106413
	Prob.	0.017900	——	——
模型 3	t-Statistic	−1.636674	0.149308	0.094437
	Prob.	0.050800	——	——
模型 4	t-Statistic	−1.477229	0.149128	0.098650
	Prob.	0.069800	——	——
模型 5	t-Statistic	−2.031783	0.186898	0.105914
	Prob.	0.021100	——	——
模型 6	t-Statistic	−1.822933	0.186571	0.108355
	Prob.	0.034200	——	——
模型 7	t-Statistic	−2.357207	0.316917	0.180322
	Prob.	0.009200	——	——
模型 8	t-Statistic	−3.600596	0.316868	0.293846
	Prob.	0.000200	——	——

资料来源：笔者整理。

（二）面板数据模型的选择

在利用 Eviews9.0 建立面板数据模型进行实证分析之前，需要对模型进行检验，目的是减少实证分析的误差。首先对面板数据模型利用 Eviews9.0 进行 F 检验来确定混合 OLS 模型和固定效应模型中选择哪种模型更合适，然后进行 Hausman 检验以确定在固定效应模型和随机效应模型中选择哪种模型更合适，检验结果如表6-4、表6-5 所示。

表6-4　F 检验结果

	Effects Test	Statistic	d. f.	Prob.
模型 1	Cross-section F	14. 186218	(7. 60)	0. 000000
	Cross-section Chi-square	70. 305609	7	0. 000000
模型 2	Cross-section F	13. 018914	(7. 59)	0. 000000
	Cross-section Chi-square	67. 246569	7	0. 000000
模型 3	Cross-section F	18. 599813	(7. 60)	0. 000000
	Cross-section Chi-square	83. 068179	7	0. 000000
模型 4	Cross-section F	16. 707394	(7. 59)	0. 000000
	Cross-section Chi-square	78. 672412	7	0. 000000
模型 5	Cross-section F	16. 850578	(7. 60)	0. 000000
	Cross-section Chi-square	78. 277015	7	0. 000000
模型 6	Cross-section F	12. 525309	(7. 59)	0. 000000
	Cross-section Chi-square	65. 570153	7	0. 000000
模型 7	Cross-section F	4. 574839	(7. 60)	0. 000400
	Cross-section Chi-square	30. 794652	7	0. 000100
模型 8	Cross-section F	4. 963217	(7. 59)	0. 000200
	Cross-section Chi-square	33. 337041	7	0. 000000

资料来源：笔者整理。

表 6-5　Hausma 检验结果

	Test Summary	Chi-Sq. Statistic	Chi-Sq. d. f.	Prob.
模型 1	Cross-section random	6. 505508	4	0. 164400
模型 2	Cross-section random	6. 373081	5	0. 271600
模型 3	Cross-section random	21. 392471	4	0. 000300
模型 4	Cross-section random	22. 458925	5	0. 000400
模型 5	Cross-section random	9. 081576	4	0. 059100
模型 6	Cross-section random	13. 148354	5	0. 022000
模型 7	Cross-section random	3. 429663	4	0. 488700
模型 8	Cross-section random	3. 583694	5	0. 610800

资料来源：笔者整理。

表 6-4 和表 6-5 中模型 1、模型 3、模型 5、模型 7 分别代表环境规制对我国民族地区专利授权数、发明专利授权数、实用新型专利授权数和外观设计专利授权数的影响。模型 2、模型 4、模型 6、模型 8 分别代表考虑地区经济发展水平对环境规制与我国民族地区专利授权数、发明专利授权数、实用新型专利授权数和外观设计专利授权数之间影响关系的调节作用。从表 6-4 中可以看出模型 1 至模型 8 在 F 检验中的 P 值均小于 0.1，拒绝建立混合 OLS 模型，应建立个体固定效应模型。从表 6-5 中可以看出，模型 3、模型 4、模型 5、模型 6 在 Hausma 检验中的 P 值均小于 0.1，因此拒绝建立随机效应模型，应该建立个体固定效应模型。模型 1、模型 2、模型 7、模型 8 在 Hausma 检验中的 P 值大于 0.1，拒绝建立个体固定效应模型，应建立个体随机效应模型。

因此，运用个体固定效应模型对模型 3、模型 4、模型 5、模型 6 进行实证研究，运用个体随机效应模型对模型 1、模型 2、模型 7、模型 8 进行实证研究。

（三）实证分析结果

基于以上结论，运用 Eviews9.0 统计软件建立面板数据模型进行回归分析，回归分析的结果如表 6-6 所示。可以发现。

第一，在模型 1 的回归分析中发现，环境规制对民族地区技术创新能力的提升具有显著的正向影响，"波特假说"在我国经济发展水平较低的民族地区得到证实，假设 H1 得到验证。环境规制对我国民族地区技术创新能力有显著正向影响，表明环境规制政策促进创新支持政策的实施，形成"合力"，有效防止了因地区经济发展水平滞后而引起的创新资源不足、创新环境较差的民族地区走"先污染后治理"的老路，激发了创新活力，引导企业开展技术创新活动。民族地区经济发展水平对技术创新能力的提升有着显著的促进作用，地区经济发展水平越高，技术创新能力越强。技术创新人才的投入对技术创新能力的提升具有显著的正向作用，创新资金投入对技术创新能力的提升不具有显著影响。随着国家对民族地区经济发展的重视程度日益提升，相对于技术创新人才的投入，创新资金投入已经不再是限制民族地区技术创新能力提升的最大瓶颈。民族地区发展相对落后，生活条件恶劣等不利区位因素难以吸引大批科技人才，这也说明，创新人才培育和引进方面的投入对于民族地区技术创新能力的提升非常关键。

第二，在模型 2 的回归分析中，区域经济发展水平对环境规制与民族地区技术创新能力之间的关系具有显著的正向调节作用，即地区经济发展水平越高，越会增强环境规制对技术创新能力的促进作用，假设 H2 得到验证。环境规制对技术创新能力促进的地区差异性与该地区经济增长程度相关。经济水平较好的地区，经过多年经济高速发展，技术创新能力和效率在环境规制效用下容易得到提升，而其他经济不发达的地区，由于经济发展刚刚起步、财力也有限，往往要靠更有力的环境规制才能尽快提高技术创新能力和效率。因此，对于经济欠发达的民族地区，需要政府实施有效的支持政策，进一步促进民族地区的技术创新能力和效率。

表6-6　面板数据模型的估计结果

变量	LnI（模型1）	LnI（模型2）	LnI'（模型3）	LnI'（模型4）	LnI''（模型5）	LnI''（模型6）	LnI'''（模型7）	LnI'''（模型8）
常数项	-13.460860*** (-4.855248)	-3.403257 (-0.61272)	-18.309630*** (-7.055021)	0.823512 (0.109998)	-16.551060*** (-5.647417)	-2.810430 (-0.359025)	-5.717653 (-1.351144)	11.356440 (1.250022)
lnL	1.049751** (2.156697)	1.047405** (2.201875)	0.398742 (0.799006)	0.673324 (1.291520)	0.665730 (1.275925)	0.706563 (1.296177)	1.262640 (1.551682)	1.220725 (1.550949)
lnF	0.196677 (0.594208)	0.141570 (0.435528)	0.153224 (0.458341)	-0.424892 (-1.146424)	0.145428 (0.410659)	-0.300081 (-0.774359)	-0.138887 (-0.254794)	-0.207784 (-0.390374)
lnER	0.168558** (2.149803)	-0.739441 (-1.628496)	0.216090*** (3.045559)	0.677862 (1.352905)	0.163322* (1.972368)	0.006802 (0.012984)	0.039201 (0.338837)	-1.502792* (-1.998145)
lnGDP	1.052105** (2.643324)	-0.139980 (-0.197836)	1.991128*** (5.135293)	0.425986 (0.502534) (-0.042146)	1.775164*** (4.192262)	0.732990 (0.826998)	0.437807 (0.692490)	-1.554280 (-1.327472)
lnER * lnGDP	—	0.113680** (2.047092)	—	-0.062057 (-0.963946)	—	0.021775 (0.323480)	—	0.190032** (2.073949)
R^2	0.944343	0.948189	0.939727	0.959137	0.951325	0.963852	0.829719	0.844916
A-R^2	0.934139	0.937651	0.928677	0.943112	0.942401	0.949677	0.798500	0.813374
样本数	72	72	72	72	72	72	72	72

注：***、**、*分别表示1%、5%、10%的显著水平；括号内为t统计量的值。

资料来源：笔者整理。

第三，在模型 3 和模型 5 的回归分析中，创新人员和创新资金的投入对于民族地区发明专利授权数、实用新型专利授权数的提升均不具有显著的影响，但是民族地区的环境规制强度和经济发展水平对发明专利授权数和实用新型专利授权数有显著的正向影响。

第四，在模型 4 和模型 6 的回归分析中，地区经济发展水平对环境规制与民族地区发明专利授权数、实用新型专利授权数之间的关系并不具有显著的调节作用。

第五，在模型 7 和模型 8 的回归分析中，创新人员投入、创新资金投入、环境规制强度和地区经济发展水平对民族地区的外观设计专利授权数均不具有显著影响关系。但是，地区经济发展却对环境规制与民族地区外观设计专利授权数之间的关系存在显著的正向调节作用，即民族地区经济发展水平会减弱环境规制对技术创新能力提升的负向影响，有利于民族地区技术创新能力的提升。

四、结论与对策建议

民族地区的生态文明建设是全国生态文明建设的重要组成部分，其建设速度和质量事关全国生态文明建设的成败，也是我国高质量发展的关键环节。习近平在党的十九大报告中指出，我国社会主要矛盾已经转化为人民日益增长的美好生活需要和不平衡不充分的发展之间的矛盾，这同样是民族地区发展与环境保护关系中的两个重要问题。

本章以我国民族八省区 2009~2017 年的统计数据为依据，建立面板数据模型，分析环境规制对民族地区技术创新能力的影响，同时探讨了民族地区经济发展水平对两者关系的调节作用。研究发现：环境规制对民族地区技术创新能力存在显著的正向促进作用，地区经济发展水平会增强两者之间的正向关系。环境规制对发明专利授权数、实用新型专利授权数均具有显著的正向影响，但是环境规制对民族地区外观设计专利授权数的正向影响并没有通过显著性检验，地区经济发展水平只对环境规制与外观设计专利授权数起到正向调节作用。在技术创新投入方面，限制民族地区技术创新能力提升的关键是创新人力资本的积累。

（一）承接优势产业，发展民族地区创新经济

充分利用国家优惠政策，积极响应国家的发展战略部署，从高质量发展的机遇来看，"一带一路"倡议的实施，使民族地区成为我国对外开放的前沿，深度融入"一带一路"建设，推进全方位开放合作，使民族地区有可能位于我国对外开放和经济社会发展的前列。通过推动经济转型升级，合理优化产业结构，充分发挥有形资源与无形资源的优势互补，大力发展生态文明建设，利用好民族地区得天独厚的地理优势和人文特色，发展地区优势产业。扩大与其他地区的经济合作，利用好发达地区的"涓滴效应"，分析承接产业转移和产业升级过程中的数量特征，以及是否具有环境经济学意义上的结构变动特征，制定一整套基于可持续发展的评估和预测产业政策，为民族地区经济快速发展的相关政策构建提供参考。

（二）加大政策支持力度，推动技术进步和产业结构调整

在财力相对匮乏的民族地区，政府在推动低层次的发展模式转变为高层次的发展模式，需要促进绿色技术创新，加快高新技术产业的升级。政府推动低层次的发展模式转变为高层次的发展模式，加快高新技术产业的升级，促进技术创新的可持续发展，从而提升民族地区的环境效率和高质量发展。在财力相对匮乏的西部民族地区，加大财政补助和国家政策扶持的力度，根据地方财政的负担能力和企业的承受能力，帮助企业通过开展国际合作开发和自主创新等各种方式，引进、消化和吸收绿色先进技术，提高民族地区的技术创新能力和效率。通过测算合理制定鼓励采用技术创

新投入方面的补助试行方案，从创新资金、创新人才、税收补贴等多个角度加大政策优惠力度，整个工业部门的技术创新能力、环境效率的提升将有更长的路要走。因此，由于无法确保企业在注重发展自身的同时肩负技术创新和环境保护的社会责任，政府的作用就不可或缺。尤其是对一些碳排放强度相对较高但目前又不可缺少的工业部门，更需要政府的推动来提高环境效率，并鼓励民族地区通过合作开发和自主创新等各种方式激发民族地区的技术创新活力。

（三）适当设置环境规制强度，促进民族地区经济和环境的协调发展

民族地区一般都是经济欠发达地区，发展经济、促进经济增长仍是其重要任务之一。环境规制与经济增长协调是保证民族和谐与规制目标实现的重要基础。如何制定与经济增长需求相适应的环境规制政策，一方面推动经济的快速增长；另一方面不会使环境遭到破坏，这是世界各国尤其是发展中国家当前需要解决的难题。增强环境规制力度的同时，要合理把握绿色 GDP，不矫枉过正；尽量不损害经济增长，不使民族地区经济发展出现倒退，不拉大与国内其他地区的贫富差距。政府的干预或规制会对环境的好转起到很大的促进作用，如积极采用一些不可逆的、沉没成本不大且周期短的污染控制的环境规制政策。不过，一般认为，环境规制的作用效果无法被观测到，因此无法直观判断它会对哪些因素产生影响，以及到底在多大程度上促进或抑制了经济增长。由于民族地区的经济状况、资源禀赋、政府政策的不同，它们在实现新型工业化方面的进程又参差不齐，进展并不可观。各省份需要针对自身的特点，因地制宜地制定环境政策，才能更好促进地区经济更加绿色和谐的发展。尤其是对一些碳排放强度相对较高但目前又不可缺少的高耗能生产部门，需要政府推动来提高技术创新能力和环境效率。环境规制强度的提高能够促进民族地区技术创新活力，进而提高地区经济发展水平，而地区经济发展水平的提高又作用于地区技

术创新能力的提升，最终形成"双赢"甚至"多赢"的良性循环局面。

（四）注重人才培养方式，加大技术创新人才引进的投入力度

人力资本是技术创新和经济发展的重要推动力。积极与我国各个科研院所进行合作，完善和优化定向人才培养的相关政策，打造政府、企业、学校、学生"四位一体"的人才培养新路径。加大高层次人才引进力度，在工资福利、生活保障、医疗养老等各个方面给予高层次人才丰厚的优惠政策。吸引人才是第一步，关键是要留住人才。民族地区应重视高层次人才的发展机会和发展空间，使其能够允分发挥自身潜能，实现自身价值。

本章小结

民族地区技术创新能力在民族地区经济社会发展中起着越来越重要的作用，民族地区的经济发展和环境保护在一定程度上决定着我国未来发展的空间和持久性。

如何依照各地区的具体情况制定有针对性的环境规制政策，一方面推动经济的快速增长；另一方面不会使环境遭到破坏，这是我国经济欠发达地区当前需要解决的难题。本章讨论环境规制对我国民族地区技术创新能力的影响，并从地区经济发展角度出发，研究地区经济发展对两者关系的调节作用，对于保护民族地区生态环境、促进民族地区技术创新能力提升、推动区域协调发展具有借鉴作用。

第七章

民族地区绿色技术创新效率
测度及时空演化特征

  区域创新能力是其经济发展的重要引擎，民族地区在经济、社会、教育、科技等多方面都还处于相对落后状态。民族地区技术创新能力整体水平较低、企业研发投入较少、创新产出和创新动力不足、知识产权制度不够完善等，导致了企业技术产品结构升级换代较缓慢、产品附加值较低，难以提升产业分工价值链中的水平。目前我国工业经济总体上尚未摆脱高投入、高消耗、高排放的发展方式，资源能源消耗量大，生态环境问题比较突出，形势依然十分严峻，迫切需要加快构建科技含量高、资源消耗低、环境污染少的绿色制造体系。

  本章通过对我国民族八省区绿色技术创新效率进行测度，分析民族地区绿色技术创新水平和效率现状，发现绿色技术创新能力方面存在的短板，以及不同地区差异、演化特征和影响因素，然后根据实证结果，探讨民族地区绿色技术创新能力的提升路径。

一、引言

　　作为我国生态文明建设、经济可持续发展主战场和重点区域的民族地区，一直以来其经济增长方式主要依靠大规模的资本投入，包括自然资源的大量消耗。我国民族地区（主要指我国民族八省区，下同）GDP 总量从 1978 年的 323.8 亿元增长到 2018 年的 90576.4 亿元，增长近 278.7 倍；GDP 总量占全国 GDP 总量的百分比从 1978 年的 8.9% 增长到 2018 年的 10.0%[①]。与此同时，民族地区毫无疑问已成为我国高能耗、高污染区域。2004~2017 年我国民族地区年均能耗占到全国能耗的 19.6%；年均废水排放量、二氧化硫排放量、烟（粉）尘排放量以及工业固体废物排放量分别占到全国的 10.8%、22.7%、20.3% 和 22.4%[②]；二氧化碳排放量逐年增高，从 2004 年的 12.4 亿吨增长到 2017 年的 36.7 亿吨，占全国二氧化碳排放总量的比重从 2004 年的 0.5% 增长到 2017 年的 1.6%[③]。党和国家一直高度重视民族地区的绿色创新发展，如《"十三五"促进民族地区和人口较少民族发展规划》中指出民族地区应推进资源节约、生态保护与污染

[①]　数据来源于《中国统计年鉴》，经笔者计算所得。

[②]　数据来源于《中国能源统计年鉴》《中国环境统计年鉴》，经笔者计算所得。

[③]　参考联合国政府间气候变化专门委员会（IPCC）推荐的二氧化碳估算方法自行测算所得，具体计算公式如下：

$$CO_2 = \sum_{i=1}^{n} (CO_2)_i = \sum_{i=1}^{n} E_i \times NCV_i \times CEF_i \times COF_i \times (44/12)$$

其中，i 代表能源种类（包括煤炭、焦炭、原油、燃料油、汽油、煤油、柴油、天然气、电力九种能源），E 代表能源消耗量，NCV 表示各类能源的平均低发热量（也称净发热量），CEF 表示单位热值当量的碳排放私塾，COF 为碳氧因子（因化石燃料 99%~100% 的碳都被氧化了，因此缺省值设为 1），44/12 代表二氧化碳气化系数。能源低发热量取自《综合能耗计算通则》（GB/T 2589-2008）附录 A，碳排放系数来源于《2006 IPCC Guidelines for National Greenhouse Gas Inventories》第二卷第一章。其中，由于我国西藏自治区不同种类能源消耗量的统计数据缺失，因此，二氧化碳排放量的计算不包括我国西藏自治区。

治理，强化创新驱动发展。2019 年 9 月习近平在全国民族团结进步表彰大会上强调"要加快少数民族和民族地区发展，推进基本公共服务均等化，提高把'绿水青山'转变为'金山银山'的能力"。民族地区作为我国重要的生态功能区、资源涵养区，是我国中西部地区乃至全国经济社会发展的重要基础，其生态系统关系着全国经济社会的总供给。由此可见，实现绿色转型已经成为目前我国民族地区面临的一个亟待解决的重大课题，而民族地区绿色转型的根本问题在于提高绿色技术创新效率。根据经济增长理论，一个国家经济可持续发展仅当绿色技术创新效率上升时才能发生（郑京海和胡鞍钢，2008）。"脱钩理论"表明绿色技术创新效率是实现经济、资源、环境相脱钩的关键，是推动产业价值链"爬坡迈坎"的根本支撑。因此，在严峻的能源环境约束下，对考虑民族地区环境损失和资源利用后的绿色技术创新效率进行更加客观、准确、合理的评测，打开民族地区绿色技术创新效率的"黑箱"，并进一步将其与非民族地区[①]及全国整体进行对比分析，对于提高民族地区投资的边际回报率，实现经济、环境、资源的多赢及我国区域整体协调发展具有重要意义。

二、文献评述

绿色技术创新效率是由绿色技术与技术创新衍生出来的绿色评价概念，故其具有两者概念上的复杂性和外延的宽泛性，表现为概念内核上的复杂多维特征。基于对绿色技术创新效率含义理解的差异，学术界对于绿色技术创新效率的评价方法主要有三种：第一，以单一指标衡量绿色技术创新效率。例如，孙亚梅等（2007）基于成果导向，利用绿色技术专利数衡量区域绿色技术创新水平。然而，绿色技术创新是一个涉及多方面的全

[①] 将我国民族八省区（内蒙古、广西、贵州、云南、西藏、青海、宁夏、新疆）以外的省区市界定为非民族地区。

过程，仅用单一指标无法准确反映绿色技术创新的效率内涵。第二，利用主成分分析法，将多个投入、产出指标纳入同一个分析系统测算绿色技术创新效率。例如，Nasierowski 和 Arcelus（2003）构建了绿色技术创新效率评价指标体系，运用主成分分析法对绿色技术创新效率进行评价。主成分分析法虽然能够弥补单一指标在测量上欠缺的全面性，但无法反映绿色技术创新效率投入与产出的效用比例关系。第三，从绿色技术创新效率的投入—产出全过程出发，运用参数法和非参数法测度绿色技术创新效率。其中，前者通过估计误差项来确立产出距离函数，主要以随机前沿分析（SFA）为代表。Eric（2007）利用 SFA 测算多投入、多产出指标背景下绿色技术创新效率的变动情况；后者则更多是通过数据包络分析（DEA）、Malmquist 指数等测度技术创新效率的差异。易明等（2018）运用 DEA－Malmquist 指数法及探索性空间数据分析方法测算研究了我国长江经济带2004~2015 年绿色全要素生产率。参数法和非参数法虽解决了阶段性效率评价的问题，但却忽略了多指标评价体系可能存在的相关性问题，因此很有可能导致测量结果的偏误。

　　从评价对象来看，早期关于绿色技术创新效率评价的文章大多从产业层面出发。例如，何枫等（2015）对我国钢铁行业 2009~2013 年铁前工序、铁后工序两阶段绿色技术创新效率进行了测算。钱丽等（2015）通过引入工业"三废"等非期望产出指标对我国工业企业两阶段绿色技术创新效率进行评价。随着区域"创新驱动"与"绿色发展"的深入推进，更多研究人员将视角转向了区域绿色技术创新效率的议题上。易明等（2018）利用 DEA 模型测算了我国长江经济带 43 个城市的绿色创新效率。有学者将研究范畴拓展到华东、西南等我国内陆 7 大区域，探究了绿色技术创新效率的时空演化轨迹。吴旭晓（2019）运用非期望 Minds 模型和灰色系统动态方程对我国内陆 7 大区域 30 个省份的绿色技术创新效率进行测评。有学者以省份为单位对我国整体绿色技术创新效率进行综合研判，如陈景新和张月如（2019）通过非期望产出 SBM 模型测度了我国 30 个省份绿色技术创新效率水平。

通过文献梳理不难发现，目前直指绿色技术创新效率测度的议题总体较少，尤其是对民族地区绿色技术创新效率评价的研究更是少见。研究方法多集中于传统投入—产出模型上，忽视了指标之间存在的相关性所造成的对测量结果的误判。现有文献忽视我国区域经济情境特征，不仅会降低理论解释力度，还会导致政策建议失去宽泛性。本章基于创新价值链理论，利用主成分分析与 DEA 相结合的方法测算民族地区绿色技术创新效率，通过与非民族地区及全国整体的对比分析进行综合研判。

三、绿色技术创新效率评价指标体系及数据处理

（一）评价指标体系构建

创新价值链理论由 Hansen 等（2007）首次提出，是迈克尔·波特（1997）价值链理论在企业创新活动中的延伸。创新价值链是创新链以价值为维度的抽象，它涉及创新活动从创意到实现产业化效益的整个技术经济全过程，即各创新环节主体为创造价值并实现价值链升级而进行技术研发、转化、传播的创新过程所形成的连接关系。绿色技术创新的顺利实现需要经历研究与开发、产业化应用和市场化运作三个过程，即从绿色技术创新投入到绿色技术创新成果产出的转换阶段，从绿色技术创新成果到经济效益的转化阶段。因此，根据创新价值链理论可以将绿色技术创新过程分为绿色技术创新开发和绿色技术创新成果转化两个阶段。本章在前人研究的基础之上，将环境因素嵌入企业技术创新的过程中，构建了区域绿色技术创新效率的评价指标体系（表7-1）。在表7-1中，将绿色技术创新划分为绿色技术开发阶段和绿色技术成果转化阶段。在绿色技术创新开发

阶段，分为创新投入和中间产出两个部分，将人员投入和资本投入记为绿色技术创新投入，将技术产出记为该阶段的中间产出，即绿色技术创新活动整体的中间性产出；在绿色技术创新成果转化阶段，将上一阶段和中间产出结合资金投入，如引进技术费用、消化吸收费用等非研发性投入，该部分资金投入不同于第一阶段的资金投入，因为引进技术费用、消化吸收费用等可以通过引进新的技术或工艺等直接进行生产性应用作为第二阶段的投入，将产品创新和工艺创新作为期望产出，将环境保护指标，如污染物排放等作为非期望产出，利用期望产出和非期望产出综合体现绿色技术创新效率的概念内涵。

表 7-1　绿色技术创新效率指标体系

阶段	指标类型		指标	数据来源	时间
绿色技术创新开发阶段	创新投入	资本投入	R&D 资本存量	《中国科技统计年鉴》	2004~2015 年
			新产品开发经费支出存量		
		人员投入	R&D 人员全时当量		
	中间产出	技术产出	专利申请数		2005~2016 年
			发明专利数		
绿色技术创新成果转化阶段	非研发投入	资金投入	引进技术费用+消化吸收费用+技术改造经费+购买国内技术费用（存量）	《中国科技统计年鉴》	2006~2017 年
	最终产出	期望产出	产品创新	新产品销售收入	《中国统计年鉴》	2006~2017 年
			工艺创新	工业增加值		
		非期望产出	环境保护	单位 GDP 废水排放量	《中国环境统计年鉴》	
				单位 GDP 二氧化硫排放量		
				单位 GDP 烟（粉）尘排放量		
				单位 GDP 固体废物排放量		

注：选择 2004~2018 年的数据是因为"三废"排放量等指标只有 2004 年后的统计数据，而本章在撰写时各统计年鉴只更新到 2018 年。

资料来源：笔者整理。

（二）指标选择与数据处理

1. 绿色技术创新投入

绿色技术创新投入主要包括人员和资金的投入。对于创新人员的投入本章采用 R&D 人员全时当量来衡量绿色技术创新过程中人员的投入数量和工作时间（吕岩威等，2019）。考虑到资本投入的累积与时滞性，对资本投入采用存量数据更合理。因此，借鉴柳剑平和程时雄（2006）的研究，采用永续盘存法估算各省份各年的 R&D 资本存量以及新产品开发经费支出存量。具体计算过程如下：

$$K_{it} = (1-\delta) \times K_{i(t-1)} + R_{i(t-1)} \tag{7-1}$$

式（7-1）中 K_{it} 和 $K_{i(t-1)}$ 表示地区 i 在第 t 和 t-1 期的资本存量，δ 表示资本存量的折旧率，取值为 15%[①]。$R_{i(t-1)}$ 表示地区 i 在 t-1 期的实际经费支出，利用 R&D 经费价格指数对 R&D 经费内部支出和新产品开发经费支出的名义值进行平减所得（以 2004 年为基期）。学术界普遍采用消费者价格指数与固定资产价格指数的加权值构造 R&D 经费价格指数，但考虑到各地经济发展水平存在较大差异，不易采用固定的权重比例。因此，参考李世奇和朱平芳（2019）的方法，以各地区日常性支出与资产性支出占R&D 经费内部支出的比重作为权重系数[②]，地区 i 第 t 期 R&D 经费支出价格指数 RD_Price_{it} 为：

$$RD\_Price_{it} = a_{it}CPI_{it} + (1-a_{it})FAPI_{it} \tag{7-2}$$

其中，a_{it} 为地区 i 第 t 期 R&D 经费日常性支出占比，CPI_{it} 为消费者价格指数，$FAPI_{it}$ 为固定资产投资价格指数。各地区基期资本存量 K_{i0} 的计算

---

①　由于新旧知识的快速转换取代，以及新知识的溢出现象，R&D 资本存量的折旧率也应高于物质资本存量的折旧率。实际上，15% 的 R&D 资本存量的折旧率是文献中广泛使用的折旧率。

②　R&D 经费大部分用于支付劳动成本和购置固定资产，在《中国科技统计年鉴》中 R&D 经费内部支出按照支出用途可分为日常性支出和资产性支出两种。

公式为:

$$K_{i0} = R_{i0} / (g+\delta) \tag{7-3}$$

式（7-3）中，R_{i0} 为各地区期初的资金投入量，g 为考察期内各地区实际经费投入量的几何增长率。

2. 绿色技术创新中间产出与非研发投入

在中间产出和非研发投入方面，借鉴罗良文和梁圣蓉（2017）的表征方法，采用专利申请数量等指标进行衡量。专利申请数量不仅能够直观地体现企业将创新投入转化为创新产出的能力，而且还有利于进一步地进行创新效率的测算，同时相较于专利授权数，专利申请数更具有时效性。

采用引进技术费用、消化吸收费用、技术改造经费与购买国内技术费用四种费用之和来表征非研发投入，一方面，目前有关测度技术创新效率的研究绝大多数都将以上四种费用之和作为非研发投入（谢子远和黄文军，2015；侯建等，2019；范德成和李盛楠，2019），学术界对于技术创新效率非研发投入的表征指标基本达成共识；另一方面，引进技术费用等代表了企业的非 R&D 经费支出，是企业创新活动经费的重要组成部分。技术改造可以优化原有技术条件，延长现有技术的生命周期，而外部技术获取则可以极大地降低研发时间以及研发风险，为企业迅速占领市场提供可能。通过构建引进技术费用等经费价格指数对非研发投入进行平减（以 2004 年为基年），将平减后的数据采用永续盘存法计算非研发经费投入的存量数据。

3. 绿色技术创新最终产出

参考罗良文和梁圣蓉（2016）的衡量方法并结合我国民族地区数据的可获得性，分别利用新产品销售收入和工业增加值衡量绿色产品创新和绿色工艺创新的经济产出。为消除时间价值的影响，新产品销售收入以及工业增加值分别利用工业品出厂价格平减指数和地区生产总值指数进行平减（以 2004 年为基年）。在非期望产出方面，引入单位 GDP 废水排放量、二氧化硫排放量、烟（粉）尘排放量和固体废物排放量来表征绿色技术创新的环境效益。一般来说，废水、二氧化硫等的排放量越低，区域绿色技术创新效率越高。由于非期望产出的衡量指标均为负向指标，因此参考陈诗一（2009）的方法，将非期望产出指标作为投入纳入第一阶段进行测算。另外，绿色技术创新从投入到产出存在一定的时间滞后性，综合考虑我国专利申请的审查周期①并参考已有研究，将绿色技术创新过程的时滞期确定为 2 年，即研发投入、中间产出及最终产出的时间依次为 2004～2015 年、2005～2016 年、2006～2017 年②。

四、民族地区绿色技术创新效率测度与分析

在测算区域绿色技术创新效率之前，为防止各指标之间存在共线性或相关性问题，需要进行相关性检验。检验结果显示绿色技术创新效率指标之间除非期望产出指标外，其他指标之间均存在较强的相关性问题，因此需要对满足主成分分析的指标进行降维处理。有关利用主成分分析后的数据进行决策单元效率评价的有效性问题可参见祁军和金瑞龄（1996）的证明，在此不再赘述。

（一）绿色技术创新开发阶段效率测度与分析

1. 绿色技术创新开发阶段效率测度

首先对绿色技术创新开发阶段的投入指标进行主成分分析适度性检

---

① 在我国，实用新型和外观设计专利的申请授权期一般为 6～12 个月，发明专利的申请授权期一般为 2～3 年。
② 非研发投入为引进新技术的资金投入，一般来说当期引进即能实现当年投入使用，因此，非研发投入的时间为 2006～2017 年。

验。利用 SPSS 软件对绿色技术创新开发阶段投入指标数据的 KMO 检验结果为 0.741，Bartlett's 球形检验显示显著性水平 Sig=0.00<0.05，说明绿色技术创新开发阶段的投入指标数据适合进行主成分分析。绿色技术创新效率开发阶段成果指标的 KMO 检验的结果为 0.500，Bartlett's 球形检验显示显著性水平 Sig=0.00<0.05，不适合做主成分分析。因此，采用主成分分析法将绿色技术创新效率开发阶段的投入指标进行降维处理。主成分分析得到的数据会有负值，但 DEA 方法要求数据均为正值，因此需要将主成分分析后的数据进行正向化处理。参考周星（2009）的研究，利用式（7-4）进行正向化处理，其中，f_t 代表一列指标数据。之后将正向化处理后的数据利用 Deap 软件进行投入—产出效率测算，结果如表 7-2 所示。

$$f'_t = 0.1 + 0.9 \frac{f_t - minf_t}{maxf_t - minf_t} \tag{7-4}$$

从表 7-2 中可以看出，民族八省区在 2005~2016 年绿色技术创新开发阶段综合效率均值（即表中数据的第一列）的排名为：西藏、广西、云南、贵州、新疆、内蒙古、宁夏、青海。西藏绿色技术创新开发阶段综合效率均值最高，主要是因为其纯技术效率远远高于其他七个民族省区。表 7-2 反映出民族八省区在规模效率方面非常接近，也体现出民族地区整体上规模经济趋于一致性，但是纯技术效率方面，除西藏以外，其他的七个民族省区均普遍偏低，纯技术效率低是限制民族地区绿色技术创新开发阶段综合效率水平的关键因素。西藏的纯技术效率均值远远高于其他七个省区的可能原因在于，据统计数据显示，虽然西藏各年专利申请数、发明专利数均在数量规模上低于其他七个省区，但是单位 R&D 人员全时当量专利申请数、发明专利数，单位 R&D 资本存量专利申请数、发明专利数均处于较高水平，反映了西藏较高的技术管理水平以及较大的创新发展空间和潜力。另外，青海的绿色技术创新开发阶段综合效率处于民族八省区中的最低水平，其在纯技术效率以及规模效率方面均处于较低水平，这与青海较低的单位 R&D 人员全时当量专利数等相关，长久以来青海在工业尤其是矿产资源产业的大规模投入，一方面很难在开采类行业中形成诸如专利的创新成果，导致技术水平落后；另一方面青海高投入、低效益的发展模式惯性并未给青海带来规模经济效应。

表 7-2　民族地区绿色技术创新开发阶段综合效率均值

地区	绿色技术创新开发阶段综合效率均值	纯技术效率均值	规模效率均值
内蒙古	0.218	0.311	0.700
广西	0.402	0.499	0.765
贵州	0.249	0.335	0.726
云南	0.299	0.411	0.722
西藏	0.577	0.849	0.680
青海	0.151	0.220	0.685
宁夏	0.174	0.251	0.691
新疆	0.229	0.323	0.704

资料来源：笔者整理。

　　以上是从静态角度分析民族八省区绿色技术创新开发阶段的效率水平，为动态掌握民族地区在 2005~2016 年绿色技术创新开发阶段效率水平的变动情况，绘制了民族地区绿色技术创新开发阶段综合效率变化趋势图（图 7-1）。

　　从图 7-1 可以发现，民族地区绿色技术创新开发阶段综合效率基本呈上升态势，但上升速度存在明显的差异性。广西是民族八省区中绿色技术创新开发阶段综合效率上升速度最快、上升趋势最明显的。这主要得益于近年来广西经济发展水平以及投资环境的提高和改善，如中国—东盟自由贸易区的建立以及广西重点对接国家"一带一路"建设，力图成为西南、中南开放发展新的战略支点并连续出台多项科技创新政策等，使得广西不仅在创新投入方面得到大规模提高，在形成专利类创新成果等方面也在不断进步。据统计，2004~2017 年广西年均专利申请数量为 18665 件，远大于民族地区平均年均专利申请数 6828 件①。另外，除广西和西藏外，其他六个省区虽然绿色技术创新开发阶段综合效率均处于上升态势，但是各年效率值几乎还处于较低水平（低于 0.5），尤其是内蒙古、贵州和云南。西藏相对来说波动幅度较大，在 2009 年其绿色技术创新开发阶段综合效率开始下降，2012~2013 年降到最低点，之后开始回升，虽仍未回到下降之前的水平，但增长势头较好。

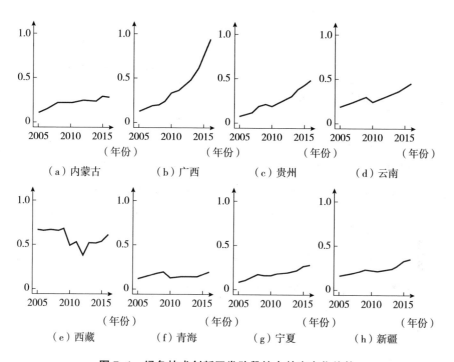

图 7-1　绿色技术创新开发阶段综合效率变化趋势

资料来源：笔者整理。

2. 绿色技术创新开发阶段综合效率区域差异分析

为了解民族地区绿色技术创新开发阶段效率与非民族地区以及全国总

---

① 数据来源于历年《中国科技统计年鉴》，经笔者计算所得。

体之间的差异情况，将我国区域（民族与非民族地区以及全国 31 个省区市，不包括香港、澳门、台湾数据）绿色技术创新开发阶段综合效率、纯技术效率以及规模效率测得的数值整理如表 7-3 所示。从表 7-3 中可以看出，民族地区绿色技术创新开发阶段无论是在综合效率还是在纯技术效率抑或是规模效率等方面虽整体呈现上升趋势，但是都落后于全国平均水平，并且远低于非民族地区，因此这也在创新效率方面为实现区域整体协调发展提出新要求。

表 7-3　2005~2016 年我国区域绿色技术创新开发阶段各效率值

区域范围	效率类别	2005年	2006年	2007年	2008年	2009年	2010年	2011年	2012年	2013年	2014年	2015年	2016年
民族地区	综合效率	0.189	0.207	0.233	0.262	0.279	0.248	0.268	0.270	0.308	0.341	0.399	0.451
	纯技术效率	0.276	0.302	0.340	0.381	0.405	0.357	0.383	0.379	0.422	0.457	0.525	0.576
	规模效率	0.680	0.687	0.688	0.689	0.691	0.694	0.701	0.710	0.723	0.737	0.746	0.761
非民族地区	综合效率	0.255	0.284	0.313	0.338	0.359	0.368	0.413	0.440	0.455	0.454	0.516	0.569
	纯技术效率	0.342	0.375	0.411	0.434	0.456	0.456	0.499	0.514	0.529	0.523	0.587	0.653
	规模效率	0.735	0.746	0.759	0.774	0.787	0.805	0.825	0.841	0.860	0.867	0.877	0.876
全国	综合效率	0.238	0.264	0.294	0.318	0.339	0.337	0.376	0.396	0.417	0.425	0.486	0.538
	纯技术效率	0.325	0.356	0.393	0.420	0.444	0.431	0.469	0.486	0.502	0.506	0.570	0.633
	规模效率	0.722	0.731	0.741	0.752	0.762	0.776	0.793	0.807	0.825	0.833	0.844	0.846

资料来源：笔者整理。

为更清晰地了解区域绿色技术创新开发阶段创新效率的动态演进情况以及相应的区域差异，绘制了区域绿色技术创新开发阶段综合效率变化趋势，如图 7-2 所示。图 7-2 可以直观地展现出民族地区、非民族地区以及全国 31 个省区市在绿色技术创新开发阶段综合效率的发展情况。总体来看，非民族地区绿色技术创新开发阶段综合效率水平高于全国平均水平和民族地区综合效率水平。整体绿色技术创新开发阶段综合效率呈现明显上升趋势，尤其是在 2014 年左右增长趋势更为明显。早在 2014 年，习近平就作出了中国进入经济发展新常态的重要判断。经济发展新常态的重要标志之一，就是经济增长速度换挡，将原来的"高速"调整为"中高速"，从注重速度开始向重质量、讲效率转变。但民族地区绿色技术创新开发阶段综合效率一直低于全国平均水平，成为实现区域协调发展、实现生态文明与经济建设等方面的制约因素之一，因此重视民族地区绿色技术创新效率是实现我国整体可持续发展的题中之义。不同于非民族地区以及全国整体绿色技术创新开发阶段综合效率的相对平稳增长，民族地区绿色技术创新开发阶段综合效率水平在 2009～2010 年出现下降，而后开始逐渐回升。这主要是由于 2010 年民族地区纯技术效率下降。经统计，民族地区在资本存量以及 R&D 全时当量等方面投入的增长比例，从 2008～2009 年的38.07%、23.85%分别在 2009～2010 年降低至 30.76%、10.80%①，这可能是导致其在 2010 年绿色技术创新开发阶段综合效率下降的原因。

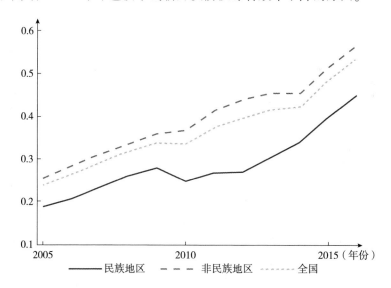

图 7-2　我国区域绿色技术创新开发阶段综合效率变化趋势

资料来源：笔者整理。

---

① 数据来源于历年《中国科技统计年鉴》，经笔者计算所得。

（二）绿色技术创新成果转化阶段效率测度与分析

1. 绿色技术创新成果转化阶段效率测度

民族地区绿色技术创新成果转化阶段投入和产出指标的 KMO 检验的结果分别为 0.599、0.500，Bartlett's 球形检验显示显著性水平 Sig = 0.00 < 0.05，均不适合做主成分分析。因此，本章将标准化后的数据直接利用 Deap 软件进行效率测度，结果如表 7-4 所示。

表 7-4　民族地区绿色技术创新成果转化阶段综合效率均值

地区	绿色技术创新成果转化阶段综合效率均值	纯技术效率均值	规模效率均值
内蒙古	0.346	0.427	0.799
广西	0.383	0.477	0.790
贵州	0.246	0.331	0.733
云南	0.365	0.477	0.758
西藏	0.566	0.850	0.665
青海	0.157	0.228	0.687
宁夏	0.176	0.253	0.693
新疆	0.259	0.350	0.736

资料来源：笔者整理。

表 7-4 结果显示，民族八省区在 2005~2017 年绿色技术创新成果转化阶段综合效率均值（即表中数据的第一列）的排名为：西藏、广西、云南、内蒙古、新疆、贵州、宁夏、青海。同绿色技术创新开发阶段一样，西藏在绿色技术创新成果转化阶段综合效率均值最高，这同样得益于其较高的纯技术效率。与开发阶段一样，民族地区经济规模的趋同性使得民族八省区在规模效率上呈现出较小的差距，与之不同的是由于技术进步以及

技术引进的规模和质量，导致了民族地区在纯技术效率方面呈现较大差距。在纯技术效率方面，西藏表现出较高的效率水平，可能是相较于我国民族地区其他省区来说，西藏在单位专利申请数新产品销售收入以及单位专利申请数工业增加值等方面呈现较高水平。据统计，西藏平均单位专利申请数新产品销售收入以及单位专利申请数工业增加值分别为 30171.560 万元、9102.406 万元，高于民族地区的平均水平 24776.660 万元、7213.114 万元。西藏平均单位非研发投入新产品销售收入资本存量以及工业增加值分别为 2802.434 万元、63319.218 万元，更是远远高于民族地区的平均水平353.745 万元、7928.921 万元，与之相对应，青海在此方面数据都远低于平均水平，分别为 5.613 万元、50.436 万元①。因此，重视单位投入的产值对于提高技术管理水平进而提升民族地区绿色技术创新成果转化阶段的效率水平具有重要作用。

为动态分析民族地区绿色技术创新成果转化阶段综合效率值的变化情况，本章绘制民族地区绿色技术创新成果转化阶段综合效率变化趋势图，如图 7-3 所示。

图 7-3 清晰地展示出了民族八省区绿色技术创新成果转化阶段综合效率值随时间的变动情况。除西藏外，民族地区其他七个省区的绿色技术创新成果转化阶段综合效率呈现上升趋势。其中，贵州、云南、宁夏以及新疆的综合效率值整体上表现出明显的上升态势，且呈现出良好的增长趋势。内蒙古和广西综合效率值的变化情况比较相近，均为先增长，在 2013年前后开始呈现波动，并在 2017 年下降，因此，两者应在提升投入规模的同时，注重单位投入的产出情况。青海则呈现缓慢上升的变动情况。值得注意的是，西藏虽然绿色技术创新成果转化阶段综合效率值处于较高水平，但是波动性较大。总体来看，综合效率水平并未有所提升，因此，西藏不论在政策上还是在创新要素投入以及创新动力提升等方面应该得到重视和倾斜。

---

①　以上数据来自历年《中国科技统计年鉴》《中国统计年鉴》，经笔者计算所得。

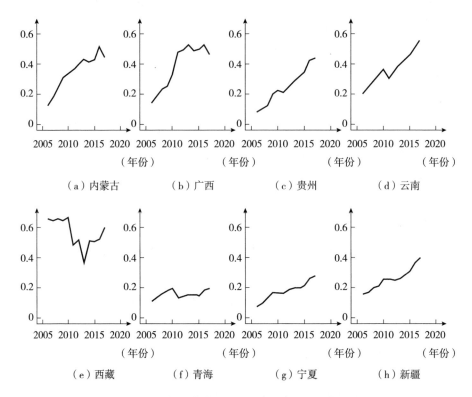

图7-3　绿色技术创新成果转化阶段综合效率变化趋势

资料来源：笔者整理。

2. 绿色技术创新成果转化阶段效率区域差异分析

为体现民族地区与非民族地区以及全国总体在绿色技术创新成果转化阶段各效率值的差别，将测得的数据整理成表7-5。如表7-5所示，整体上民族地区绿色技术创新成果转化阶段无论是综合效率还是在纯技术效率抑或是规模效率等方面均落后于全国平均水平，更是低于非民族地区。因此，实现区域整体协调发展不应忽视民族地区创新效率的提升。

表 7-5　2006~2017 年我国区域绿色技术创新成果转化阶段各效率值

区域范围	效率类别	2006年	2007年	2008年	2009年	2010年	2011年	2012年	2013年	2014年	2015年	2016年	2017年
民族地区	综合效率	0.192	0.216	0.250	0.283	0.314	0.297	0.322	0.325	0.348	0.364	0.412	0.421
	纯技术效率	0.281	0.311	0.357	0.401	0.437	0.402	0.433	0.429	0.461	0.481	0.541	0.556
	规模效率	0.695	0.702	0.711	0.714	0.725	0.735	0.742	0.747	0.751	0.754	0.757	0.758
非民族地区	综合效率	0.309	0.359	0.414	0.447	0.509	0.551	0.569	0.584	0.577	0.594	0.632	0.619
	纯技术效率	0.391	0.446	0.504	0.539	0.603	0.636	0.652	0.664	0.651	0.669	0.713	0.703
	规模效率	0.779	0.795	0.811	0.821	0.839	0.859	0.867	0.874	0.881	0.879	0.881	0.879
全国	综合效率	0.279	0.323	0.371	0.405	0.459	0.486	0.505	0.517	0.518	0.534	0.575	0.568
	纯技术效率	0.362	0.411	0.466	0.504	0.561	0.575	0.595	0.603	0.602	0.621	0.668	0.665
	规模效率	0.756	0.771	0.785	0.793	0.809	0.828	0.835	0.841	0.847	0.847	0.849	0.848

资料来源：笔者整理。

　　为了更为直观地体现出区域绿色技术创新成果转化阶段综合效率动态演进情况的差异性，绘制了区域绿色技术创新成果转化阶段综合效率变化趋势图，如图 7-4 所示。从图 7-4 中可以看出，与开发阶段相同，民族地区绿色技术创新成果转化阶段综合效率值低于全国平均水平，低于非民族地区的综合效率水平。近十余年区域绿色技术创新成果转化阶段综合效率值处于上升态势。但是，在 2016 年开始出现减缓甚至降低的趋势。整体发展趋势与绿色技术创新开发阶段综合效率情况相近，不同的是，民族地区综合效率值大约在 2011 年下降，这可能是由绿色技术创新成果转化阶段与绿色技术创新开发阶段的时间滞后性导致的。

（三）两阶段绿色技术创新效率区域差异分析

　　在单独分析民族地区两阶段绿色技术创新效率的基础上，为更加准确掌握全国 31 个省区市（不包括香港、澳门、台湾）两阶段绿色技术创新效率情况，以绿色技术创新效率开发阶段综合效率值为横坐标，以绿色技

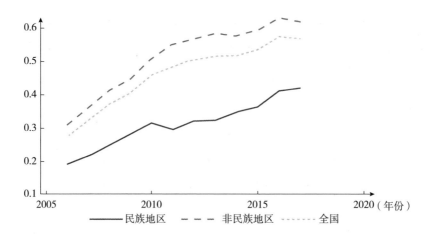

图7-4 我国区域绿色技术创新成果转化阶段综合效率变化趋势

资料来源：笔者整理。

术创新成果转化阶段综合效率值为纵坐标，绘制了两阶段绿色技术创新效率分类坐标图（图7-5）。

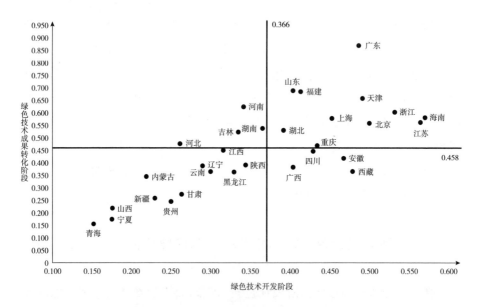

图7-5 两阶段绿色技术创新效率分类坐标

资料来源：笔者整理。

根据全国 31 个省区市在两阶段绿色技术创新综合效率数值上的不同，以各自维度效率水平的均值为分界，可以将 31 个省区市划分为四类。

第一，低开发效率、低成果转化效率。处于这一象限中的省区市有江西、陕西、黑龙江、辽宁、云南、内蒙古、甘肃、新疆、贵州、山西、宁夏、青海。不难发现，处于双低型效率的省区市主要集中在了我国西部地区以及东北地区。这些省区市普遍存在粗放型经济发展模式遗留的效率低下等问题，经济发展水平滞后，资源环境依赖性较强，创新资源缺乏。

第二，低开发效率、高成果转化效率。处于这一象限的省区市主要有河南、湖南、吉林、湖北。这些省区市绿色技术创新成果转化效率较高，但绿色技术创新开发效率较低，一方面是因为这些省区市传统高投入、高污染的经济发展模式导致的；另一方面也说明这些省区市应该重视创新资源的优化配置，注重提升创新资源的转化效率。

第三，高开发效率、低成果转化效率。处于这一象限的省区市主要有西藏、安徽、四川、广西。这些省区市的绿色技术创新开发效率较高，但成果转化效率较低。其中可能的原因在于创新市场运行机制不够完善，创新成果的商业化应用还存在不足，因此，重视绿色技术创新成果的市场化推广应用是提升绿色技术创新效率的关键。

第四，高开发效率、高成果转化效率。处于这一象限的省区市主要有广东、山东、福建、湖北、重庆、上海、天津、北京、浙江、海南、江苏。这些省区市普遍为我国经济发展水平较高的地区，无论是在人均 GDP 还是在创新资源等方面都处于我国前列。这些省区市两阶段绿色技术创新效率水平较高，具有人才聚集、制度完善、市场化程度较高、生态保护力度较强等特点。

综上，民族地区除西藏和广西处于"高开发效率、低成果转化效率"水平外，其他省区市均处于"低开发效率、低成果转化效率"水平。民族地区两阶段绿色技术创新效率水平整体较低，在开发阶段和成果转化阶段均与全国平均水平存在差距，未来在提升绿色技术创新效率中应结合自身发展特点，一方面要加大创新资源投入，积极调整创新资源配置；另一方面要注重创新成果的市场化应用，注重创新成果的实际应用价值。

五、结论与对策建议

第一，有效配置创新资源，努力提升纯技术效率。民族地区两阶段绿色技术创新效率虽然在逐年提升，但是与全国平均水平以及非民族地区及全国平均水平相比还存在差距，因此需要合理有效地配置创新资源，优化投入—产出结构，降低创新资源和资源能源的消耗。强化企业绿色技术创新的主体地位，提升企业绿色技术创新能力，构建绿色技术创新联盟。民族地区创新人才和创新资金相对薄弱，因此，在创新投入方面，应该高度重视创新人才与资金的科学配置，保障人力资源的最大化利用，并构建详尽的绿色技术创新资金利用政策，保障绿色技术创新资金的高效利用。同时，民族地区还应该注重创新人才和创新资金的引进，鼓励不同渠道的资金投入民族地区绿色技术创新活动，拓宽绿色技术研发经费的融资渠道。民族地区应与其他发达地区深度交流，加快自身绿色技术创新与应用，同时建立健全成果转化机制，加强创新成果的知识保护。

第二，注重促进绿色技术创新的成果转化。根据实证研究结果，民族地区普遍处于低成果转化效率类型，因此民族地区应该强化绿色技术创新的成果转化，提升绿色技术创新效率水平。对于原始创新资本积累较弱的民族地区，加强技术引进与消化吸收是提升绿色技术创新水平和效率的有效途径之一。通过引进其他国家或地区的先进绿色技术，不仅可以提升自身绿色转化能力，还能够在较短时间内降低资源能源消耗，降低污染物的排放。民族地区还应完善绿色技术创新成果转化的激励机制，建立健全企业绿色技术创新成果奖励体系，促进企业积极推动绿色技术成果转化。此外，民族地区应重视绿色技术交流平台的构建，为在绿色技术创新活动中及成果转化中出现的疑点、难点提供攻坚克难的共同交流平台和机会，并且还能够促进创新资金和人才的流入，实现绿色技术的市场化应用。

第三，深度融入"一带一路"建设，加强绿色技术创新的引进与合作。民族地区需要充分发挥对外开放的前沿作用，深度融入"一带一路"建设，积极构建开放型经济体制，努力提升经济发展水平，为绿色技术创新活动提供良好的创新环境和更多的绿色技术交流机会，促进民族地区在绿色技术创新领域的交流与合作，努力提升创新效率和水平。推动加快民族地区对外贸易体制机制的创新，加快基础设施建设，强化民族地区与其他国家或地区的合作条件。深度融入国内国际双循环，积极推动贸易投资的自由化与便利化，加快外贸平台载体升级发展，充分利用民族地区的特色优势，提升在绿色技术创新市场需求中的适配度，积极借助"一带一路"的政策与区位优势，挖掘绿色创新潜力，加大绿色技术创新的投入并严格管控绿色技术创新的成果产出与市场化应用。

本章小结

为打开我国民族地区绿色技术创新效率的"黑箱"，利用创新价值链理论构建两阶段绿色技术创新效率评价指标体系，以民族地区2004～2017年的面板数据为实证基础，采用主成分分析与DEA相结合的方法测算民族地区绿色技术创新效率。研究结果表明：民族八省区两阶段绿色技术创新综合效率均值都表现为西藏最高、青海最低，纯技术效率是导致我国民族地区两阶段绿色技术创新效率低的主要原因；从动态变化情况来看，民族地区两阶段绿色技术创新综合效率整体呈上升态势；从区域差异来看，民族地区两阶段绿色技术创新效率水平整体较低，开发阶段和成果转化阶段均与全国平均水平存在差距。另外，民族地区除西藏和广西为"高开发效率、低成果转化效率"类型外，其他省区均为"低开发效率、低成果转化效率"类型。最后提出相应的对策如下：第一，有效配置创新资源，提升纯技术效率。第二，注重促进绿色技术创新的成果转化。第三，深度融入"一带一路"建设，加强绿色技术创新的引进与合作。

第八章

民族地区经济高质量发展水平
测度和对比

　　我国进入新发展阶段，开启全面建设社会主义现代化国家新征程。经济发展和生态环境保护协同共生，是实现发展理念深刻变革和发展模式根本转变的必由之路。习近平深刻指出：生态环境保护和经济发展是辩证统一、相辅相成的。建设生态文明、推动绿色低碳循环发展，不仅可以满足人民日益增长的优美生态环境需要，而且可以推动实现更高质量、更有效率、更加公平、更可持续、更为安全的发展，走出一条生产发展、生活富裕、生态良好的文明发展道路。

　　本章基于新发展理念全面系统地评价中国经济高质量发展总体水平，详细刻画其演化特征和区域差异，同时针对民族地区创新发展、协调发展、绿色发展、开放发展、共享发展五大方面的发展指数进行测度，对比分析各自的优势及短板，探讨归因及其政策取向。

一、引言

中国经济转向高质量发展，成为推动经济可持续发展的关键性变量。党的十九大报告指出"我国经济已由高速增长阶段转向高质量发展阶段，正处在转变发展方式、优化产业结构、转变增长动力的攻关期"。《中华人民共和国国民经济和社会发展第十四个五年规划纲要》再次强调"不断提高贯彻新发展理念、构建新发展格局能力和水平，为实现高质量发展提供根本保证"。高质量发展是经济发展质量的高级状态和最优状态（任保平和李禹墨，2018）。推动经济高质量发展符合我国发展的基本趋势，是适应中国主要矛盾变化和建设社会主义现代化国家的必然要求（魏敏和李书昊，2018）。随着我国经济进入新的发展阶段，学术界和政策界对于推动经济高质量发展这一目标已经形成共识，引起了更多学者的关注，围绕高质量发展政策、区域高质量发展和产业高质量发展等相关问题进行了研究。其中经济高质量发展的理论内涵和评价方法是最具有基础意义的关键问题。

关于经济高质量发展理论内涵研究主要集中在以下三个方面：第一，从对"量"的研究转向对"质"的分析。卡马耶夫（1983）指出经济增长不仅包括生产资料以及产品数量方面的增多，还应充分考虑生产效率与发展质量等。应该将经济增长、人与自然可持续发展以及人民生活水平等诸多要素纳入经济增长质量内涵（Boyle and Simms，2009），以及其他就业状况、受教育程度、国民预期寿命等民生因素（Alexandra，2016）。应从"发展"的视角关注经济成效的"质量等级"（魏敏和李书昊，2018）。袁晓玲等（2019）通过比较经济增长、经济增长质量以及高质量发展等相近的概念，认为高质量发展意味着经济发展不再简单追求量的增加，而要实现"质"与"量"的高度统一。第二，强调经济高质量发展的本真和多元。经济发展具有本真性质，在发展质量层面要求具备丰富性与多维性，而在模式选择与战略导向上需要创新性与之协调（金碚，2018）。高质量发展的本质是为满足人民群众日益增长的美好生活需要的一种兼具效率性、公平性和绿色可持续性的发展，从而实现经济、政治、文化、社会以及生态文明的协调，做到绝对与相对、质量与数量相统一（张军扩等，2019）。应包含高质量的商品与服务供给、高水平的供需平衡、市场资源配置的决定作用、投入产出的内涵式发展、更加合理与公平的初次分配和再分配以及高质量的经济循环（李伟，2018）。同样，经济高质量发展的理论内涵不是静态和孤立的，而是随着经济形势的发展，不断呈现出新的要义。新发展格局下，经济高质量发展是在"内生动力"驱动"外在表现"的机制中不断演化推进的一个动态过程，而新发展理念作为指导原则决定着这一演进过程的价值判断（宋洋和李先军，2021）。第三，从经济高质量发展水平评测维度分析。评测指标从另一个侧面反映了对高质量内涵的认识。学者们从多个维度出发建立经济高质量发展评价指标体系。师博和韩雪莹（2020）基于社会成果和发展基本面两个层面，选用社会福利、创新、生态发展成果和发展强度、外向性、稳定性、竞争性等七个子维度，对中国部分实体经济细分行业的发展质量水平与演化规律进行对比分析。李光龙和范贤贤（2019）选用经济增长动能、增长结果以及增长结构三个维度评测经济发展水平。随着新发展理念逐步贯彻落实，学者们开始将经济高质量发展与具备战略性、导向性的新发展理念相结合，构建出更加全面的经济高质量发展评价指标体系。李子联和王爱民（2019）将五大发展理念作为经济发展水平的重要评价维度，共选取39个细化指标比较分析江苏省与其他省份的高质量发展状况差异。

现有研究关于经济高质量发展评价方法大致有三类：第一类是借助主成分分析法、均等权重法、熵权法等方式确定评价指标的权重，以此测算经济高质量发展指数（师博和韩雪莹，2018；刘明，2021）。第二类是采用 Dagum 基尼系数、泰尔指数、核密度估计等方法度量经济高质量发展空间上的差异化程度以及时间上的变化态势（刘军和边志强，2022）。第三类考虑到区域间在经济发展过程中的交互影响效应，采用莫兰指数检验空间自相关性和集聚特征，以此揭露不同区域经济高质量发展的空间异质性，借助空间计量模型测度不同区域间由于互联互通发展可能带来的经济辐射效应以及空间溢出效应（朱彬，2020）。

从已有研究来看，结合新发展理念，准确把握高质量发展内涵，全面把握民族地区经济高质量发展现状，并基于评测分析探讨经济高质量发展方向，成为具有重要现实意义的理论问题。本章将结合以上分析，基于新发展理念全面系统地评价民族地区经济高质量发展总体水平，详细刻画其演化特征、区域差异、优势及短板，并探讨归因及其政策取向。

二、研究设计

（一）指标体系构建及数据处理

新发展理念是认识客观发展规律、指导实践的科学指南，深刻揭示出发展过程中创新、协调、绿色、开放、共享五个方面的联系性与统一性。深入贯彻新发展理念，将其贯穿于社会发展的全过程与各个领域，助推新发展格局的形成，促进发展方式的转变，推动质量、效率、动力变革，是实现高质量发展的关键。借鉴相关文献（刘军和边志强，2022），从新发展理念的内涵出发，遵循科学性、数据可得性、全面性等原则，构建包含经济增长、创新发展、协调发展、绿色发展、开放发展、共享发展六大维度的评价指标体系，准确、客观地评估中国经济高质量发展水平与态势。

该评价指标体系由六个维度构成，分别为经济增长、创新发展、协调发展、绿色发展、开放发展和共享发展。其中，经济增长用于衡量中国经济社会发展水平与总体效益，主要包含人均产值与生产效率两个维度，人均产值由人均地区生产总值衡量，生产效率则进一步细化为劳动生产率和资本生产率，分别用于反映劳动力与资本的利用情况与效益产出。创新发展对于转变关键核心技术受制于人的局面，降低对国外技术依赖程度，实现科技自主研发与技术追赶具有重要意义，为此，选取创新投入与创新产出两个维度以衡量中国创新发展动力源及产出成果，分别用 R&D 经费投入强度和人均专利占有量测算。协调发展旨在解决中国粗放式发展过程产生的失衡问题，从产业协调与城乡结构两个维度进行考量，其中产业协调包括产业结构高级化和产业结构合理化，并用城镇居民人均可支配收入与农村人均可支配收入的比值衡量城乡收入协调水平，该项指标属于负向指标。绿色发展重在缓解资源压力，减轻环境污染，修复生态环境，还人民群众绿水青山，实现人与自然和谐共生，从污染减排和绿色环保两个维度进行评估，其中，污染减排用"三废"排放情况衡量，均属负向指标，绿色环保则选取建成区绿化覆盖率及人均公园绿地面积两个项指标进行测算。开放发展旨在持续扩大对外开放水平，形成与中国经济发展与要素禀赋相适应的全面开放新格局，选取外贸依存度和外商投资比重两个指标测度。共享发展是经济高质量发展的出发点与根本落脚点，致力于满足人民群众日益增长的美好生活需要，实现社会资源公平分配，使发展成果惠及广大人民，从人民生活、社会成果两个维度考量，选取消费指数、交通设施完善度、医疗设施完善度与教育设施完善度四个指标测度。具体如表 8-1所示。

本章用于衡量经济高质量发展水平的指标数据来源于历年《中国统计年鉴》《中国科技统计年鉴》《中国工业统计年鉴》《中国区域经济统计年鉴》、EPS 数据库、Wind 数据库以及国家统计局官方网站。样本期为2006~2018 年，包括全国 30 个省区市，由于香港特别行政区、澳门特别行政区、台湾省以及西藏自治区数据缺失，故不在本研究内。

表8-1 经济高质量发展评价指标体系

一级指标	二级指标	三级指标	测量方法	编号	指标方向	数据来源
经济增长	人均产值	人均地区生产总值	地区GDP/总人口	X_1	正向	《中国统计年鉴》
	生产效率	劳动生产率	地区GDP/年末就业人口	X_2	正向	《中国统计年鉴》
	生产效率	资本生产率	地区GDP/全社会固定资产总投资	X_3	正向	《中国统计年鉴》
创新发展	创新投入	R&D经费投入强度	R&D经费内部支出/地区GDP	X_4	正向	《中国科技统计年鉴》
	创新产出	人均专利占有量	国内三种专利授权数/总人口	X_5	正向	《中国科技统计年鉴》
协调发展	产业协调	产业结构合理化	第三产业增加值/地区GDP	X_6	正向	《中国统计年鉴》
	产业协调	产业结构高级化	第三产业产值/第二产业产值	X_7	正向	《中国统计年鉴》
	城乡结构	城乡收入协调水平	城镇居民人均可支配收入/农村人均可支配人	X_8	负向	《中国统计年鉴》
绿色发展	污染减排	单位GDP工业废水排放	工业废水排放量/地区GDP	X_9	负向	《中国工业统计年鉴》
	污染减排	单位GDP工业烟尘排放	工业烟尘排放量/地区GDP	X_{10}	负向	《中国工业统计年鉴》
	污染减排	单位GDP工业废气排放	工业二氧化硫排放总量/地区GDP	X_{11}	负向	《中国工业统计年鉴》
	绿色环保	建成区绿化覆盖率	建成区绿化覆盖率	X_{12}	正向	《中国统计年鉴》
	绿色环保	人均公园绿地面积	人均公园绿地面积	X_{13}	正向	《中国统计年鉴》
开放发展	对外开放	外贸依存度	进出口总额/地区GDP	X_{14}	正向	《中国区域经济统计年鉴》
	对外开放	外商投资比重	外商直接投资/地区GDP	X_{15}	正向	《中国统计年鉴》
共享发展	人民生活	消费指数	社会消费品零售总额/地区GDP	X_{16}	正向	《中国统计年鉴》
	社会成果	交通设施完善度	人均城市道路面积	X_{17}	正向	《中国统计年鉴》
	社会成果	医疗设施完善度	人均医疗卫生机构数量	X_{18}	正向	《中国卫生统计年鉴》
	社会成果	教育设施完善度	人均教育经费	X_{19}	正向	《中国统计年鉴》

（二）测度和评价方法

1. 熵权法

根据经济高质量发展综合评价指标体系，计算 2006~2018 年中国各省区市高质量发展综合指数与经济增长、创新发展、协调发展、绿色发展、开放发展、共享发展六个维度的相关指数。在测算具体指数前，由于各项指标基本属性存在差异，首先需要对数据方向进行规定。依据正（负）向属性指标，越大（小）取向越好原则，将负向指标做倒数处理，适度指标做离差倒数处理。随后，在上述处理的基础上，通过熵权法进一步测算其具体得分。熵权法具体操作如下：

（1）无量纲化处理。对数据集中存在的不同数量级与不同计量单位做无量纲化处理，使不同指标值同质化，得到无量纲化值 Z_j，标准化后得到矩阵 R：

$$R = (r_{ij})_{m \times n} = \begin{bmatrix} r_{11} \cdots r_{1n} \\ \vdots \quad \vdots \\ r_{m1} \cdots r_{mn} \end{bmatrix} \tag{8-1}$$

（2）计算比重。逐年计算各省区市第 j 项指标比重 P_{ij}：

$$P_{ij} = \frac{r_{ij}}{\sum_{i=1}^{n} r_{ij}} \tag{8-2}$$

（3）计算信息熵值。熵值越大，则指标间差异越少，包含价值信息越少，该指标重要性越低，反之亦然。

$$e_j = -k \sum p_{ij} \ln p_{ij} \tag{8-3}$$

其中 k 为常数，$k = \frac{1}{\ln m}$，j =（1, 2, 3, …, m）。

（4）计算信息效用值。信息效用值越大，意味着其所包括信息量越丰富，对评价的重要性越强，权重越大，即某指标的信息效用值直接决定该指标权重大小。定义第 j 项指标的效用值为：

$$a_j = 1 - e_j \qquad (8-4)$$

（5）计算各个指标熵权。归一化处理上一步骤中信息效用值，即可得到各个指标熵权：

$$g_j = \frac{a_j}{\sum\limits_{j=1}^{m} a_j}, \quad j = (1, 2, 3, \cdots, m) \qquad (8-5)$$

（6）计算各省区市综合指数。参考联合国开发计划署提出的人类发展指数（HDI）的测算方法最终得到中国经济高质量发展综合指数，即将无量纲化值 Z_j 与其熵权 g_j 累乘：

$$I = \sum_{i=1}^{n} Z_j \, g_j \qquad (8-6)$$

I 取值介于 [0，1]，越接近 1 则说明经济高质量发展水平越优，反之亦然。根据熵权法计算得出的指数一方面便于比较衡量各省区市经济高质量发展的相对位势；另一方面便于考量其发展历程。

2. Dagum 基尼系数及分解方法

通过 Dagum 基尼系数及分解方法对中国经济高质量发展的区域间差异进行剖析。相较于传统泰尔指数与基尼系数，Dagum 基尼系数能够有效地将总体基尼系数分解为区域内部差异贡献 G_w、区域间差异贡献 G_{nb} 与超变密度贡献 G_t，其具体计算公式如下：

$$G = \frac{\sum\limits_{j=1}^{k} \sum\limits_{h=1}^{k} \sum\limits_{i=1}^{n_j} \sum\limits_{r=1}^{n_h} \left| y_{ji} - y_{hr} \right|}{2 \, n^2 \mu} \qquad (8-7)$$

$$G_w = \sum_{j=1}^{k} G_{jj} \, p_i \, s_i \qquad (8-8)$$

$$G_{jh} = \frac{\sum\limits_{i=1}^{n_j} \sum\limits_{r=1}^{n_h} \left| y_{ji} - y_{hr} \right|}{n_j \, n_h (\mu_j + \mu_h)} \qquad (8-9)$$

$$G_{nb} = \sum_{j=2}^{k} \sum_{h=1}^{j-1} G_{jh}(p_j s_h + p_h s_j) D_{jh} \qquad (8-10)$$

$$G_t = \sum_{j=2}^{k} \sum_{h=1}^{j-1} G_{jh}(p_j s_h + p_h s_j)(1 - D_{jh}) \qquad (8-11)$$

其中，G_{jj} 为区域内基尼系数，G_{jh} 为区域间基尼系数。$y_{ji}(y_{hr})$ 为 $j(h)$ 地某省份经济高质量发展程度。μ 为全国均值。根据划分的地区数量，$n=30$，$k=3$，$n_j(n_h)$ 为 $j(h)$ 地区内省份数量。$p_j = \dfrac{n_j}{n}$，$s_j = \dfrac{n_j \mu_j}{n \mu_j}$，$j=1$，2，$\cdots$，k，$D_j = (d_{jh} - p_{jh})/(d_{jh} + p_{jh})$ 为两区域间经济高质量发展差值，当 $\mu_j > \mu_h$ 时，d_{jh} 为 $y_{ji} - y_{hr} > 0$ 约束下全部经济高质量发展综合指数差异（$y_{ji} - y_{hr}$）的加权平均数。$p_{jh} = \displaystyle\int_0^{\infty} dF_h(y) \int_0^y (y - x) dF_j(y)$ 为超变一阶矩，当 $\mu_j < \mu_h$ 时，p_{jh} 是 $y_{hr} - y_{ji} > 0$ 约束下全部（$y_{hr} - y_{ji}$）的加权平均数。

3. 核密度估计法

虽然 Dagum 基尼系数考虑了区域间差异与区域内部差异，但该方法不能有效计量区域绝对差距与其特征，而核密度估计则可以通过直观动态分布刻画其绝对差距的演化过程，因此与 Dagum 基尼系数法实现优势互补。通过核密度估计计量中国及东部、中部、西部地区的位置、趋势、延伸性与极化可能，揭示经济高质量发展的绝对差距与演化过程。假设 $f(x)$ 为经济高质量发展综合指数 x 的密度函数：

$$f(x) = \frac{1}{Nh} \sum_{i=1}^{N} K\left(\frac{X_i - x}{h}\right) \qquad (8-12)$$

其中，N 为观测值个数，X_i 为独立同分布观测值，x 为观测值均值，K（·）为核函数，h 为窗宽，窗宽越小则估计值越精确。通过高斯函数进行估计，其公式为：

$$K(x) = \frac{1}{\sqrt{2\pi}} e^{\left(-\frac{x^2}{2}\right)}$$

三、全国经济高质量发展水平测度与分析

(一) 经济高质量发展水平测度

基于熵权法，对中国经济高质量发展水平进行评估，2006～2018 年中国整体和东部、中部、西部地区经济高质量发展指数均值及其演化趋势，如图 8-1 所示。由测算结果可知，2006～2018 年中国经济高质量发展综合指数均值波动区间为 [0.2050，0.3557]，表明中国总体经济高质量发展水平有限。

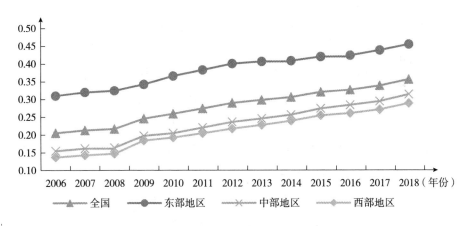

图 8-1　经济高质量发展变动趋势

资料来源：笔者整理。

1. 横向对比分析

中国经济高质量发展水平从高到低依次为东部地区、中部地区和西部

地区。东部地区地处对外开放前沿，区位与先发优势明显，经济特区、沿海开放城市与经济开发区形成联动效应，劳动力资源丰富，技术创新水平位于全国前列，推动其经济建设取得突出成就，经济高质量发展水平明显优于中西部地区。中西部地区囿于地缘劣势、低端化产业体系以及粗放式发展模式等因素，经济高质量发展综合指数处于较低水平，其中西部地区经济发展问题尤为严峻，在三大地区中位居末位。可以看出，中部与东部之间的差距远远大于西部与中部的差距，三大地区经济高质量发展水平极不平衡，区域发展失衡问题亟待解决。

2. 纵向变动趋势

样本期内中国经济高质量发展综合指数稳步上升，全国综合指数均值由 2006 年的 0.2050 提升至 2018 年的 0.3557，增长率达 73.51%。2006～2008 年同比增长率较低，但在 2009 年同比增长率大幅上涨，达 11.74%。2010 年开始增幅虽有所回落，但连续三年同比增长率超过 5%，2013 年和 2014 年增速较低，2015 年同比增长率回升，在 2016 年短暂回落后，同比增长率逐步回升，2018 年同比增长率为 5.27%，表明中国经济高质量发展总体平稳且持续向好。东部、中部、西部地区变动趋势与全国总体基本保持一致，均处于稳步提升阶段，但各地区指数增幅差距明显。其中，东部地区由于经济基础雄厚，各个方面已经处于全国领先水平，造成经济高质量发展指数增速较慢，由 2006 年的 0.3097 增长至 2018 年的 0.4540，增长率为 46.60%。中部地区近年来紧抓"中部崛起"机遇，取得突飞猛进的发展，经济高质量发展指数由 2006 年的 0.1546 增长至 2018 年的 0.3133，增长率为 102.65%。西部地区增长势头最为强劲，经济高质量发展指数由 2006 年的 0.1369 增长至 2018 年的 0.2882，增长率达 110.52%，为三大地区之最。

3. 各维度分析

为进一步衡量经济高质量发展六大维度对综合指数的贡献率及其变动

情况，基于熵权法测度结果如图 8-2 所示。图 8-2 中展示 2006~2018 年中国经济高质量发展的各维度拆解结果。从静态角度看，共享发展是中国经济高质量发展的最重要来源，其贡献率均值为 26.11%。共享发展主要包括人民生活与社会成果的内涵，其贡献率的重要性说明了中国经济发展惠及了广大人民群众的日常生活，人民消费水平不断提升，交通、医疗、教育设施不断完善。经济增长、创新发展、协调发展与开放发展的贡献程度基本相当，其贡献率均值分别为 18.78%、13.84%、14.20% 和 17.24%，为中国经济高质量发展做出了相对贡献。然而绿色发展的贡献率相对较低，均值为 9.83%，可能在于绿色发展维度下污染减排、绿色环保等指标的投入意味着其他机会成本的淹没，但随着中国经济的不断发展、"绿水青山就是金山银山"相关政策的不断完善，将为中国经济的高质量发展提供稳健的支撑。

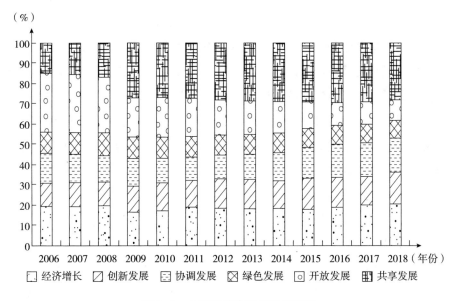

图 8-2　中国经济高质量发展解构

资料来源：笔者整理。

从动态角度来看，共享发展维度的贡献率不断攀升，贡献率最高为29.36%，取而代之的是开放发展的维度贡献率稳步降低，由 2006 年的29.05%下降为 2018 年的 10.20%。共享发展与开放发展对于经济高质量发展的贡献率呈现的此消彼长趋势，究其原因可能在于 2008 年全球金融危机的爆发使得国外市场异常动荡，而此时中国政府的财政投入稳定了人民对国内发展与投资消费的信心，进一步促进了人民生活消费与基础设施建设投入的国内集聚。绿色发展、协调发展、创新发展与经济增长则在 2006~2018 年未见明显波动。

4. 各省区市发展水平分析

为深入探讨中国各省区市经济高质量发展水平，基于熵权法测度结果，绘制图 8-3。该图展示了 2018 年中国各省区市经济高质量发展综合指数与位势排名。可观察得出 2018 年中国各省区市综合指数区间为 [0.2341，0.7594]，均值为 0.3318，标准差为 0.1108，各省区市差距显著。根据雷达图中相邻标记点间连线斜率的变化速率可以看出，北京、上海两地遥遥领先，位居经济高质量发展第一梯队；广东、浙江、江苏、天津紧随其后，位于第二梯队；辽宁、福建、山东、重庆、四川位于第三梯队，甘肃、河南、吉林、宁夏、新疆、贵州、广西、青海、云南经济高质量发展水平亟待提升，综合指数不足 0.3。2018 年是转变经济发展方式、由高速增长转向高质量发展的开局之年，北京、上海作为标杆性城市，深入贯彻落实新发展理念，在合理规划产业布局、推动高精尖产业、推进生态文明建设、扩大对外开放格局、疏解整治与提升治理能力等方面出台了一系列举措，促进经济高质量发展取得阶段性成就（王文举，祝凌瑶，2021）。尽管云南、青海、广西、贵州、新疆、宁夏经济高质量发展水平较往年有所提升，但仍处于相对落后水平。其中，云南、贵州生态环境较为优良，旅游业发展迅猛，大数据、人工智能等高技术产业发展较快，但由于这些产业尚未形成增长极效应，并未拉动区域经济实现高质量发展；青海、新疆、宁夏生态环境较为恶劣，交通设施不够完善，经济基础较为薄弱，发展方式以粗放型为主，对自然资源依赖性过强。广西由于受到相邻省份广东省的虹吸效应影响，经济高质量发展受到一些阻碍（陈文烈和李燕丽，2022）。

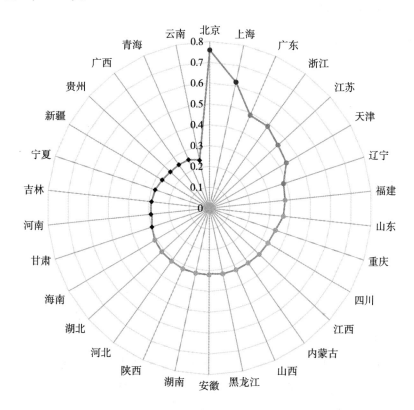

图 8-3　2018 年各省区市经济高质量发展综合指数雷达位势

资料来源：笔者整理。

（二）区域经济高质量发展水平分析

1. 整体水平

如图 8-4 所示，中国经济高质量发展 Dagum 基尼系数在小幅波动中呈下降趋势，表明中国经济高质量发展水平的区域差距正逐年缩小。其中，2006 年 Dagum 基尼系数为 0.2521，2018 年为 0.1483，降幅 41.17%。

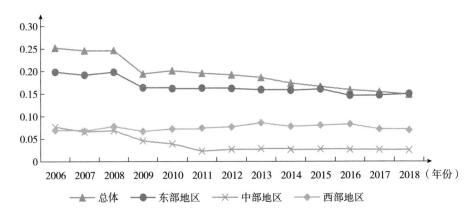

图 8-4　中国经济高质量发展的总体差异与区域内差异

资料来源：笔者整理。

2. 区域内差距

中国东部与中部经济高质量发展区域内差异逐渐缩小，西部经济高质量发展区域内差异基本保持不变。具体看来，东部地区区域内差异相较中部与西部地区最为明显，下降幅度较中部地区平缓，其 Dagum 基尼系数均值为 0.1660，Dagum 基尼系数由 2006 年的 0.1984 下降至 2018 年的 0.1500，降幅 24.40%。中部地区区域内差异最小且降幅最为显著，其均值为 0.0388，Dagum 基尼系数由 2006 年的 0.0763 下降至 2018 年的 0.0250，降幅 67.23%。西部地区区域内差异基本保持不变。

3. 区域间差距

图 8-5 表明各区域间差异在波动中稳步降低。其中，东部较中部与西部的区域间差异明显，且下降趋势显著，中部-东部、西部-东部区域间差

异降幅分别为 45.09%、41.62%，其中 2008 年至 2009 年区域间差异收窄尤甚。西部-中部地区间差距最小，其 Dagum 基尼系数均值仅为 0.0742，且 2006～2018 年基本保持不变，下降幅度甚微。整体看来，中国三大区域间差距逐渐收窄，基本实现了区域间经济的高质量协调发展。

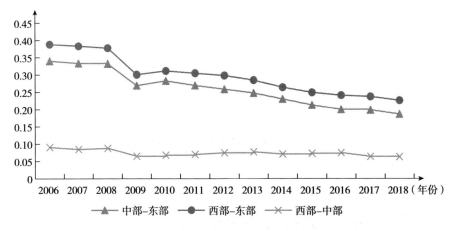

图 8-5　2006～2018 年中国经济高质量发展的区域间差距

资料来源：笔者整理。

4. 总体差距的来源与贡献

图 8-6 说明了中国经济高质量发展总体差异来源，根据图 8-6，区域间差距对中国经济高质量发展总体差异贡献率最大，其波动区间为 [72.30%，78.46%]，平均贡献率为 75.61%，是总体差异的最主要来源。相较之下，区域内差距贡献率较小，其波动区间为 [19.67%，23.53%]，平均贡献率为 21.28%，是形成中国经济高质量发展总体差异的次要原因。超变密度贡献率波动区间为 [1.86%，4.49%]，平均贡献率为 3.11%，说明不同区域间数据样本的交叉重叠问题对总体差异影响甚微。因此，寻求平衡中国经济高质量发展的区域差异问题，亟须从缩小区域间差距的维度纾困，实现经济协调发展。

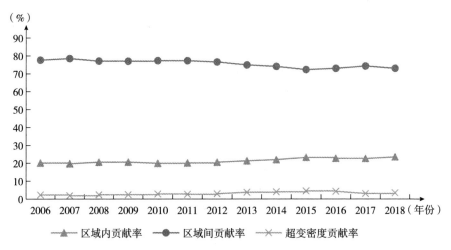

图 8-6 中国经济高质量发展总体差异来源

资料来源：笔者整理。

（三） 经济高质量发展动态演进分析

基于核密度估计方法，借助 Matlab 软件绘制图 8-7，展现中国 2006~2018 年全国及三大区域经济高质量发展综合指数的分布动态，由此观察分析中国经济高质量发展水平的动态演进趋势。

子图（a）反映出全国整体经济高质量发展综合指数动态变化情况，从波峰移动方向来看，全国整体的经济高质量发展综合指数分布曲线中心逐步右移，说明全国经济高质量发展总体水平呈持续上升态势；主峰高度稳步提升，宽度变窄，右侧拖尾不断延展，且主峰与侧峰距离持续缩小，表明中国经济高质量发展区域差异不断削弱，初步实现均衡与全面发展；样本期内仅存在一个主峰，表明未出现较为严峻的极化情况。

子图（b）反映出中国东部地区经济高质量发展综合指数动态变化情况，从波峰移动方向来看，主峰位置不断右移，表明东部地区经济高质量发展水平有所提升。但样本期内主峰由扁平形态转变为高耸形态，且始终存在两个主峰与一个侧峰，表明东部地区经济高质量发展水平呈现出多级

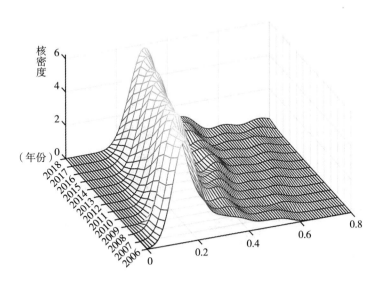

（a）中国整体经济高质量发展综合指数分布动态

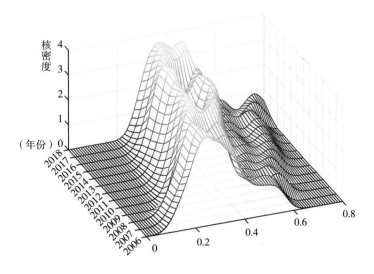

（b）东部地区经济高质量发展综合指数分布动态

图 8-7　2006~2018 年中国整体及三大地区经济高质量发展综合指数分布动态

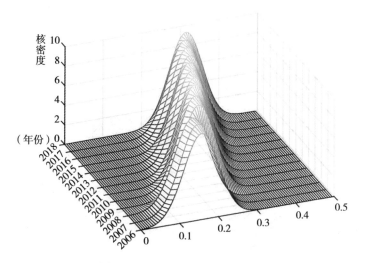

（c）中部地区经济高质量发展综合指数分布动态

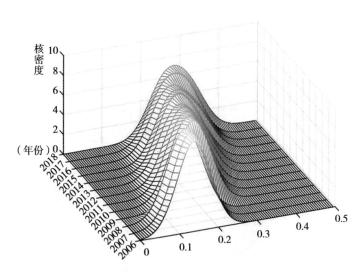

（d）西部地区经济高质量发展综合指数分布动态

图 8-7　2006~2018 年中国整体及三大地区经济高质量发展综合指数分布动态（续）
资料来源：笔者整理。

分化趋势。侧峰与主峰距离不断变大，但侧峰高度下降，宽度提升，说明东部地区经济发展尽管存在区域差异但差异呈现缩小态势。

子图（c）反映出中部地区经济高质量发展综合指数动态变化情况，从波峰移动方向来看，主峰不断向右移动，表明中部地区经济高质量发展水平稳步提升。主峰高度持续提升，右侧拖尾无较大变化，始终只存在一个主峰，表明中部地区发展较为均衡，不存在明显的区域极化现象。

子图（d）反映出西部地区经济高质量发展综合指数动态变化情况，可以看出，西部地区与中部地区情况类似，主峰向右移动，高度不断提升，右侧拖尾无明显变化，始终存在一个主峰，表明西部地区在经济高质量发展水平逐步提升的同时不存在明显的极化现象。但与中部地区相比，西部地区主峰高度较低，宽度较大，说明西部地区区域差异较中部地区显著。

四、民族地区经济高质量发展水平测度与分析

（一）民族地区整体发展概况

我国民族地区的发展历程和其他地区具有一定的共性，但由于其经济发展、社会文化以及地理区位等多种因素，又呈现出一些独有特征。

1. 资源禀赋丰富，产业结构落后

民族地区资源储备丰富，如有色金属、天然气、林业资源和水资源，因此采掘业与原材料工业是大多数省区的支柱产业，但开采方式粗放、低效，加上生产加工工艺落后、管理组织粗放，导致能源强度和污染物排放强度较大。在现有落后的产业结构下，若资源采掘耗尽，当地经济发展将陷入困境。民族地区大多地形地貌奇峻，有利于发展旅游业等较为绿色环保的产业，

但土地沙化、水源污染、生物多样性减少等生态环境退化不仅威胁到旅游业本身的发展以及当地居民的身体健康，更不利于少数民族地区的可持续发展。

2. 共享发展不足，区域差异较大

民族地区多为环境恶劣的高原、沙漠和山地，导致了当地基础设施落后，社会保障不足，区域内居民分散程度较高，城镇化有限，城乡收入差距较大，同时就业机会较少，人力资源短缺，产业结构仍以农业为主，经济发展落后，造成居民收入较低，文化娱乐活动有限，加快区域发展困难重重。近年来少数民族地区经济发展从纵向来看发展迅猛，但横向比较与东部、中部的区域差距进一步扩大。区域市场分割和地区封锁使得区域比较优势得不到充分发挥。民族地区多为沿海发达地区加工业的原料和原材料输出地，加工制造业能力薄弱，产业趋同，竞争力不强，所以区域开发合作的起点低、进展慢、推进面窄，难以融入国家整体发展。

3. 创新能力有限，逐步对外开放

由于教育资源匮乏、人才流失严重、科研投入不足、政策支持有限、自然环境欠佳等原因，民族地区的创新研发能力薄弱，研发人员数量和专利授权数远低于全国平均水平，且多为发展原材料加工业和采掘业，产业结构层次较低，产生了资源型的路径依赖，利用技术创新来完善工艺流程和提升管理水平的驱动力小，科技研发投入、创新型人才引培和产教深度融合等保障不力。民族地区独特的文化、习俗和语言，造就了产品的特色，加上当地资源丰富，在国际市场上具有一定的竞争力，也正是由于语言、文化及生活习惯方面的差异，使得少数民族存在封闭惯性，提高了交易成本，无形中对经济要素的进入形成了壁垒，阻碍了民族地区参与国内外经济一体化的进程。出口驱动较弱，经济发展较大程度依赖于消费和投资。民族地区至今还是货物和服务的净流入区域，出口对于当地经济的推动作用较小，而我国属于典型的净输出国家，因此在对外开放方面少数民族地区与国内其他区域还有一定差距。

（二）民族地区经济高质量发展综合指数及其分解

1. 综合发展指数

基于熵权法对民族地区各省区的经济高质量发展综合指数均值及其演化趋势进行分析，测度结果如图 8-8 和图 8-9 所示。从横向比较来看，我国民族地区经济高质量发展综合指数均落后于全国平均水平，且与非民族地区存在较大差距。从纵向变动来看，民族地区经济高质量发展综合指数在样本期间不断攀升，由 2006 年的 0.128 增至 2018 年的 0.268，增长率达109.38%；非民族地区经济高质量发展综合指数不断提升，由 2006 年的0.228 增长至 2018 年的 0.382，增长率为 67.54%，增幅显著低于民族地区；全国经济高质量发展综合指数同步提升，由 2006 年的 0.205 增长至2018 年的 0.356，增长率为 73.66%。

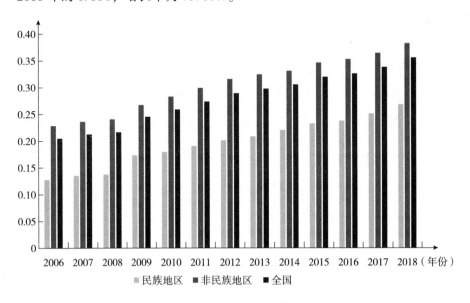

图 8-8　综合发展指数

资料来源：笔者整理。

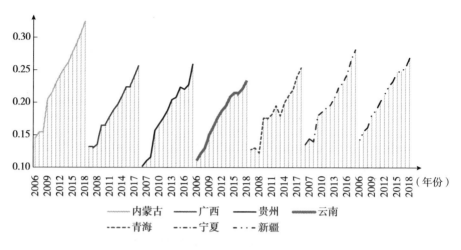

图 8-9　民族地区各省区的综合发展指数

资料来源：笔者整理。

从图 8-9 的七省区综合发展指数来看，各省区的发展基本趋同，从 2012 年开始均有比较大的增速。2018 年综合发展指数排名为内蒙古、宁夏、新疆、贵州、广西、青海和云南，分别为 0.3245、0.2813、0.2687、0.2588、0.2564、0.2535 和 0.2341。其中，贵州 2018 年发展指数增幅最为明显。据统计，贵州保持近十年全国领先的经济增速，经济增速连续九年位居全国前 3，近三年连续位居第 1，地区生产总值从 2015 年的第 25 位上升到 2019 年的第 22 位，人均地区生产总值从第 29 位上升到第 25 位。

2. 创新发展指数

创新意味着经济发展的动力要由"要素驱动"的旧动能向"创新驱动"的新动能转变。从创新投入、创新产出 2 个维度来测度民族地区创新发展指数。

据图 8-10、图 8-11 可知，样本期间民族地区历年创新发展指数均值显著落后于全国均值，虽逐年呈递增趋势，但增幅较小，反映出民族地区创新发展水平与其他地区存在明显差距，短时间内无法实现赶超。从民族地区的其他省区的创新发展指数横向比较来看，位于前四的是宁夏、贵州、

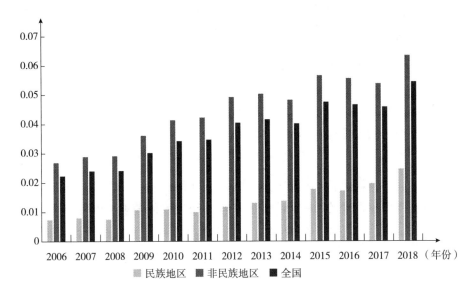

图 8-10　创新发展指数

资料来源：笔者整理。

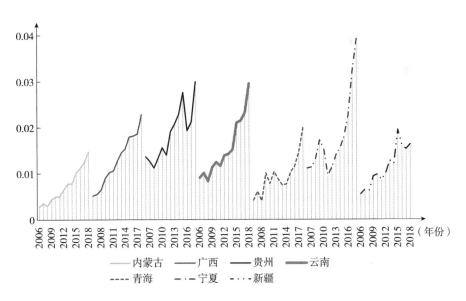

图 8-11　各省区的创新发展指数

资料来源：笔者整理。

云南和广西，2018 年的创新发展指数分别为 0.0392、0.0299、0.0295 和 0.0228。其中，宁夏的创新发展指数尤为突出，在 2016~2018 年创新发展指数增速很快，出现了明显的上升期，说明区域创新发展理念有所增强，逐渐加大了 R&D 经费和人员投入、技术投入强度等。青海、新疆和内蒙古 2018 年的创新发展指数分别为 0.0199、0.0163 和 0.0147，对创新发展的理念和要求的重视程度不足，亟待提升。从纵向指数来看，除了内蒙古和广西创新发展指数一直较为平稳外，各省区的指数都有不同程度的波动，其中，新疆在 2015 年达到 0.0195 后又回落到 2017 年的 0.0163。

创新是引领发展的第一动力。发展动力决定发展速度、效能、可持续性。民族地区在过去几十年取得的发展成绩，主要是通过要素投入驱动，特别是资本要素高投入实现的，要素驱动实现经济增长是欠发达地区发展过程中的一个阶段，当发展水平达到一定高度时，必然要实现发展方式的转型，从要素驱动转向效率驱动和创新驱动。中国经济目前已进入新时代，新时代经济发展的基本特征是由高速增长阶段转向高质量发展阶段。要实现高质量发展，就必须解决发展动力问题。坚持创新发展，是分析近代以来世界发展历程，特别是总结我国改革开放成功实践得出的结论，是适应发展环境变化、增强发展动力、把握发展主动权的根本之策。

整体而言，民族地区创新发展水平较低的主要原因在于创新投入不足、体制改革落后、缺乏有利的政策和环境。首先，民族地区创新投入不足。从技术开发、创新能力来看，民族地区科技力量较弱，缺乏高水平技术人才，难以形成高技术含量新产品。从管理、服务创新来看，其管理方式落后、创新意识较差，创新投入、劳动力再教育投入、管理培训投入欠缺，缺乏必要的设施、机构与资金。其次，民族地区创新发展的体制改革落后。由于民族地区改革相对滞后，区域创新体系不够健全，科研机构、研究院所、高校不愿转让科技成果，企业缺乏自我约束和自我发展机制，致使研究成果封闭，无法及时进行产品开发、将已有的科技成果转化为生产力，获取经济效益、社会效益的难度较大。最后，民族地区缺乏有利于创新发展的政策与环境。民族地区地方政府管理相对滞后于发达地区，相关政策、法规不够健全，导致民族地区在新技术研发、应用的初期，无法得到政府信贷的支持，资金相对匮乏，与其他地区经济实力雄厚的企业相比竞争力明显不足。

3. 协调发展指数

协调发展是经济高质量发展的核心要素，协调发展表现为产业结构不断合理化、城乡收入差距不断缩小、消费投资不断优化。从产业协调和城乡结构两个维度考察民族地区协调发展水平。

根据图 8-12，样本期间民族地区协调发展指数总体呈上升态势，除2007 年、2008 年以及 2010 年协调发展指数有所回落外，其余年份均同比上升，特别是 2011~2018 年连续稳步上升，反映出民族地区与经济支撑带、重要交通干线规划建设相结合，切实推动产业结构合理化、高级化升级；有效引导人口和经济活动向重点开发区域及区域性中心城镇集聚，不断缩小城乡差距。但是，同时也应当看到，民族地区协调发展指数与非民族地区仍存在一定的差距，近年来民族地区人均消费、居民人均可支配收入除内蒙古高于全国平均水平外，其余地区均低于全国平均水平，城镇居民人均可支配收入、农村居民人均可支配收入、人均存款余额等指标，民族地区均低于全国平均水平，人均财政收入各地区均大大低于全国平均水平。贫困发生率除内蒙古略低于全国水平外，其余地区都高出全国平均水平许多。因此，提高民族地区协调发展水平任重而道远。

从图 8-13 的民族地区 7 省区的协调发展指数来看，民族地区的协调发展大概分为两个阶段，在 2006~2011 年，除了贵州省外，其他各省区的协调发展处于徘徊期，甚至出现严重倒退，如广西，从 2006 年的 0.0304一直回落到 2011 年的 0.0165。2012~2018 年是协调发展的飞速提升期，其中内蒙古从 2012 年的 0.0194 提升到 0.0523，增幅达 170%。

民族地区协调发展是全国区域协调发展的重要组成部分，民族地区均位于西部地区，地处"一带一路"建设的重要依托和核心地区，具有十分重要的地位，还属于革命老区、边疆地区、贫困地区，同时，民族地区是

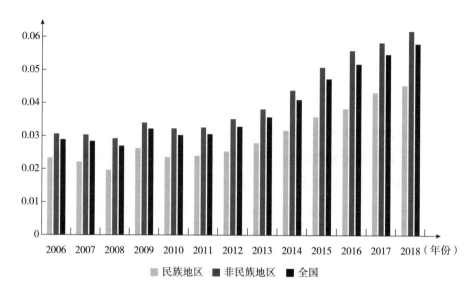

图 8-12　协调发展指数

资料来源：笔者整理。

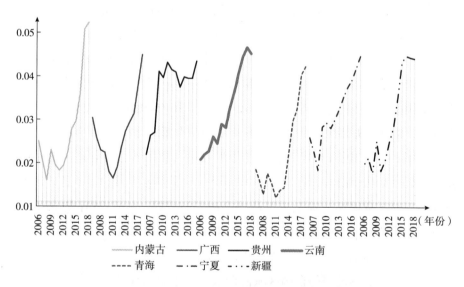

图 8-13　民族地区各省区协调发展指数

资料来源：笔者整理。

我国的资源富集区、水系源头区、生态屏障区、文化特色区、边疆地区、贫困地区在空间上的叠加；从城市群看，民族地区目前尚未有对全国区域经济格局起到支撑作用的城市群；从边疆地区看，我国九个陆地边疆省区中有五个是民族地区。

由此可见，民族地区在全国区域协调发展的大格局中具有重要的战略地位。在军事上，民族地区是中国最重要的国防安全的前沿阵地和军事战略纵深，是中国国家安全的军事战略屏障区；在国内政治上，民族地区革命老区多，为中国革命做出了重要贡献；同时，民族地区民族构成复杂，内部发展差距明显，是中国社会和谐发展的关键区域。在地缘经济上，民族地区是中国重要的战略资源储备与保障区，同时也是中国反贫困的重点地区和难点地区，也是丝绸之路经济带的核心地区和重要依托，是中国对外开放新格局的前沿地带。在地缘文化上，历史上多种文化在此交流与融合，是多元文化的交汇区、是中国文化多样性最典型的区域，也是中国原生态民族文化的发源地和传承地。在地缘生态上，民族地区是中国最重要的生态平衡与保障区，是生物多样性的典型区域。

4. 绿色发展指数

绿色发展是经济高质量发展的主要途径。改善民族地区的环境状况，需要从降低能源消耗、减少"三废"排放、加大污染物治理力度着手。本章从污染减排和绿色环保两个维度衡量绿色发展水平。绿色发展指数的测度结果如图 8-14 和图 8-15 所示。可以发现民族地区绿色发展指数整体呈上升趋势，与非民族地区的差距在不断缩小，反映出民族地区绿色发展稳步向好。除了青海，其他 6 省区的绿色发展指数不断提升。客观上反映出当前我国民族地区经济水平不断提升的发展现状。其中，内蒙古、宁夏、贵州、广西的绿色发展指数一直呈现不断上升的趋势，2018 年的绿色发展指数位居前三的是宁夏、内蒙古和贵州，分别为 0.0328，0.0322 和 0.0300。

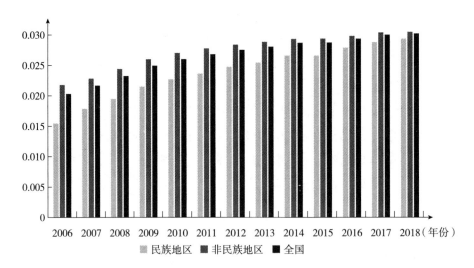

图 8-14　绿色发展指数

资料来源：笔者整理。

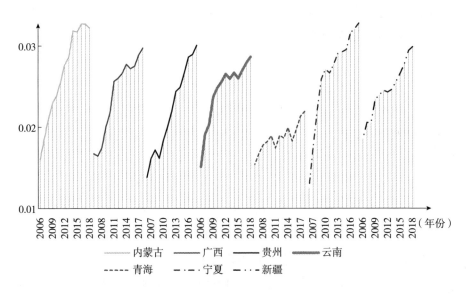

图 8-15　民族地区各省区的绿色发展指数

资料来源：笔者整理。

党的十九大报告中将生态文明和绿色发展作为重要的战略决策,开启了绿色发展新时代。在国务院颁发的《"十三五"促进民族地区和人口较少民族发展规划》中更是用了整整一章的篇幅来谈如何"推进生态文明建设",党和国家将民族地区绿色发展战略置于如此重要的位置,将会促进少数民族地区发展的步伐。与此同时,我国民族地区土地辽阔、资源丰富、森林覆盖率高,蕴藏着巨大的风能、水能,并且生态环境优美,非常适合人居住。民族地区有得天独厚、异彩纷呈的民族传统文化、民俗风情、人文景观,如保存完整的古代建筑、丰富多彩的民族节庆活动以及民族文化财富等,为民族地区绿色发展提供了自然和文化资源基础,更为关键的一点是我国民族地区虽然经济开发相对落后于发达地区,但也因此少数民族的很多地方生态环境还没有受到严重的破坏,这就为民族地区借助绿色环境优势,推动绿色低碳经济的快速发展,让绿水青山变成金山银山成为可能。

但与此同时,应当清醒认识到民族地区的绿色发展依然存在阻碍因素。一方面,民族地区绿色发展受客观因素的限制。首先,地理环境条件的制约,由于民族地区多处在"三高"(即高山、高原、高寒)地区,自然灾害频发,生态环境脆弱,严重影响人的生存状态和生活质量,像西北地区处于黄土高原区和风沙干旱区,干旱、暴雨、沙尘暴、水土流失等灾害不断,西南地区以山地和盆地为主要地形,常发生洪涝、滑坡、崩塌、泥石流等自然灾害,使少数民族地区的经济水平相对落后于其他地区。由于生态环境脆弱,所以一旦受到破坏就极难重新恢复,给民族地区的绿色发展带来极大挑战。其次,基础设施建设的制约,民族地区地域面积广阔,且多为山地、荒漠、高原、戈壁,所以在道路运输、信息网络、水电开发等基础设施的投入成本高、建设周期长、经济效益小,导致了生产能力无法充分利用,也制约了民族地区的绿色发展。最后,生产生活方式的制约,由于生活贫困、生产力水平低下,民族地区有些地方还在延续"靠天吃饭,靠天养畜"这种原始的生产方式,如放牧和采伐等,依靠对自然界的掠夺来满足生活需要,极大地破坏了当地的自然环境。

　　另一方面，民族地区绿色发展受主观因素的影响。由于缺乏绿色发展的自觉意识，民族地区政府往往为了追求经济增长的速度，忽视经济的可持续发展，不能有效地引进、激励和扶持绿色产业快速发展，虽然制定了环保治污、低碳绿色等关于生态文明建设的法律法规，但是这些法律法规对绿色发展和环保节能方面的理论研究还不充分，使得生态立法不完整，实施起来难以对接。由于缺乏绿色发展的自觉意识，企业为了追求短期利润的最大化，往往忽视绿色生产给企业带来的持久优势，偷排偷放污染物、软抵触污染治理等现象还时有发生。为了促进经济发展，把生产消费中带来的不利于生态环境的因素尽量消解在生态系统能够承受的限度之内，从而维持人与自然的平衡，政府会从宏观上调控引导企业研发绿色技术，企业从经济利益的角度出发，担心一旦绿色技术创新失败会使大量的资本投入不能得到经济回报。虽然研发绿色技术是为了协调统一企业的利益追求和社会的环保要求，国家在投资政策上对绿色产业的变革进行了倾斜，但是由于绿色技术向绿色经济转化的环节和过程比较复杂，如果没有外来资金的注入，转化成本需企业自身解决。这些问题导致了企业绿色技术转化创新的原动能不足。由于缺乏绿色发展的自觉意识，再加上经济条件、生产力水平、传统消费观念的影响，民族地区的民众在农业生产中过分依赖农药、化肥、生长调节剂的作用，只求高产量不要高质量，使得很多具有地方特色的绿色产品无法真正占据市场，创造持久高值的经济效益。在消费意识上，民族地区群众传统观念根深蒂固，奉行支出最小化或效用最大化的消费标准，群众不能从内心对绿色产品的价值产生认同，这就造成了民族地区群众消费不考虑社会和生态成本，生产不追求绿色效益和绿色品牌。总之，由于政府、企业、个人对绿色发展的认识不够，缺少对生态平衡和资源保护的绿色自觉，这就给民族地区绿色发展的实现带来了严峻的挑战。

　　5. 开放发展指数

　　开放发展是经济高质量发展的外部推力，外商直接投资和国际贸易是其重要组成部分。我国对外开放通过"干中学"，一方面引进国外先进技术提高了自身的国际竞争力；另一方面吸引大量的外商投资提升了我国对外开放水平和质量。采用外贸依存度和外商投资比重来评估民族地区的开放发展指数，从图8-16和图8-17中可以发现，民族地区的开放发展指数整体上呈现比较平稳的态势，但与非民族地区存在较大差距，这表明民族地区囿于地理位置限制、区位发展阻碍等因素，开放发展水平有待提升。

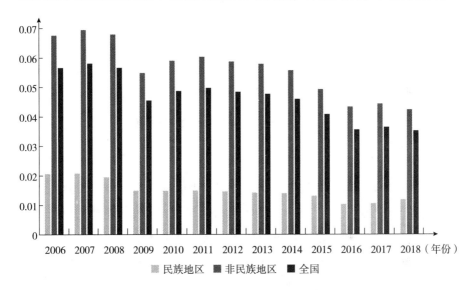

图 8-16　开放发展指数

资料来源：笔者整理。

　　从民族7省区来看，2006~2018年，除青海外，其他各省区的开放发展指数保持上升趋势。2006~2018年，宁夏、内蒙古、贵州开放发展指数排名靠前，2018年开放发展指数分别为0.0328、0.0322、0.0301。宁夏表现最为优异，开放发展指数由2006年的最后一名上升至2018年的第一名。说明经济新常态提出以来，宁夏、内蒙古、贵州高度重视对外开放并积极实施对外开放战略，外商投资额和外贸依存度不断提升。

　　民族地区是建设丝绸之路经济带和21世纪海上丝绸之路的核心地区和重要依托。内蒙古连通俄蒙，是建设中蒙俄经济走廊的核心区域；广西与

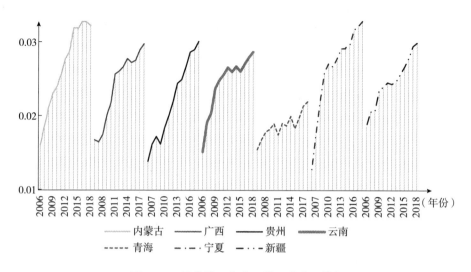

图 8-17 民族地区各省区的开放发展指数

资料来源：笔者整理。

东盟国家有陆海相邻的独特优势，是西南、中南地区开放发展新的战略支点，是 21 世纪海上丝绸之路与丝绸之路经济带有机衔接的重要门户；贵州处于西南南下出海通道的交通枢纽位置；而地处古代南方丝绸之路要道的云南，拥有面向"三亚"（东南亚、南亚、西亚）和肩挑"两洋"（太平洋、印度洋）的独特区位优势，是"一带一路"建设中的重要省份；西藏位于祖国的西南部，是面向南亚开放的大通道，对接"一带一路"和孟中印缅经济走廊，推动着环喜马拉雅经济合作带建设；青海是贯穿南北丝绸之路的桥梁和纽带，是中国连通南亚国家的重要走廊和通道；宁夏建设内陆开放型经济试验区；新疆是丝绸之路经济带核心区。因此，民族地区应该实施更加积极主动的开放战略，完善对外开放战略布局，构建开放型经济新体制，拓展开放型经济新空间，把民族地区建设成为我国向西、向北、向南开放的重要"桥头堡"和充满活力的沿边开发开放经济带。

首先，推进基础设施互联互通。优先推进一批连接中国与中亚、东南亚、蒙古国和俄罗斯等重点矿区、产业园区、主要城市和毗邻城市的重大铁路、公路和机场项目建设。推动邻边的民族地区的部分机场升级为国际机场,加快建设邻边民族地区国际航空港物流园区,构建连通内外、安全通畅的国际大通道。其次,深化与沿线国家经贸合作。积极实施"走出去"战略,按照企业主导、政府推动、公平交易、互利共赢、统筹规划、稳步推进的原则,深化对外贸易,适应国际需求结构的新变化和国内经济发展的新要求,优化贸易方式,扩大优势产品出口,提高出口产品科技含量和附加值,推进对外贸易向优质优价、优进优出转变。再次,加强人文交流。深化与沿线国家和地区在教育、文化、科技、医药卫生、环保等领域合作。充分发挥青年在对外人文交流中的作用。鼓励高等院校与沿线国家扩大合作。着力创作生产具有民族特色和地区特点的对外文化精品,培育一批核心竞争力强的外向型文化企业,利用重大外事活动和展会平台开展系列交流活动。最后,完善对外开放区域布局。充分发挥民族地区区位、资源和产业基础以及政策等优势,扩大同沿线国家及大洋洲和北美洲发达国家的合作交流,不断开创互利共赢的开放合作新格局。

6. 共享发展指数

共享发展是经济高质量发展的根本目标,表现为社会发展成果由人民共享。共享发展应该包括收入和消费水平的提高、城镇失业率的减少、教育资源的增加以及医疗卫生条件的改善。从人民生活和社会成果两个维度测度共享发展水平。采用消费指数测度人民生活,医疗设施完善度、交通设施完善度和教育设施完善度来测度社会成果。

基于图 8-18 和图 8-19 的共享发展指数测度数据,可以将民族 7 省区的共享发展指数水平分为三个阶段。2006~2008 年各省区共享发展指数水平整体较低,呈现平稳状态。2009 年加速上升,2010~2018 年稳步提升。2016~2018 年共享发展指数排名前三位的是内蒙古、青海和新疆。2018 年内蒙古、青海和新疆的共享发展指数分别为 0.121、0.119 和 0.105,说明这些省区共享发展水平相对较高,人民幸福感较强。例如,青海每年保持75% 以上财力用于民生投入,城乡居民收入增速超过经济增速,农牧民收入增速快于城镇居民收入增速。

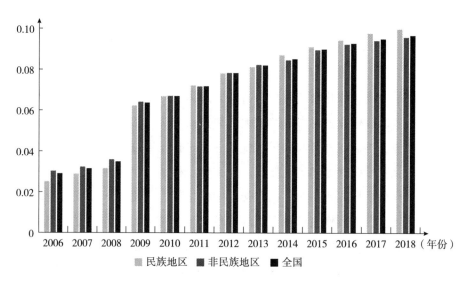

图 8-18　共享发展指数

资料来源：笔者整理。

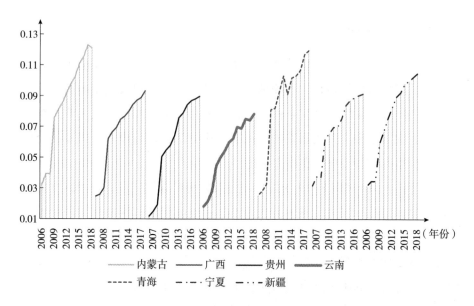

图 8-19　民族地区各省区的共享发展指数

资料来源：笔者整理。

总体来看，民族地区的共享发展指数处于不断上升的趋势，说明居民收入和消费水平不断提升、食品支出所占比重有所下降，城市道路面积增加、教育和卫生医疗方面的投入逐渐加大，人民在社会生活中获得了更多的幸福感和满足感。党的十八大以来，民族地区的民生福祉水平不断提升，基本公共服务实现均等化，城乡区域发展差距和居民生活水平差距显著缩小。县域义务教育基本均衡，基本医疗保险、基本养老保险基本实现全覆盖，人民群众健康水平明显提升。但同时也要认识到，民族地区发展不平衡不充分问题仍然突出，经济总量依然偏小，城乡发展差距较大，城镇化建设滞后，县域经济不强，民生保障、社会治理等还有短板弱项。因此，要坚持把高质量发展落实到改善民生、惠及当地、增进团结，不断增强各族群众的获得感、幸福感、安全感。

五、结论与对策建议

从经济高质量发展综合指数测算结果来看，我国总体经济高质量发展水平较为有限，从高到低依次为东部地区、中部地区和西部地区。三大地区经济高质量发展水平极不平衡，区域发展失衡问题亟待解决。在样本期内，我国经济高质量发展综合指数稳步上升，东部地区、中部地区、西部地区变动趋势与全国总体基本保持一致，均处于稳步提升阶段，但各地区指数增幅差距明显，西部地区增幅最大，中部地区次之，东部地区增速最慢。经济高质量发展各个维度对综合指数的贡献率均值从高到低排名依次是：共享发展、经济增长、开放发展、协调发展、创新发展与绿色发展。在各地区2018年经济高质量发展综合指数中，北京、上海领先全国，位居第一梯队，甘肃、河南、吉林、宁夏、新疆、贵州、广西、青海、云南等地处于末位。从经济高质量发展区域差异来看，Dagum 基尼系数显示，我国经济高质量发展水平的区域差距正逐年缩小，区域间差距对我们经济高质量发展总体差异贡献率最大,区域内差距贡献率较小。从经济高质量发展动态演进来看,核密度估计显示,全国经济高质量发展总体水平呈持续上升态势,区域差异不断削弱,初步实现均衡与全面发展。

从总体来看,民族地区的高质量发展水平呈缓慢上升的趋势,但仍处于较低的水平,且区域间存在较强的异质性。从维度分析来看,创新、绿色、开放、共享、协调等发展指数都是稳中有升,特别是党的十九大以后,部分省区增幅很大,在新发展理念引领下,全方位推进民族地区经济社会的不断发展,但各省区经济发展的不充分不平衡依然存在。

贯彻新发展理念,构建新发展格局,推动高质量发展是"十四五"时期经济社会发展的一项具体要求。关系到我国经济能否在复杂多变的国际环境中持续优化产业结构,提高运行效率,保持稳定发展,进而影响到社会主义现代化强国建设的顺利进行(王一鸣,2020)。

首先,理解新发展理念,充分把握经济高质量发展内涵和内在逻辑。民族地区的创新能力是其经济发展的重要引擎,民族地区在经济、社会、教育、科技等多方面都还处于相对落后状态。民族地区技术创新能力整体水平较低、企业研发投入、创新产出和创新动力不足,知识产权制度不够完善等,导致了企业技术、产品结构升级换代较缓慢,产品附加值较低,难以提升在价值链中的地位。

其次,注重顶层设计,在深入把握经济高质量发展内涵的基础上,制定相关政策,实现跨越发展。民族地区的工业经济总体上尚未摆脱高投入、高消耗、高排放的发展方式,资源能源消耗量大,生态环境问题比较突出,形势依然十分严峻,迫切需要加快构建科技含量高、资源消耗低、环境污染少的绿色制造体系。推进创新驱动战略,贯彻协调发展理念,坚持绿色发展,经济成果共享,注重共同富裕,提升公共服务水平和社会保障能力。

最后,正视区域差距,找准发展定位,促进区域间的协调发展。我国区域之间发展差距依然明显,必须重视区域间、区域内部的发展协调问题,实行有效的区域联动策略,如东部地区发挥示范效应,带动全国经济高质量发展。中部地区充分利用区位优势，在确保经济平稳运行的同时，选择重点领域，在整体上提升经济高质量发展水平。西部民族地区应分析自身在经济高质量发展之路上的优势和短板，利用好完善帮扶机制，实现区域之间协同发展。

本章小结

　　高质量发展不能一蹴而就，经济发展方式转变、产业结构升级也需要一定的周期，以创新、协调、绿色、开放、共享的新发展理念为内涵，优化产业结构，提高运行效率，保持稳定发展的高质量发展，是确保全面建设社会主义现代化开好局、起好步的关键。

　　本章构建了基于新发展理念的经济高质量发展的评测体系，采用熵权法确定经济高质量发展各项指标权重，测算经济高质量发展综合指数以及各个维度指数，基于 Dagum 基尼系数及分解方法对我国经济高质量发展的区域间差异进行剖析。最后通过核密度估计方法从综合发展指数、创新发展指数、绿色发展指数、共享发展指数、开放发展指数、协调发展指数等维度具体分析了民族地区经济高质量发展水平的动态演进趋势，并结合民族地区整体发展概况和各地区发展水平提出了相应的对策与建议。

第九章

新发展阶段绿色技术创新驱动民族地区高质量发展策略

科技创新是引领绿色发展的第一动力，是推进生态文明建设的重要着力点。习近平指出："生态文明发展面临日益严峻的环境污染，需要依靠更多更好的科技创新建设天蓝、地绿、水清的美丽中国。"民族地区自然条件差、经济发展水平低、生态环境保护迫切、科技创新综合能力仍处于较低水平。技术创新意识不够、研发经费投入偏低、技术创新人才匮乏、研发和成果转化能力不强仍是普遍存在的问题。自西部大开发以来，各级政府出台和实施了一系列创新支持政策，来提升民族地区技术创新能力和推动产业发展。前面章节对民族地区技术创新现状、绿色技术创新水平提升的影响因素、民族地区高质量发展水平、环境规制对创新能力和地区经济发展的作用机制等进行了相关分析，本章将针对绿色技术创新引领下民族地区绿色高质量发展策略进行探讨。

一、优化资源配置，以绿色技术创新引领和支撑民族地区的高质量发展

党的十八大以来，民族地区经济得到了快速发展，但由于历史和自然条件的制约，民族地区经济基础薄弱，高度依赖劳动、资本和土地的投入，经济发展不平衡不充分的问题依然突出。2016 年，习近平在宁夏视察时指出"越是欠发达地区，越需要实施创新驱动发展战略"。2021 年 3 月 5 日，习近平参加十三届全国人大四次会议内蒙古代表团审议时强调，要推动相关产业迈向高端化、智能化、绿色化，部署创新链，提升科技支撑能力，再一次为民族地区高质量发展指明了方向。习近平关于科技创新作出的一系列重要论述，立意高远、内涵丰富、思想深刻，是民族地区实施创新驱动发展战略、建设创新型国家和世界科技强国的基本遵循和行动指南，具有重要的理论意义和实践意义。在新发展阶段继续发挥科技创新的驱动作用，"围绕产业、聚焦瓶颈、重点突破"以及"产业链、资金链、政策链、人才链、服务链"多链协同，走科技创新之路，才能不断提升民族地区产业发展水平，进一步推动经济高质量发展。

（一）做好科技创新政策体系的顶层设计，改革和优化创新机制和体制

党的十九大报告提出要"加快生态文明体制改革，建设美丽中国"，并明确要求"构建市场导向的绿色技术创新体系"。2019 年 4 月 15 日，国家发展改革委、科技部发布《关于构建市场导向的绿色技术创新体系的指导意见》，提出到 2022 年基本建成市场导向的绿色技术创新体系。该指导意见以绿色理念为主要目标，从七方面提出了 22 条具体政策措施加快构建

绿色技术创新体系，首次针对具体绿色技术领域提出了创新体系的建设，突出绿色技术创新的市场导向，建立以需求为导向的创新组织，通过产学研深度融合，推动绿色技术创新与产业发展、生态文明建设现实需求相结合。该指导意见的政策措施具有很强的问题导向和针对性，如开展绿色技术创新"十百千"行动，国家重大科技专项、国家重点研发计划支持的绿色技术研发项目由企业牵头承担的比例不少于 55% 等，其目的是充分运用财政、税收、资源与知识产权等政策，通过政策激励来调动企业积极性。有些实施策略旨在对企业绿色技术创新发挥引导作用，如制定发布绿色产业目录、绿色技术推广目录、绿色技术与装备淘汰目录，积极发挥国家科技成果转化引导基金支持重点绿色技术创新成果转化的作用，制定公募和私募基金绿色投资标准和行为指引等。

2021 年 2 月 25 日，科技部发布《关于加强科技创新　促进新时代西部大开发形成新格局的实施意见》，明确指出实施创新驱动发展战略和人才强国战略，以推进西部地区全面建设创新型省份为主线，培育全国及区域性科技创新高地，提升企业科技创新能力，加强开放创新合作，支持加快实施一批事关产业发展核心技术与重大民生保障的科技创新行动，全面提升西部地区创新能级，形成与西部大开发相适应的"中心带动、多点支撑、开放合作、协同创新"的区域创新格局，为西部大开发和建设创新型国家提供有力支撑①。这些政策从国家层面，发挥了新型举国体制优势，进一步明确以科技创新引领和支撑民族地区的高质量发展。

（二）立足实际，围绕创新链布局产业链，打造区域特色的创新高地

各级政府在制定绿色技术创新政策时应充分考虑我国民族地区经济发展的差异性。研究表明，对欠发达地区实施差别化、更宽松的知识产权政

---

① 参见科技部印发的《关于加强科技创新　促进新时代西部大开发形成新格局的实施意见》。

策，能更好地促进技术外溢与扩散，更好地发挥模仿创新对科技创新的作用（江鹃等，2016）。根据民族地区的发展基础和技术创新水平，制定与实施有保有压、有扶有控的差别化技术创新政策和相应的产业政策，分类推进，从对接中东部地区的产业转移，进而促进技术外溢、扩散与模仿创新，逐步发展为以围绕培育绿色技术创新主体，推进绿色技术创新成果转化示范应用、优化绿色技术创新环境、加强绿色技术创新对外开放与国际合作等方面的政策体系和机制。

立足民族地区社会和经济发展水平，集中力量发展凸显区域特色的主导产业。深入挖掘民族地区技术和产业资源优势，因地制宜发展契合本地的绿色产业。民族地区具有丰富的旅游资源，部分地区可以统筹发展生产性服务业和生活性服务业，加快推进"文化+旅游+科技"融合发展，提升智慧旅游水平，不断满足广大群众的消费升级需求。例如，新疆将完善旅游信息服务体系，提高旅游信息化、智能化、便捷化水平，推行"无感通行""绿色通行"，打造"一部手机游新疆"写进了"十四五"规划纲要。加速培育形成一批产业特色鲜明、创新水平领先、规模效应突出的创新型产业集群，形成示范效应。贵州在"十三五"期间推动"四个强化""四个融合"，实施"六个重大突破"，一批国家部委、行业和标志性企业大数据中心落户贵州，建成贵州·中国南方数据中心示范基地。数字经济增速连续五年全国第一、吸纳就业增速连续两年全国第一。贵阳成为国家互联网重要枢纽，区域创新能力在全国从 2015 年的第 22 位上升到 2019 年的第 16 位①。引导民族地区全面开展创新型省份建设，支持有条件的地区创建一批创新型城市、创新型县（市），探索差异化的创新发展路径，构建各具特色的区域创新高地，通过建立具有示范效应的高水平科研平台，加快企业的创新能力，引导企业发挥创新主体的作用。例如，新疆克拉玛依市提出，加快推进石油装备智能化，通过龙头企业规模化壮大和名牌产品的

---

① 参见《中共贵州省委关于制定贵州省国民经济和社会发展第十四个五年规划和二○三五年远景目标的建议》。

引领，完善高端石油智能装备制造链条，打造高端石油智能装备制造集群①。营造良好的科技创新生态环境，发挥市场在创新要素配置过程中的导向作用，大力培育创新型企业，引导企业成为科技创新决策、研发投入、组织创新、成果转化的主体。同时，鼓励企业与科研院所、高校联合共建新型研发机构，开展产学研协同创新，推进以科技创新为核心的全面创新，让技术创新成为经济社会发展的强劲动力引擎。

二、把握政策需求，制定和实施有针对性的绿色技术创新政策

调研过程中，科技管理部门和高新产业园区的相关领导谈到绿色技术创新制约因素时，都多次提到"一是资金，二是人才，三是意识"。有关资金和人才方面的资源供给依然是民族地区绿色技术创新的最大瓶颈。

（一）财税和金融政策

1. 从供给层面加大绿色技术创新的财政支持力度

技术创新成果具有较强的外部性和技术创新的不确定性，且知识产权难以得到有效保护，短期内无法立即实现市场化和产业化。稳定的资金投入是保证绿色技术创新支撑和动力作用得以有效发挥的基础和保证。依靠政府财政支持政策，开展技术创新是很多国家推动技术提升和产业发展的唯一选择。需要在基础建设投资中设立专款，加大对民族地区技术创新项目资金投入，如中央财政以行业发展专项资金拨款的方式扶持民族地区高

---

① 参见《克拉玛依市国民经济和社会发展第十四个五年规划和2035年远景目标纲要》。

新产业形成一定的市场规模。另外，加大对民族地区的政策性转移支付补助，通过积极争取债券、基金和专项资金，启动一些偏远民族地区的科技创新项目，从而促进民族地区各项事业长足发展。在金融支持方面，构建多元化投入机制，引导金融机构在民族地区设立服务科技型企业的科技支行或科技金融事业部等专营机构。建议对民族地区发展科技创新的大型项目贷款给予一定的优惠利息补贴；为鼓励民族地区企业技术创新活动，要完善民族地区技术创新企业贷款风险补偿机制，吸引社会资金和外资投入，分散创新风险，同时降低银行承贷风险，提高放贷的积极性。同时注意，在资助政策的设计和实施过程中，要从民族地区经济现实基础出发，增加其自身"造血"功能，解决就业和企业本身的实际问题。珍惜国家资金资源，对财政性资助应加强管理，确保重大决策部署落实，最大限度避免重复投资。

2. 从需求层面完善民族地区企业的政府采购制度

政府采购作为财政支出管理的重要措施，是国家对经济实施宏观调控的有效手段。我国政府采购的政策功能日益凸显，特别是在支持绿色发展、支持中小企业发展、支持创新、支持脱贫攻坚等方面发挥了积极作用。中国政府采购规模由 2002 年的 1009 亿元增加到 2021 年的 3.64 万亿元，占国内生产总值比重由不足 1% 提高到 3% 以上（汪文正，2022）。由于政府采购规模巨大，被普遍认为是影响技术创新方向和速度的重要政策工具之一。民族地区企业多以当地自然资源为基础，且技术设备落后、资金短缺、规模较小、风险承受能力较弱，与东部等发达地区的企业在市场竞争中往往处于不利地位，市场化初期需求拉动的意义依然重大。以政府采购创造的市场需求为杠杆，可以进一步有效刺激和扶持民族地区企业的绿色技术创新，有利于民族地区企业利用国内市场、促进刺激高新技术产业的形成和发展。我国现行的《中华人民共和国政府采购法》已实施近 20 年，实践中暴露出不少诸如采购人主体责任缺失、采购绩效有待提高、政策功能发挥不充分等问题。政府可选择适当的时机，充分考虑民族地区的特殊情况，建立特殊的政府采购政策，细化促进技术创新的目标，确定各级政府采购中的民族地区自主创新产品的比例，动态修订《中华人民共和国政府采购法》，制定适合民族地区企业技术创新的采购评审条件、方法和政策。通过适度向民族地区企业倾斜，鼓励、扶持和促进企业的发展，从而提高其技术创新能力和整体竞争力，推动民族地区技术创新能力的提升。

3. 改善技术创新的融资环境，建立多元化的金融机构体系

健全金融政策体系，引进更多金融机构弥补市场缺位，加大金融创新、企业参与资本市场引导力度，进一步优化金融发展环境。第一，合理配置信贷资源，将信贷资源投向最有效率的地方，促进企业获得技术创新的资金支持。金融政策向民族地区倾斜、促进产业结构优化的同时，进一步刺激民族地区企业技术创新的金融需求。第二，采取差异化货币政策，提高金融政策的有效性。许多国家通过实施区域性货币政策来缩小区域差异，如美国在西部开发时，根据区域差异设置不同的法定准备金率，设置不同的商业银行资本金和准备金用于发展单一制的地方性商业银行，确保货币政策在不同区域实施顺畅。第三，针对民族地区经济发展特点，创新货币政策，推行民族地区利率市场化，支持中小企业技术创新。例如，实施差别存款准备金，加大各大商业银行对民族地区企业技术创新的贷款额度。对民族地区企业技术创新实施优惠利率，扩大商业银行对企业贷款的利率浮动区间，给予其一定的自主权，特别是信用保证贷款利率的下浮幅度，对企业贷款比重较高的商业银行实行冲销坏账和补贴资本金等措施以增强其风险抵御能力，提高银行贷款的积极性。同时，在贷款利率、贴现利率和再贴现利率等方面实行向下浮动，制定外流利率上限防止民族地区资金外流等政策。另外，可建设地区票据市场，优化票据市场结构，实现再贴现工具差别化，进行区别化管理。第四，民族地区的金融环境尚未成熟，允许金融工具的多元化，发挥不同投资主体的作用。扩大风险投资资金来源，开拓国有银行、商业银行、风险投资和民间金融业的融资渠道，

建立多元化的金融机构体系，改变企业过度依赖间接融资的局面。同时建立多方投入、风险共担、利益共享的风险投资运行机制，可由政府提供信贷担保和财政资助，促进银行等金融机构对高技术企业的投资。建立健全风险资本的退出机制，确保风险投资顺利退出，提高风险投资者的积极性。逐步形成规范的绿色金融市场，充分考虑我国民族地区经济发展状况，使绿色信贷政策的信贷约束力度与当地企业发展状况相匹配。

此外，基于传统的税收政策，还需要在提高税收政策的覆盖率、加大对民族地区企业研发的扶持力度，以减税降费的"减法"换来企业发展的"加法"，实现市场活力的"乘法"。给予税收政策最大优惠的同时，要对税收结构进行创新，加大除了所得税之外的优惠力度，使科技创新财政税收政策多样化，满足各层次企业的需求，让更多的企业能够享受到税收的优惠政策。降低或者免征金融机构和担保机构的印花税和企业所得税，这样将会降低企业的利息和担保费用，从而有效地降低企业的科研融资成本，调动企业的积极性。

（二）人才政策

技术创新必须依靠项目、人才、平台等资源的有效供给。因此，要坚持人才是第一资源理念，加大人才培养开发力度，着力建设创新型科技人才队伍，实施人才强区战略。调研中发现，由于民族地区的环境和待遇相对较差，许多高端人才不愿意到民族地区工作，企业中研究生所占比例相对较少，严重制约了民族地区资源整合。民族地区一般都是经济较为落后的地区，生活条件差，人才更难留。

1. 完善育才机制，改善用才环境，支持各类人才计划向民族地区倾斜

党的十九大报告对人才的定位是"人才是实现民族振兴、赢得国际竞争主动的战略资源"。人才政策方面要"实行更加积极、更加开放、更加

有效的人才政策"。民族地区要深化人才发展体制机制改革，健全人才发展规划和政策体系，全方位培养、引进、用好人才。通过实施重点科技人才计划，培养造就科技领军人才、中青年科技人才和高水平创新团队计划，有吸引力的福利待遇来引进人才并留住人才，为民族地区科技创新和产业发展提供重要智力支撑。例如，制定引进人才计划有关的激励政策，实行人才和智力对口支援，支持和鼓励国内外人才；创新柔性引才机制，以兼职、短期服务、承担委托项目、合作研究、技术入股、承包经营、建设院士工作站和博士后科研工作（流动）站等多种形式，广泛汇聚人才智力资源，打造人才基地，支援民族地区建设。"十三五"期间内蒙古充分发挥科技兴蒙行动"4+8+N"合作机制，引导企业依靠开放合作，学习、借鉴、引进先进的技术、人才、管理经验，提升技术创新能力。新疆提出加大对科技领军人才、创新创业人才和团队、行业领军人才、优秀企业家和职业经理人、高技能人才的支持，在资金、项目、政策等公共资源方面予以倾斜，持续推进柔性引才政策落实。

2. 激发研发主体创新活力，建立创新人才储备

民族地区少部分地市出台了限制人才流出的强制性政策，但仍然无法防止人才外流现象的发生。人才外流的根本原因在于民族地区产业发展较慢，产业对人才的需求不够旺盛，无法为人才提供合适的岗位，还与民族地区的人才成长环境有关。

第一，从政府、企业和员工等方面培育、引导和鼓励创新文化的建立。通过优化各地区公共服务的内容、方向和水平，建立完善的人才服务体系，提高各地区尤其是西部少数民族地区的人才创新效率。第二，创新绩效评价体系，激发研发主体创新活力。要将影响科技创新能力的核心因素，如研发投入、专利申请量、人才培养等指标量化为具体可操作的数值，作为评价政府、国企、高校领导绩效与晋升及是否给企业立项和给予优惠政策的重要依据。例如，新疆提出对入选国家重大人才工程的高层次人才按照国家支持资金1∶1配套奖励，大幅提升自治区重点人才计划资金支持力度。明确 45 岁以下科研人员主持承担自治区级科技计划项目的比例原则上不低于 50%；大力培养少数民族科技人才，加大"少数民族科技骨干特殊培养计划"实施力度①。第三，完善人才使用机制，健全以创新能力、质量、实效、贡献为导向的科技人才评价体系。健全创新激励和保障机制，构建充分体现知识、技术等创新要素价值的收益分配机制。从非技术因素方面改善企业技术创新环境，通过年薪制、股票期权、技术与管理要素入股等多种激励机制，构建充分体现知识、技术等创新要素价值的收益分配机制，提高科研人员成果转化收益分享比例。实施高层次特殊人才支持计划，完善科研人员职务发明成果权益分享机制，鼓励企事业单位对急需紧缺高层次人才实行灵活多样的分配方式。建立引智人才数据库，坚持引人与引智并举，对引进高层次创新型尤其是领军型人才、核心关键技术、关键成套设备及高新技术企业做出突出贡献的人才，以及在核心关键技术和基础研究领域取得重大突破的科研人才，加大奖励力度，充分激发人才创新活力，设法留住人才。

3. 加强应用型、技能型创新人才的培养

调研过程中，被采访者提到"我们的技术员虽然文化程度不高，但是他们有着丰富的经验，提出了不少解决方案。现在出现的一些技术问题也不用通过上面的技术专家来解决，我们一线的老员工就能根据经验很快解决了"。因此，民族地区的实用型工程技术人才的需求很大，应发挥高校人才培养主阵地作用，加强对创新人才尤其是工程技术人才的培养，加大应用型、复合型、技能型人才培养的比重，做到实用型人才与高层次人才并举。普通高等院校和专业技术学校的一些技术型专业，要有计划地增加民族地区学生的招生名额，实行定向招生和培养，为该地区的技术创新事业储备人才力量。同时进一步加强和完善职业技能培训体系，通过采取各种优惠政策和措施，引导企业与高校制订联合人才培养计划，支持和帮

---

① 参见 2022 年新疆维吾尔自治区党委、自治区人民政府印发实施的《关于强化科技创新支撑引领作用推动新疆经济社会高质量发展的意见》。

助培养当地企业创新人才实训体系建设。例如，贵州设立贵州杰出人才奖、省长质量奖，弘扬劳模精神、劳动精神和工匠精神，加强人才队伍建设。

4. 实施地区间创新人才协同一体化战略，提高人才创新效率

充分考虑各个省份的利益和资源禀赋差异，利用好对口支援政策中的人才、科技、友好城市等各类资源，打造高新技术优势互补的人才资源库，推进民族地区创新人才的共同开发、政策衔接和服务贯通机制，形成创新人才开发、利用一体化，提高民族地区各个省份的人才创新效率。"十三五"期间，中央部委及各对口援藏省市给予西藏科技创新工作尽可能地倾斜、照顾、支持，实现从人才培养、智力援派到灌输理念、传授方法的转变，以更加灵活的方式提升西藏科技创新发展的内生动力。另外，技术创新平台是关键共性技术研发和转化的重要载体，要聚焦技术创新前沿，创建技术重点实验室、高新技术园区的创新中心，强化科技力量对绿色发展的支撑作用，支持龙头企业联合高校、科研院所、创新功能区等力量建立绿色技术创新联合体，提高人才创新效率。国家川藏铁路技术创新中心（西藏）、西藏水风光储能源技术创新专项、西藏藏东南水电技术创新中心都是西藏创新人才协同一体化战略的阶段成果。

三、营造创新环境，强化企业技术创新的主体地位

（一）深化创新体系建设，营造良好的创新环境

"技术创新环境"是指技术创新的社会文化环境，是地方行为主体之

间在长期正式的合作与交流的基础上所形成的相对稳定的系统。创新的新兴形态，从本质上越来越趋向于跨学科化，成功需要越来越多专家的紧密协同合作，在推动技术创新进程中，需要多部门、多学科共同参与、协同配合才能解决技术创新中面临的各种问题。创新环境包括创新程度、企业间合作和协作程度、产业经济地方化程度和城市经济集中度，只有营造良好的地方创新环境，加强政府部门之间的联动，形成稳定的会商协作机制、发展合力，才能实现技术创新。借鉴我国东部发达地区的经验，可以在试验区和自创区深化创新改革，推进体制机制改革和政策先行先试，营造良好的创新环境，为技术创新提供高效的公共服务。

1. 发挥政府的协调引导作用，完善技术创新战略联盟的建设

发挥政府的引导作用，健全服务体系。创造一个有利于企业创新的外部环境是民族地区地方政府的当务之急。技术创新中的很多问题超越了单一科技主管部门的权限，如技术成果转化的融资问题，技术创新人才的评价问题，需要由金融、人事等部门协同配合。要改变技术创新工作仍然由科技主管部门统筹管理的局面，利用发展区域产业并以此发展区域经济的自上而下的政府行为，同时鼓励以利润和效益为立足点的自下而上的企业行为。优化配置人才、资金、政策等要素，完善政策支持、要素投入、激励保障、服务监管长效机制，提高大中型企业建立研发机构的比例，支持科技型中小企业与高校、科研单位共同申报各级各类科技计划项目。

技术创新平台和战略联盟是一种契约型的长期合作创新组织，运行机制过程清晰，产业技术创新联盟以行业需求和提高产业竞争力为根本动力，解决行业重大关键技术，是保障技术及时转化为生产力的机制。建立以市场需求为导向、企业为主体、相关高校与科研院所为两翼、民间资本积极参与，整合跨部门、跨地区乃至国内外优势，建设有利于技术创新的文化环境。加快促进科技资源向企业聚集、科技创新人才向企业流动，形成企业与科研机构、高校、社会组织、创客等创新主体，围绕经济社会发展的迫切需要和区域支柱产业，构建重点领域战略联盟，促进区域创新体

系建设，推动区域产业的快速发展。

　　2. 改善技术创新的基础设施，推动高新技术产业园区的建设

　　民族地区地域辽阔，地域之间的差异较大，交通建设和信息化建设水平等软硬件设施都不能适应现代企业发展需要，也制约了民族地区企业技术创新的持续稳定发展。政府是技术创新系统和平台的搭建者和服务者，为了改善民族地区的基础设施，政府应给予资金、项目上的政策支持，加大对交通和通信设施建设等的投资力度，破除民族地区交通、教育等方面的瓶颈，保护好其生态环境，吸引高层次、创新型人才来这些地区创新、创业。同时，政府应加强大型技术数据库、重大技术需求信息库以及技术信息网络等基础设施建设，建立民族地区的技术信息中心，为企业技术创新特别是中小企业技术创新提供技术、信息、人才、财务、法律等方面的服务。例如，"十三五"期间贵州省高铁通车里程 1550 千米。高速公路通车里程 7600 千米，全国排名第四。行政村实现 4G 网络和光纤宽带全覆盖，5G 正式启动商用，贵阳成为国家互联网重要枢纽。贵州保持近十年全国领先的经济增速，连续九年位居全国前三、近三年连续位居第一，实现赶超进位的历史性跨越，被习近平赞誉为党的十八大以来党和国家事业大踏步前进的一个缩影。另外，通过东西协作、对口支援等一对一帮扶工程，有计划、有步骤地实施基础设施建设、高科技人才、科技项目等一对一、点对点帮扶工程，切实改善民族地区的基础设施建设水平和能力。2015 年以来，中央定点扶贫和东西扶贫协作对口支援直接投入和带动贫困地区投资的资金分别达到 1232.7 亿元和 19130.45 亿元（王禹潞，2022）。"十三五"期间全国 19 个省市、中央和国家机关、中央企业对口支援新疆，形成了新时代全国一盘棋、各方力量对口援疆的工作格局，为援受双方加强产业合作、畅通经济循环奠定了基础。

　　科技产业园区在引进高科技技术人才、促进企业技术研究创新和产业发展等方面发挥了积极作用，要进一步发挥高新产业园区创新高地的引领作用，进一步打造科技创业园区和高技术产业园区，形成民族地区的技术

孵化器。建立健全高新技术产业园区科技创新服务、监管与反馈机制，成立科技创新协同服务中心，做好招商引资、人才招揽、项目跟进，为入驻高新产业园区的研发人才、科技项目、高新技术企业提供全程高效的"一站式"服务。为助推科技创新发展营造良好的政策执行环境，切实解决民族地区经济转型中的技术创新问题，深化落实"科技型中小企业—国家高新技术企业—科技小巨人"科技型企业的梯队培育机制，推动园区由单一生产型向复合功能型转变，构建国家级园区引领带动、省级园区支撑有力、地方园区彰显特色的高质量发展载体。

（二）激发技术创新主体的活力，强化企业技术创新的主体地位

企业是市场的主体，更是创新的主体。数据显示，广东省区域创新综合能力连续五年排名全国第一，主要源自企业的创新能力强。该省90%的科研机构、科研人员、科技活动经费、发明专利均源于企业。由此可见，盘活企业这个创新主体，对提升区域创新能力非常关键。

首先，通过政策引导与精准支持来激发活力，大力培育创新主体。通过政府行为逐渐引发企业行为，如企业自发引入先进技术和设备，利用网络资源优化管理系统，自觉投资高新产业区的基本建设，培育企业的技术创新能力，地方政府与企业合力推进区域产业的发展。

其次，聚焦科技型企业规模和提升企业创新能力的需求，研究进一步加大龙头、典型企业的税收优惠力度，引导加大对绿色创新技术企业发展的支持，从而发挥大企业在绿色技术创新中的引领带动作用。加快培育高新技术企业、"瞪羚企业""独角兽企业"等高成长型企业，支持企业加大绿色技术创新投入、专利申请和成果转化应用，使企业成为绿色技术创新的主体和策动源。引导企业提高效率，以更少的能耗和更低的污染创造更大的产值。

再次，还要充分发挥高校和科研院所的知识创新作用，支持企业牵头组建创新联合体、引导高校和科研院所优化学科结构和专业设置，鼓励跨

学科专业交叉融合，大力促进绿色技术研发、转化与推广，合力推进区域绿色技术和绿色产业的发展。通过影响区域文化氛围，依靠政策、法规提供良好的市场环境，鼓励"大众创新"，加快科技成果转化，引领"双创"升级，培养具有创新精神和能力的企业家。加强知识产权的有效管理实施，完善对技术创新专利的申请与保护机制，也可对有效技术创新专利进行一定程度的补贴奖励。

最后，规范创新主体的行为，强化评价考核。建立绿色技术创新评价体系，将绿色技术创新成果推广应用情况等纳入创新驱动发展、高质量发展、生态文明建设评价考核内容。加强示范引领，发挥绿色技术创新综合示范区、绿色企业技术中心等的作用，探索绿色技术创新与绿色管理制度协同发力的有效模式。探索建立资源使用评价机制，建立健全用能权、用水权、排污权、碳排放权分配制度。结合民族地区的实际，合理确定2030年前实现碳达峰的关键路径，建立健全绿色低碳产业发展机制，推进重点行业和重要领域绿色化改造，推进绿色技术研究和成果转化，为实现碳达峰、碳中和提供坚实的技术支撑。同时，加快转变政府科技管理职能；加大科研领域简政放权力度，在人才、基础研究、战略研究与决策咨询等科研项目中推行经费包干制试点；充分赋予高校、科研院所岗位设置、人员聘用、绩效分配、评价考核等自主权；完善科技评价制度（谢慧变，2022）。

（三）调控技术贸易市场，提升后发优势

目前，民族地区大部分高新技术都是通过技术贸易直接引进技术，在此基础上再提高自身技术能力，并最终影响到其技术创新水平。因此，通过技术贸易引进的技术，无论是成套生产设备等硬件还是专利技术等软件，都加速了民族地区的技术积累。同时，在技术引进的过程中，还常常伴随着这些地区的企业员工对新技术的学习和掌握。这样，原本技术创新相对落后的西部民族地区反而具备了自身技术创新的后发优势。

随着互联网信息技术和现代交通的迅速发展，将逐步打破各种人才、

技术和资金的地缘壁垒，技术流和信息流的转移将更加迅速和便捷。据统计，2019 年北京技术合同成交额达 5695.3 亿元，增长达 14.9%，流向外省区市的技术服务合同 31546 项，成交额 2322.1 亿元，占流向外省区市成交额的 81.0%。其中，吸纳北京技术合同成交额超过 50 亿元的 21 个省区市中，民族地区有 8 个，其中广西为 105.3 亿元、甘肃为 103.2 亿元。这些条件为欠发达地区科技创新提供了发展机遇，欠发达地区可以通过开放式创新的方式弥补自身研发实力的不足。因此，在民族地区搭建技术与市场的对接平台，建立线上线下技术大市场的对接机制，把大数据和互联网平台应用于技术和市场对接过程，吸引全国可利用的技术成果（包括高技术、中低技术）到当地转移转化，实现技术创新赶超发展。建立一支专职的科技中介服务人才团队，即创新经纪人，通过创新经纪人实现跨部门和跨产业之间的沟通，以及加强企业家和科技资源之间的联系以提高创新效率。

民族地区技术后发优势的实现离不开当地政府的调控。首先，高效的政府能通过营造良好的创新环境、加强基础设施和人力资本积累来提高技术吸收能力。其次，当地政府可以与省区外企业、技术开发机构合作，创造引进和吸收适合当地技术创新发展水平的先进技术的条件。同时还可以限制落后技术的进入，从而提高引入技术的适应性和再创新能力，最终实现创新赶超。在此过程中，可以分类引导企业建设研发机构，实施技术创新：针对经济实力雄厚的大企业，聚焦壮大科技型企业规模和提升企业创新能力的需求，支持实施高新技术企业培育计划，建设独立的研发部门，进一步提升创新能力和企业科技竞争力；针对中小企业，尤其是处于成长期的初创型企业，支持企业与高校、科研院所联合建立新型研发机构，实施"科技型中小企业成长路线图计划 2.0"，用最少的投入实现技术需求的目的，如加强西安、成都、兰州等地区公共技术服务平台建设，为中小企业创新活动提供技术供给和研发服务支撑，促进企业与投资机构、金融机构对接，支持民族地区优质企业通过"新三板"、科创板上市融资等。最后，在民族地区，相比独立设置研发机构，合作的方式更适合大多数成长期的企业，不能将企业尤其是中小微企业是否具有研发机构视为其技术创新能力高低的条件（邹文卿等，2017）。

四、区域统筹协同创新，打破区域科技创新能力的不平衡

民族地区基础设施相对落后、工业化程度不高、创新能力和水平低下、创新意识和氛围淡薄、创新体制机制滞后等问题，一直是制约提升科技创新水平的瓶颈之一。习近平关于"欠发达地区可以通过东西部联动和对口支援等机制来增加科技创新力量"的重要指示，为民族地区的技术创新明确了新路径。

第一，继续深入贯彻落实习近平关于"越是欠发达地区，越需要实施创新驱动发展战略""欠发达地区可以通过东西部联动和对口支援等机制来增加科技创新力量"等重要论述。挖掘民族地区的比较优势，精准定位有潜力、有规模、有效应的优势产业，促进"创新增长极—增长带—增长群"的范式形成，如成都等地的航空航天、装备制造产业，贵州省的大数据产业，陕西的国防军工、电子信息产业等。

第二，协同区域创新的"梯次接续"，科学规划战略布局，充分发挥区域创新中心的辐射效应，促进区域创新的协同联动，本着"互惠互利、优势互补、共同发展"的原则，加强技术的交流和借鉴，发达地区适当向落后地区进行技术转让，支援民族地区企业的技术创新发展，最终实现携手共赢。例如，已成功举办四届"科技入滇"，推动云南省的科研平台、科技型企业、科技成果、人才和团队的落地。引进了北京航空航天大学云南创新研究院、上海交大云南（大理）研究院、云南华大基因研究院等一批新型研发机构落户云南，逐渐成为云南创新体系的重要力量，成为建设数字云南、重塑云南支柱产业新优势和培育发展战略新兴产业的重大科技策源地。

第三，进一步实施对口支援和东西协作，实现资源跨区域调配、缩小地区发展差异，利用外部"输血"，增强自我"造血"功能。以民族地区产业发展需求为导向，建立东西部地区技术创新合作的长效机制，积极推动民族地区企业、科研院校与东部地区开展科技资源供需对接，进一步培育和激发民族地区的技术创新内生动力，释放发展潜力，使东西科技合作成为吸引创新资源、聚集创新人才、提升创新能力的重要途径。国家出台的科技支宁、科技入滇、科技兴蒙、科技援疆等政策，是进一步发挥东西部科技合作的重大举措。仅在"十三五"时期，科技部就支持西藏科技事业发展项目 200 多项，各对口援藏省市落实对口援藏科技项目约 170 项，"稳定、发展、生态、强边"，每一件大事都有中央部委和对口援藏省市的重大科技项目支撑。

五、守住生态底线，绿色技术创新推动民族地区绿色转型

绿色发展已经成为新常态，也已经成为国际共识。基于中国国情和科学论证的双碳目标，将深刻推动经济和社会进步及生态文明建设，实现经济、能源、环境、气候共赢和可持续发展。民族地区作为我国重点的生态功能区、资源涵养区，是我国生态文明建设和经济可持续发展的主战场。由于经济增长方式长期的路径依赖，高投入、高消耗、高排放、低效率的粗放发展模式导致地区面临生态破坏、环境污染等严重问题。遏制民族地区的生态环境进一步恶化，确保经济社会可持续发展是重要的战略任务。"绿水青山"是西部地区的生态环境优势，西部大开发既要挖掘和创造"金山银山"，又要保护好"绿水青山"，只要贯彻新发展理念，假以时日，"绿水青山"定能换来"金山银山"。西部地区需要对未来发展做出正确的定位，既不能走"只要发展、不要绿色"的老路，又不能走"先污染后治

理"的"邪路"。绿色技术创新是守住生态底线、建设生态文明的有力保障。

第一，要转变传统的经济发展观念，创新经济发展新思路，将生态资源转化为生态资本，以技术创新推动西部地区的经济发展、生态文明建设和绿色转型。通过财政扶持、税费减免、资源使用优惠等支持性政策，强力吸引与扶持绿色高新技术产业进入与发展，加快绿色技术创新，依靠科技创新破解绿色发展难题，补齐绿色发展短板。通过绿色技术创新链和产业链的深度融合，实现绿色技术研发、应用推广和产业发展协同推进。

第二，充分发挥绿色技术在生态环保中的基础性、前瞻性和引领性作用，通过技术创新，改进新工艺、生产新产品，提升生态环境治理能力、效率和水平，提高生产能力和资源利用效率，减少生态环境污染。通过技术水平更新换代，淘汰技术水平落后的行业，促进新兴产业的发展，推动产业结构升级。对区域内的高污染、高能耗、低效益的产业，要通过提高税率与资源使用成本及退出补偿机制等手段，逐步提高该类产业运营成本，促使其转型升级或退出市场，技术赋能使民族地区的天更蓝、山更绿、水更清。内蒙古能源企业关注从污染物中提取制备战略资源，蒙泰集团基于中国大唐集团在内蒙古建设的"粉煤灰预脱硅碱石灰烧结制备氧化铝"产业化示范线，以及国家能源集团的粉煤灰盐酸法制备氧化铝项目积累的宝贵技术经验，自主研发了"一种利用粉煤灰制备铝硅氧化物"技术，开启了一条全新的粉煤灰"生金"之路。贵州省把握住全国重要能源基地的契机，建设乌江、南盘江、北盘江、清水江流域"四个一体化"水风光可再生能源综合基地及风光水火储一体化项目。青海省建设了绿色低碳的世界级盐湖产业基地。

第三，聚焦生态文明建设任务部署，不断增强各族群众的获得感、幸福感、安全感。统筹开展治沙治水和森林草原保护工作，深化资源清洁开发与高效利用，通过生态保护技术集成研究与示范，实现绿色富区、绿色惠民；加快突破绿色农业关键核心技术，发挥绿色技术创新科技在巩固拓展脱贫攻坚成果同乡村振兴有效衔接中的积极作用；推动科技创新和卫生与健康事业发展全面融合，提高民族地区的卫生与健康科技资源开放共享水平；围绕社会安全、防灾减灾等重点领域，加强风险识别和风险分析方面研究，科技赋能最大限度降低风险水平，让技术创新成果更好惠及各族人民。例如，国家科技管理信息系统青海西宁灾备数据中心落户青海，助力"数字青海"，积极推动科考成果服务青海省绿色可持续发展。2021 年，青海省三江源国家公园星空地一体化生态监测及数据平台建设和开发应用、祁连山黑河源草地生态生产共赢模式创建与示范项目等成效显著。

六、把握"一带一路"倡议机遇，加强绿色技术创新对外开放与国际合作

"一带一路"倡议为西部民族地区发展带来了这一历史机遇所赋予的外在动力，加速经济跨越式发展，在高质量发展上实现弯道超车。2020 年 5 月中共中央、国务院发布《关于新时代推进西部大开发形成新格局的指导意见》，进一步明确了要以共建"一带一路"为引领，加大西部开放力度。我国陆地边界与 14 个国家接壤，陆地边界线长 2.2 万千米，其中有 1.9 万千米在民族地区。在这片近 200 万平方千米的边境地区，有 30 多个民族与周边国家同一民族毗邻而居。边境地区是我国对外开放的前沿，是展示国家实力和形象的窗口，民族地区应以"一带一路"倡议为契机，把握和利用好这一历史机遇，发挥技术创新在丝绸之路经济带核心区建设中的引领作用，推进与丝绸之路经济带沿线国家深化交流合作，实施开放创新。

第一，深度融入"一带一路"，建立"一带一路"绿色技术创新联盟，积极构建开放型经济体制，为科技创新提供良好的创新环境和合作交流机会。制定有针对性的开放创新政策，适时动态调整科技创新和对外开放政策，发挥科技创新、对外开放与高质量发展之间的协同作用。加强人才联

合培养、科技联合攻关，共建科技合作平台，深化和拓展与国际友好城市的务实交流合作。

第二，立足我国对外开放的前沿，在全球化分工中准确定位，积极与周边国家和地区加强技术合作，推动与沿线各国的对外开放与科技创新的良性互动，提高对区位优势和资源禀赋的利用效率。

第三，实现高质量"引进来"和"走出去"的有机结合。健全鼓励国外绿色技术成果在民族地区转化落地的政策，高效利用与吸收人才、技术、知识等先进科技创新要素和资本，弥补民族地区在技术落后、资金不足和产业结构不合理等方面的缺陷。推动国际产能合作，鼓励优势产能"走出去"，建立海外生产基地、产业园区、研发中心，支持交通、能源等各领域有实力的企业参与国际工程承包。同时，充分发挥民族地区区位优势，鼓励企业建立海外研发中心，不断扩展民族地区发展空间和对外影响力。加强国际市场，支持区内高新技术企业与产品、先进装备、技术标准和品牌"走出去"，构建"一带一路"国际科技合作平台网络，提升在技术创新市场需求中的配适度，挖掘绿色创新潜力，提升开放合作能力，加大技术创新的成果产出与市场化应用。

本章小结

本章主要从促进民族地区绿色技术创新政策的需求角度，分析民族地区绿色技术创新能力提升的策略。重点提出了要发挥新型举国体制优势，进一步以科技创新引领和支撑民族地区的高质量发展；区域统筹和协同创新，打破区域发展水平和科技创新能力的不平衡；把握好"一带一路"倡议历史机遇，拥抱开放创新；守住生态底线，绿色技术创新推动民族地区绿色转型。

参考文献

［1］ Alexandra S S L. An Empirical Approach of Social Impact of Debt on Economic Growth. Evidence from The European Union ［J］. *Annals – Economy Series*, 2016（5）: 189-198.

［2］ Ambec S, Barla P. Can Environmental Regulations Be Good for Business? An Assessment of the Porter Hypothesis ［J］. *Energy Studies Review*, 2006, 14（2）: 42-62.

［3］ Anderson D. Technical Progress and Pollution Abatement: An Economic View of Selected Technologies and Practices ［J］. *Environment and Development Economics*, 2001（3）: 283-311.

［4］ Antweiler W, Copeland B R, Taylor M S. Is Free Trade Good for the Environment? ［J］. *The American Economic Review*, 2001, 91（4）: 877-908.

［5］ Arimura T H, Sugin M. Does Stringent Environmental Regulation Stimulate Environment Related Technological Innovation? ［J］. *Sophia Economic Review*, 2007（52）: 1-14.

［6］ Baumol W, Oates W. *The Theory of Environmental Policy* ［M］. England: Cambridge University Press, 1988: 102-125.

［7］ Boyle D, Simms A. *The New Economics: A Bigger Picture* ［M］. London: Earthscan, 2009.

［8］ Braun E, Wield D. Regulation as a Means for the Social Control of Technology ［J］. *Technology Analysis and Strategic Management*, 1994（3）: 259-273.

［9］Chintrakarn P. Environmental Regulation and U. S. Stata's Technical inefficiency ［J］. *Economics Letters*, 2008, 100（3）: 363-365.

［10］Christoper T H. Technological Innovation: Agent of Growth and Change, in Christopher T. Hill and James M. Utterback Technological innovation for a dynamic economy ［C］. Oxford: Pergamon Press, 1979.

［11］Cole M, Elliott R. Do Environmental Regulations Influence Trade Patterns? Testing Old and New Trade Theories ［J］. *The World Economy*, 2003 （8）: 1163-1186.

［12］Cole M, llott R, Okubo T. Trade, Environmental Regulations and Industrial Mobility: An Industry-level Study of Japan ［J］. *Ecological Economies*, 2010, 69（10）: 1995-2002.

［13］Conrad K, Wastl D. The impact of environmental regulation on productivity in German industries ［J］. *Empirical Economics*, 1995, 20（4）: 615-633.

［14］Cooke P, Morgan K. *The Associational Economy: Firms, Regions, and Innovation* ［M］. Oxford: Oxford University Press, 1998.

［15］Daddi T, Testa F, Iraldo F. A cluster-based approach as an effective way to implement the ECAP: evidence from some good practices ［J］. *Local Environment*, 2010, 15（1）: 73-82.

［16］Dean T J, Brown R L, Stango V. Environmental Regulation as a Barrier to the Formation of Small Manufacturing Establishments: A Longitudinal Examination ［J］. *Journal of Environmental Economics and Management*, 2000, 40（1）: 56-75.

［17］Eltayeb T K, Zailani S, Ramyah T. Green Supply Chain Initiatives Among Certified Companies in Malaysia and Environmental Sustainability: Investigating the Outcomes ［J］. *Resources Conservation & Recycling*, 2011（5）: 495-506.

［18］Eric C W. R&D Efficiency and Economic Performance Cross Country Analysis Using the Stochastic Frontier Approach ［J］. *Journal of Policy Modeling*, 2007（2）: 345-359.

[19] Freeman C. Networks of Innovators: A Synthesis of Research Issues [J]. *Research Policy*, 1991, 20 (5): 499-514.

[20] Geels F W. From Sectoral Systems of Innovation to Socio-Technical Systems: Insights about Dynamics and Change from Sociology and Institutional Theory [J]. *Research Policy*, 2004 (6): 897-920.

[21] Gray W B, R J. Shadbegian. Plant Vintage, Technology and Environmental Regulation [J]. *Journal of Environmental Economics and Management*, 2003, 46 (3): 384-402.

[22] Hansen M T, BirkinshawJ. The innovation value chain [J]. *Harvard Business Review*, 2007, 85 (6): 121-130.

[23] Hascici I, Migottoi M. Measuring Environmental Innovation Using Patent Data [R]. 2015.

[24] J Labonne, N Johnstone. Generation of Household Solid Waste in OECD Countries: An Empirical Analysis Using Macroeconomic Data [J]. *Land Economics*, 2004, 80 (4): 529-538.

[25] Jorgenson D J, Jorgenson D W, Wilcoxen P. J.. Environmental regulation and U. S. economic growth [J]. *Rand Journal of Economics*, 1990, 21 (2): 314-390.

[26] Kemp R, Pontoglio S. The innovation effects of environmental policy instruments: a typical case of the blind men and the elephant [J]. *Ecological Economics*, 2011, 72 (1): 28-36.

[27] Kemp R, Soete L. The Greening of Technological Progress: An Evolutionary Perspective [J]. *Future*, 1992 (5): 437-457.

[28] Kline S, Rosenberg N. *An Overview of Innovation* [M]. Washington D C: National Academy Press, 1986.

[29] Krabbe J J, Heijman W. *National Income and Nature: Externalities, Growth and Steady State* [M]. Dordrecht: Springer, 1992.

[30] Lanjouw, J. O. , Mody, A. Innovation and the International Diffusion

of Environmentally Responsive Technology [J]. *Research Policy*, 1996, 25 (4): 549-571.

[31] Managi S, Hibiki A, Tsurumi T. Does Trade Openness Improve Environmental Quality? [J]. *Journal of Environmental Economics and Management*, 2009, 58 (3): 346-363.

[32] Nasierowski W, Arcelus F J. On the Efficiency of National Innovation Systems [J]. *Socio-Economic Planning Sciences*, 2003 (3): 215-234.

[33] P. G. Fredriksson, D. Millimet. Strategic Interaction and the Determination of Environmental Policy Across US States [J]. *Journal of Urban Economics*, 2002, 51 (1): 101-122.

[34] Popp, D. International Innovation and Diffusion of Air Pollution Control Technologies: The Effects of NO_x and SO_2 Regulation in the U. S., Japan, and Germany [J]. *Journal of Environmental Economics and Management*, 2006, 51 (1): 46-71.

[35] Popp, D., R. G. Newell, and A. B. Jaffe. Energy, the Environment and Technological Change [R]. *NBER Working Paper*, 2009.

[36] Porter, M. America's Green Strategy [J]. *Scientific American*, 1991, 268 (4): 168-189.

[37] Rhodes E, Wield D. *Implementing New Technologies: Innovation and the Management of Technology* [M]. New Jersey: Wiley Blackwell, 1994.

[38] Shafik N. Economic Development and Environmental Quality: An Econometric Analysis [J]. *Oxford Economic papers*, 1994 (46): 757-773.

[39] Smarzynska B K, Wei S J. Pollution Havens and Foreign Direct Investment: Dirty Secret or Popular Myth? [R]. *NBER working paper* No. 8465, 2001.

[40] Walter I. *Environmentally Induced Industrial Relocation to Developing Countries* [M]. New Jersey: Allanheld Osmumand Co, 1982.

[41] 蔡卫星, 高明华, 李国文. 政府支持、贷款可获得性与中小企业研发决策 [J]. 研究与发展管理, 2015, 27 (5): 12-21.

［42］蔡伟民，范明哲. 四川民族地区提升自主创新能力对策研究
［J］. 西南民族大学学报（人文社科版），2009（1）：63-66.

［43］曹海英，贾春晨. 西部地区技术创新存在问题与对策研究［J］.
北方民族大学学报（哲学社会科学版），2010（1）：41-46.

［44］曹霞，张路蓬. 企业绿色技术创新扩散的演化博弈分析［J］. 中
国人口·资源与环境，2015（7）：68-76.

［45］陈德权，甘露，唐丽. 少数民族地区科技创新政策执行研究
［J］. 科技进步与对策，2013（2）：126-129.

［46］陈劲. 国家绿色技术创新系统的构建与分析［J］. 科学学研究，
1999（3）：37-41.

［47］陈劲，刘景江，杨发明. 绿色技术创新审计实证研究［J］. 科学
学研究，2002（1）：107-112.

［48］陈景新，张月如. 中国区域绿色创新效率及影响因素研究［J］.
改革与战略，2018（6）：72-79.

［49］陈凯华，寇明婷. 科技与创新研究：回顾、现状与展望［J］. 研
究与发展管理，2015（4）：1-15.

［50］陈诗一，陈登科. 雾霾污染、政府治理与经济高质量发展［J］.
经济研究，2018（2）：20-34.

［51］陈诗一. 能源消耗、二氧化碳排放与中国工业的可持续发展
［J］. 经济研究，2009（4）：41-55.

［52］陈文烈，李燕丽. 西部地区高质量发展测度及时空演变格局［J］.
西南民族大学学报（人文社会科学版），2022（3）：100-111.

［53］成艾华，田嘉莉. 工业化进程中的民族地区环境污染评价：基
于面板门槛模型［J］. 开发研究，2014（3）：105-109.

［54］程波辉，武清瑶. 民族地区政府环境规制有效性的评价模式及
其实现［J］. 贵州民族研究，2016（7）：27-30.

［55］程松涛. 民族地区生态保护与经济增长的协同发展路径研究
［J］. 技术经济与管理研究，2017（9）：119-123.

[56] 崔也光，姜晓文，王守盛. 财税政策对企业自主创新的支持效应研究——基于经济区域的视角 [J]. 经济与管理研究，2017（10）：104-113.

[57] 代栓平. 创新的复杂性：互动结构与政策系统 [J]. 南开学报（哲学社会科学版），2018（6）：134-146.

[58] 邓练兵. 中国创新政策变迁的历史逻辑 [D]. 武汉：华中科技大学，2013.

[59] 狄方耀，赵丽红. 推动西藏经济高质量发展的机遇与路径——学习中央第七次西藏工作座谈会精神 [J]. 西藏民族大学学报（哲学社会科学版），2020（6）：37-43.

[60] 董铠军. 创新生态系统的本质特征与结构——结合生态学理论 [J]. 科学技术哲学研究，2018（5）：118-123.

[61] 杜根旺，汪涛. 中国创新政策的演进：基于扎根理论 [J]. 技术经济，2015（7）：1-4.

[62] 杜楠，王大本，邢明强. 科技型中小企业技术创新驱动因素作用机理 [J]. 经济与管理，2018（2）：81-88.

[63] 杜雯翠. 民族地区环境污染的特征分析 [J]. 民族研究，2018（3）：42-55+124.

[64] 段忠贤. 自主创新政策的供给特征：一种三维量化分析视角 [J]. 自然辩证法通讯，2017（2）：93-101.

[65] 恩佳，何雄浪，陈锁. 环境规制对民族地区环境污染的影响研究——基于影子经济的视角 [J]. 中央民族大学学报（哲学社会科学版），2019（1）：86-97.

[66] 范柏乃，段忠贤，江蕾. 中国自主创新政策：演进、效应与优化 [J]. 中国科技论坛，2013（9）：5-12.

[67] 范德成，李盛楠. 区域高技术产业技术创新效率测度与提升路径研究——基于共享投入关联型两阶段 DEA 模型 [J]. 运筹与管理，2019（5）：156-165.

[68] 冯之浚. 国家创新系统的理论与政策 [M]. 北京：经济科学出

版社，1999.

[69] 傅家骥，雷家骕. 靠什么提高中国经济增长质量——增加经济中的创新流量 [M]. 数量经济技术经济研究，1996（3）：7-13.

[70] 傅家骥，全允恒. 高健，等. 技术创新学 [M]. 北京：清华大学出版社，2001.

[71] 高峰，赵绘存，贾蓓妮. 我国科技创新政策演进路径研究——基于政策研究热点的视角 [J]. 情报杂志，2017，36（11）：86-91.

[72] 高松，庄晖，王莹. 科技型中小企业生命周期各阶段经营特征研究 [J]. 科研管理，2011（12）：119-125+142.

[73] 顾晓燕，刘丽. 知识产权贸易对中国高新技术产业技术创新的影响 [J]. 经济问题探索，2014（12）：50-54.

[74] 韩莉. 促进企业自主创新的财政政策研究 [J]. 科技管理研究，2010（24）：21-24+38.

[75] 韩素娟. 生态文明建设背景下环境规制对西部地区产业结构升级的影响研究 [J]. 中国集体经济，2020（1）：26-27.

[76] 韩雪. 企业自主创新与财税政策研究 [J]. 科技进步与对策，2010，27（16）：97-101.

[77] 郝海青，樊馥嘉.《欧洲气候法》对我国完善绿色技术创新监管制度的启示 [J]. 科技管理研究，2021（10）：70-75.

[78] 何枫，祝丽云，马栋栋，等. 中国钢铁企业绿色技术效率研究 [J]. 中国工业经济，2015（7）：84-98.

[79] 何兴邦. 技术创新与经济增长质量——基于省际面板数据的实证分析 [J]. 中国科技论坛，2019（10）：24-32+58.

[80] 何钰子，汤子隆，常曦，等. 地方产业政策如何影响企业技术创新？——结构特征、影响机制与政府激励结构破解 [J]. 中国软科学，2022（4）：45-54.

[81] 贺德方，唐玉立，周华东. 科技创新政策体系构建及实践 [J]. 科学学研究，2019（1）：3-10+44.

［82］侯建，宋洪峰，李丽. 非研发投入、知识积累与中国制造业绿色创新增长［J］. 系统管理学报，2019（1）：67-76+85.

［83］胡凯，刘云亮，张永凯. 欠发达地区国家级新区发展产业甄别与政策选择——以兰州新区为例［J］. 河北师范大学学报（自然科学版），2020（4）：344-353.

［84］黄萃，任弢，李江，等. 责任与利益：基于政策文献量化分析的中国科技创新政策府际合作关系演进研究［J］. 管理世界，2015（12）：68-81.

［85］黄萃，赵培强，李江. 基于共词分析的中国科技创新政策变迁量化分析［J］. 中国行政管理，2015（9）：115-122.

［86］黄德春，刘志彪. 环境规制与企业自主创新：基于波特假设的企业竞争优势构建［J］. 中国工业经济，2006（3）：100-106.

［87］黄栋. 低碳技术创新与政策支持［J］. 中国科技论坛，2010（2）：37-40.

［88］黄鲁成. 关于区域创新系统研究内容的探讨［J］. 科研管理，2000（2）：43-48.

［89］黄顺春，陈洪飞. 黔滇桂青民族地区经济增长与经济高质量发展协同度分析［J］. 贵州民族研究，2021（2）：135-143.

［90］贾根良. 演化发展经济学与新结构经济学：哪一种产业政策的理论范式更适合中国国情［J］. 南方经济，2018（1）：5-35.

［91］江鹃，阳立高，杨华峰. 欠发达地区科技创新能力存在的问题及对策——以湘西地区为例［J］. 科技与经济，2016（6）：46-50.

［92］江珂，滕玉华. 中国环境规制对行业技术创新的影响分析——基于中国20个污染密集型行业的面板数据分析［J］. 生态经济，2014，30（6）：90-93.

［93］江世银. 西部大开发新选择——从政策倾斜到战略性产业结构布局［M］. 北京：中国人民大学出版社，2007.

［94］蒋伏心，纪越，白俊红. 环境规制强度与工业企业生产技术进

步之关系——基于门槛回归的实证研究［J］. 现代经济探讨, 2014（11）：39-43.

［95］解垩. 环境规制与中国工业生产率增长［J］. 产业经济研究, 2008（1）：19-25+69.

［96］金碚. 关于"高质量发展"的经济学研究［J］. 中国工业经济, 2018（4）：5-18.

［97］金世文, 李钟林. 民族八省区生产效率及全要素生产率增长率分解——基于随机前沿模型的实证研究［J］. 延边大学学报（社会科学版）, 2017, 50（5）：68-77+141-142.

［98］靳晓明. 白宫科技政策办公室发表美国技术政策声明［J］. 国际科技交流, 1991（5）：1-2.

［99］景维民, 张璐. 环境管制、对外开放与中国工业的绿色技术进步［J］. 经济研究, 2014（9）：34-47.

［100］卡马耶夫著, 陈华山, 左东官译, 经济增长的速度和质量［M］. 湖北：湖北人民出版社, 1983.

［101］雷家骕, 洪军. 技术创新管理［M］. 北京：机械工业出版社, 2012.

［102］黎春燕, 贺琦, 余英. 我国地区高技术产业扶持政策文本的量化比较——基于最具产业竞争力城市的视角［J］. 企业经济, 2018（2）：148-155.

［103］黎文靖, 李耀淘. 产业政策激励了公司投资吗［J］. 中国工业经济, 2014（5）：122-134.

［104］李勃昕, 韩先锋, 宋文飞. 环境规制是否影响了中国工业 R&D 创新效率［J］. 科学学研究, 2013, 31（7）：1032-1040.

［105］李德英. 民族地区财政转移支付制度的完善［J］. 人民论坛, 2013（8）：87-89.

［106］李冬琴. 中国科技创新政策协同演变及其效果：2006—2018［J］. 科研管理, 2022（3）：1-8.

[107] 李凡, 李娜, 刘沛罡. 中印技术创新政策演进比较研究——基于目标、工具和执行的定量分析 [J]. 科学学与科学技术管理, 2015 (10): 23-31.

[108] 李光龙, 范贤贤. 财政支出、科技创新与经济高质量发展——基于长江经济带 108 个城市的实证检验 [J]. 上海经济研究, 2019 (10): 46-60.

[109] 李浩民. 新时代高质量发展框架再探讨: 理论内涵、制度保障与实践路径 [J]. 现代管理科学, 2019 (2): 3-5.

[110] 李鸿. 推动民族地区科技进步与自主创新的政策因素探析 [J]. 中央民族大学学报, 2006 (6): 19-23.

[111] 李澜, 王建新. 论环境约束条件下民族地区经济发展的高质量转型——基于绿色全要素生产率的分析与思考 [J]. 广西民族大学学报 (哲学社会科学版), 2020 (5): 66-73.

[112] 李莉, 高洪利, 陈靖涵. 中国高科技企业信贷融资的信号博弈分析 [J]. 经济研究, 2015 (6): 162-174.

[113] 李丽媛, 胡玉杰. 铸牢中华民族共同体意识视阈下民族地区经济高质量发展研究 [J]. 贵州民族研究, 2021 (2): 127-134.

[114] 李巧华. 新时代制造业企业高质量发展的动力机制与实现路径 [J]. 财经科学, 2019 (6): 57-69.

[115] 李世奇, 朱平芳. 地方政府研发补贴的区域竞争 [J]. 系统工程理论与实践, 2019 (4): 867-880.

[116] 李树, 陈刚. 环境管制与生产率增长——以 APPCL2000 的修订为例 [J]. 经济研究, 2013, 48 (1): 17-31.

[117] 李伟. 高质量发展的六大内涵 [J]. 中国林业产业, 2018 (Z1): 50-51.

[118] 李曦辉. 基于铸牢中华民族共同体意识的少数民族经济发展研究 [J]. 中央民族大学学报 (哲学社会科学版), 2020 (5): 44-53.

[119] 李曦辉. 民族地区自主创新对国家经济安全的影响 [J]. 中央

民族大学学报（哲学社会科学版），2010（5）：13-16.

［120］李响，殷林森.财税金融政策如何驱动科技创新发展——基于上海 1979—2020 年政策文本的内容分析［J］.中国科技论坛，2022（2）：32-40.

［121］李星颐，魏传华，葛霓亚.基于随机前沿模型我国少数民族地区区域技术效率的测定［J］.中央民族大学学报（自然科学版），2013，22（S1）：103-106.

［122］李学.以科技创新支撑引领新时代西部大开发［J］.科技中国，2020（12）：4.

［123］李子联，王爱民.江苏高质量发展：测度评价与推进路径［J］.江苏社会科学，2019（1）：247-256.

［124］连燕华，郑奕荣，于浩.我国企业技术创新与政府资助分析［J］.科研管理，2005（6）：20-27.

［125］梁正.从科技政策到科技与创新政策：创新驱动发展战略下的政策范式转型与思考［J］.科学学研究，2017（2）：170-176.

［126］梁正，李代天.科技创新政策与中国产业发展 40 年——基于演化创新系统分析框架的若干典型产业研究［J］.科学学与科学技术管理，2018（9）：21-35.

［127］林菁璐.政府研发补贴对中小企业研发投入影响的实证研究［J］.管理世界，2018（3）：180-181.

［128］林敏.我国中小企业技术创新政策研究［J］.人民论坛·学术前沿，2019（10）：104-107.

［129］林迎星.我国创新政策的历史演变及其特点［J］.科技进步与对策，2003（1）：10-12.

［130］刘钒，邓明亮.国家高新区对外贸易、高新技术企业占比影响创新效率的实证研究［J］.科技进步与对策，2019（24）：37-44.

［131］刘凤朝，孙玉涛.我国科技政策向创新政策演变的过程、趋势与建议——基于我国 289 项创新政策的实证分析［J］.中国软科学，2007

（5）：34-42.

［132］刘加林，严立冬.环境规制对我国区域技术创新差异性的影响——基于省级面板数据的分析［J］.科技进步与对策，2011（1）：32-36.

［133］刘军，边志强.资源型城市经济高质量发展水平测度研究——基于新发展理念［J］.经济问题探索，2022（1）：92-111.

［134］刘明.物流业与制造业协同集聚对经济高质量发展的影响——基于283个地级以上城市的实证分析［J］.中国流通经济，2021（9）：22-31.

［135］刘素荣.融资约束下政府补贴对中小企业研发的激励效应——基于政府补贴相关性分类计量的视角［J］.技术经济，2018（1）：18-25.

［136］刘伟，薛景.环境规制与技术创新：来自中国省际工业行业的经验证据［J］.宏观经济研究，2015（10）：72-80+119.

［137］刘章生，宋德勇，刘桂海.环境规制对制造业绿色技术创新能力的门槛效应［J］.商业研究，2018（4）：111-119.

［138］柳剑平，程时雄.中国R&D投入对生产率增长的技术溢出效应——基于工业行业（1993—2006年）的实证研究［J］.数量经济技术经济研究，2011（11）：34-50.

［139］陆姗.民族地区科技创新人才发展的税收政策研究——以宁夏回族自治区为例［J］.北方经贸，2017（12）：73-75.

［140］吕佳龄，张书军.创新政策演化：框架、转型和中国的政策议程［J］.中国软科学，2019（2）：23-35.

［141］吕岩威，谢雁翔，楼贤骏.中国区域绿色创新效率收敛性研究［J］.科技进步与对策，2019（15）：37-42.

［142］吕燕，王伟强.企业绿色技术创新研究［J］.科学管理研究，1994（4）：46-48.

［143］罗良文，梁圣蓉.国际研发资本技术溢出对中国绿色创新效率的空间效应［J］.经济管理，2017（3）：21-33.

［144］罗良文，梁圣蓉.中国区域工业企业绿色技术创新效率及因素分解［J］.中国人口·资源与环境，2016（9）：149-157.

[145] 罗宇航. 科技创新基础能力研究——以西部地区重庆为例 [J]. 科技进步与对策, 2015 (6): 55-60.

[146] 马斌, 李中斌. 中国科技创新人才培养与发展的思考 [J]. 经济与管理, 2011 (10): 85-88.

[147] 马凌远, 李晓敏. 科技金融政策促进了地区创新水平提升吗? ——基于"促进科技和金融结合试点"的准自然实验 [J]. 中国软科学, 2019 (12): 30-42.

[148] 马玉新, 吴爱萍, 李华, 等. 中国企业技术创新政策演变过程: 基于扎根理论与加权共词分析法 [J]. 科学学与科学技术管理, 2018 (9): 61-72.

[149] 马子量, 郭志仪, 马丁丑. 民族地区经济增长过程中的环境压力变化研究——基于 8 个民族省区的环境库兹涅茨曲线估算 [J]. 西南民族大学学报 (人文社会科学版), 2014 (6): 123-127.

[150] 迈克尔. 波特, 陈小悦译. 竞争优势 [M]. 北京: 华夏出版社, 1997.

[151] 毛凯军. 技术创新: 理论回顾与探讨 [J]. 科学学与科学技术管理, 2005 (10): 55-59.

[152] 毛振军. 西部民族地区企业实现技术进步的最优选择 [J]. 贵州财经学院学报, 2009 (2): 83-86.

[153] 梅亮, 陈劲, 刘洋. 创新生态系统: 源起、知识演进和理论框架 [J]. 科学学研究, 2014 (12): 1771-1780.

[154] 内森·罗森伯格. 探索黑箱: 技术、经济学和历史 [M]. 北京: 商务印书馆, 2004.

[155] 宁靓, 李纪琛. 财税政策对企业技术创新的激励效应 [J]. 经济问题, 2019 (11): 38-45.

[156] 欧文汉. 瑞典、德国支持自主创新的财政政策及对我国的启示 [J]. 中国财政, (18): 73-76.

[157] 庞兰心, 官建成. 政府财税政策对高技术企业创新和增长的影

响 [J]. 科学学研究, 2018 (12): 2259-2269.

[158] 彭靖里, 邓艺, 李建平. 国内外技术创新理论研究的进展及其发展趋势 [J]. 科技与经济, 2006 (4): 13-16.

[159] 祁军, 金瑞龄. DEA 评价模型应用的几点探讨 [J]. 华东工业大学学报, 1996 (4): 72-80.

[160] 钱丽, 王文平, 肖仁桥. 高质量发展视域下中国企业绿色创新效率及其技术差距 [J]. 管理工程学报, 2021 (6): 97-114.

[161] 钱丽, 肖仁桥, 陈忠卫. 我国工业企业绿色技术创新效率及其区域差异研究——基于共同前沿理论和 DEA 模型 [J]. 经济理论与经济管理, 2015 (1): 26-43.

[162] 邱成利, 魏际刚. 提高西部地区区域竞争力的若干对策 [J]. 科学管理研究, 2001 (5): 58-63.

[163] 曲如晓, 臧睿. 自主创新、外国技术溢出与制造业出口产品质量升级 [J]. 中国软科学, 2019 (5): 18-30.

[164] 屈海涛. 新时代科技创新对民族地区国有经济竞争力的提升路径探究 [J]. 贵州民族研究, 2018 (6): 147-151.

[165] 任保平, 甘海霞. 中国经济增长质量提高的微观机制构建 [J]. 贵州社会科学, 2016 (5): 111-118.

[166] 任保平, 李禹墨. 新时代中国经济从高速增长转向高质量发展的动力转换 [J]. 经济与管理评论, 2019 (1): 5-12.

[167] 沈能, 刘凤朝. 高强度的环境规制真能促进技术创新吗? ——基于"波特假说"的再检验 [J]. 中国软科学, 2012 (4): 49-59.

[168] 沈琼, 王少朋. 技术创新、制度创新与中部地区产业转型升级效率分析 [J]. 中国软科学, 2019 (4): 176-183.

[169] 师博, 韩雪莹. 中国实体经济高质量发展测度与行业比较: 2004—2017 [J]. 西北大学学报 (哲学社会科学版), 2020 (1): 57-64.

[170] 宋凌云, 王贤彬. 重点产业政策、资源重置与产业生产率 [J]. 管理世界, 2013 (12): 63-77.

［171］宋马林，王舒鸿. 环境规制、技术进步与经济增长［J］，经济研究，2013（3）：122-134.

［172］宋洋，李先军. 新发展格局下经济高质量发展的理论内涵与评价体系［J］. 贵州社会科学，2021（11）：120-129.

［173］苏多杰. 进一步完善西部少数民族地区科技政策［J］. 青海社会科学，2005（2）：55-57+119.

［174］苏多杰. 西部少数民族地区企业科技创新探微［J］. 青海民族学院学报，2005（2）：75-79.

［175］苏帆，刘佐菁，江湧. 欠发达地区人才队伍建设的现状与思考——以粤东西北地区为例［J］. 科技管理研究，2019（17）：44-52.

［176］孙蕊，吴金希，王少洪. 中国创新政策演变过程及周期性规律［J］. 科学学与科学技术管理，2016（3）：13-20.

［177］孙亚梅，吕永龙，王铁宇. 基于专利的区域环境技术创新水平空间分异研究［J］. 环境工程学报，2007（3）：123-129.

［178］孙懿. 西部开发过程中的人才政策调整［J］. 民族研究，2000（5）：25-27.

［179］孙育红，张春晓. 改革开放40年来我国绿色技术创新的回顾与思考［J］. 广东社会科学，2018（5）：5-12.

［180］唐琳，王玉峰，李松. 金融发展、科技创新与经济高质量发展——基于我国西部地区77个地级市的面板数据［J］. 金融发展研究，2020（9）：30-36.

［181］陶长琪，琚泽霞. 金融发展、环境规制与技术创新关系的实证分析——基于面板门槛回归模型［J］. 江西师范大学学报（自然科学版），2015，39（1）：27-33.

［182］陶克涛，赵敏，赵颖. 民族地区企业技术创新、产业结构升级与经济高质量发展动态交互机制研究［J］. 财经理论研究，2020（2）：1-11.

［183］汪锋，方炜俊. 科技型中小企业的成长环境与制度需求——基

于湖北省 85 家企业的调研分析［J］.贵州财经大学学报，2014（5）：69-75.

［184］汪明月，李颖明，毛逸晖.市场导向的绿色技术创新机理与对策研究［J］.中国环境管理，2019（3）：82-86.

［185］汪明月，张浩，李颖明，等.绿色技术创新绩效传导路径的双重异质性研究——基于 642 家工业企业的调查数据［J］.科学学与科学技术管理，2021（8）：141-166.

［186］汪文正.政府采购，做好"加减乘除"法［N］.人民日报海外版，2022-08-16（011）.

［187］王班班，赵程.中国的绿色技术创新——专利统计和影响因素［J］.工业技术经济，2019（7）：53-66.

［188］王灿，张雅欣.碳中和愿景的实现路径与政策体系［J］.中国环境管理，2020（6）：58-64.

［189］王锋正，陈方圆.董事会治理、环境规制与绿色技术创新——基于我国重污染行业上市公司的实证检验［J］.科学学研究，2018（2）：361-369.

［190］王锋正，姜涛.环境规制对我国西部地区技术创新能力影响研究［J］.科学管理研究，2014（2）：51-54.

［191］王刚，李显君，章博文，等.自主创新政策与机制——来自中国四个产业的实证［J］.科研管理，2015（4）：1-10.

［192］王国印，王动.波特假说、环境规制与企业技术创新——对中东部地区的比较分析［J］.中国软科学，2011（1）：100-112.

［193］王海龙，连晓宇，林德明.绿色技术创新效率对区域绿色增长绩效的影响实证分析［J］.科学学与科学技术管理，2016（6）：80-87.

［194］王杰，刘斌.环境规制与企业全要素生产率——基于中国工业企业数据的经验分析［J］.中国工业经济，2014（3）：44-56.

［195］王娟茹，张渝.环境规制、绿色技术创新意愿与绿色技术创新行为［J］.科学学研究，2018（2）：352-360.

［196］王胜光，程郁. 国家高新区创新发展报告：二十年的评价与展望［M］. 北京：中国经济出版社. 2013.

［197］王思薇，安树伟. 西部大开发科技政策绩效评价［J］. 科技管理研究，2010（2）：48-50.

［198］王婉，范志鹏，秦艺根. 经济高质量发展指标体系构建及实证测度［J］. 统计与决策，2022（3）：124-128.

［199］王文举，祝凌瑶. 北京经济高质量发展研究［J］. 北京工商大学学报（社会科学版），2021（3）：102-111.

［200］王小宁，周晓唯. 西部地区环境规制与技术创新——基于环境规制工具视角的分析［J］. 技术经济与管理研究，2014（5）：114-118.

［201］王一鸣. 百年大变局、高质量发展与构建新发展格局［J］. 管理世界，2020（12）：1-13.

［202］王禹澔. 中国特色对口支援机制——成就、经验与价值［J］. 管理世界，2022（6）：71-85.

［203］王媛，王硕. 基于信息提供与交流视角的欧盟科技型中小企业国际化发展启示［J］. 科技进步与对策，2014（10）：78-83.

［204］魏敏，李书昊. 新时代中国经济高质量发展水平的测度研究［J］. 数量经济技术经济研究，2018（11）：3-20.

［205］吴凤菊. 江苏省科技金融扶持政策的实施经验研究——以科技型中小企业为例［J］. 科技管理研究，2015（17）：77-81.

［206］吴建南，李怀祖. 我国改革开放以来技术创新政策回顾及建议——纪念党的十一届三中全会召开20周年［J］. 科技进步与对策，1998（6）：2-4.

［207］吴晓波，杨发明. 绿色技术的创新与扩散［J］. 科研管理，1996（1）：38-41.

［208］吴旭晓. 中国区域绿色创新效率演进轨迹及形成机理研究［J］. 科技进步与对策，2019（23）：36-43.

［209］肖黎明，杨赛楠. 技术文明视域下资源型区域技术创新能力评

价 [J]. 科技管理研究, 2016 (16): 250-255.

[210] 肖明月, 杨君. 要素质量、要素配置效率、技术创新与经济增长质量——基于浙江省级数据的实证分析 [J]. 浙江金融, 2015 (1): 70-75.

[211] 谢慧变. 强化科创引领为高质量发展赋能 [N]. 新疆日报 (汉), 2022-06-07 (002).

[212] 谢乔昕. 环境规制扰动、政企关系与企业研发投入 [J]. 科学学研究, 2016 (5): 713-719+764.

[213] 谢子远, 黄文军. 非研发创新支出对高技术产业创新绩效的影响研究 [J]. 科研管理, 2015 (10): 1-10.

[214] 徐佳, 崔静波. 低碳城市和企业绿色技术创新 [J]. 中国工业经济, 2020 (12): 178-196.

[215] 徐杰, 朱承亮. 资源环境约束下少数民族地区经济增长效率研究 [J]. 数量经济技术经济研究, 2018, 35 (11): 95-110.

[216] 徐军玲, 陈俊衣, 杨娥. 基于苏浙鄂三省的区域自主创新政策比较 [J]. 科研管理, 2018 (S1): 271-277.

[217] 徐翔, 聂鸣. 我国科技创新政策研究综述 [J]. 科技进步与对策, 2005 (11): 178-180.

[218] 许长新, 胡丽媛. 环境规制、技术创新与经济增长——基于2008—2015 年中国省际面板数据的实证分析 [J]. 资源开发与市场, 2019 (1): 1-6.

[219] 许登峰, 甘玲云. 西部民族地区战略性新兴产业协同创新研究 [M]. 北京: 中国科学技术出版社, 2019.

[220] 许华, 刘佳华. 环境规制对西部地区工业企业技术创新的影响 [J]. 知识经济, 2019 (10): 12-13.

[221] 许庆瑞, 王毅, 黄岳元, 等. 中小企业可持续发展的技术战略研究 [J]. 科学管理研究, 1998 (1): 5-9+78.

[222] 许庆瑞, 王毅. 绿色技术创新新探: 生命周期观 [J]. 科学管

理研究，1999（1）：3-6.

［223］薛澜. 中国科技创新政策 40 年的回顾与反思［J］. 科学学研究，2018（12）：2113-2115+2121.

［224］薛薇，尉佳. 适应新时代科技创新发展的税收政策：挑战、问题与建议［J］. 国际税收，2020（6）：25-32.

［225］杨长湧. 美国支持国内技术创新政策研究［J］. 经济研究参考，2012（20）：43-51.

［226］杨东，柴慧敏. 企业绿色技术创新的驱动因素及其绩效影响研究综述［J］. 中国人口·资源与环境，2015（S2）：132-136.

［227］杨发明，许庆瑞. 企业绿色技术创新研究［J］. 中国软科学，1998（3）：3-5.

［228］杨浩昌，李廉水，张发明. 高技术产业集聚与绿色技术创新绩效［J］. 科研管理，2020（9）：99-112.

［229］杨华. 科技创新与财政政策选择［J］. 科学管理研究，2007（3）：109-112.

［230］杨恺钧，闵崇智. 技术创新对经济增长质量的驱动作用研究——以粤港澳大湾区为例［J］. 当代经济管理，2019（12）：29-37.

［231］杨柳青青，李小平. 基于"五大发展理念"的中国少数民族地区高质量发展评价［J］. 中央民族大学学报（哲学社会科学版），2020（1）：79-88.

［232］杨世信，刘卫萍，韩宏稳，等. 科技政策对企业创新的激励效应研究——基于少数民族地区的经验证据［J］. 科学管理研究，2020（6）：94-101.

［233］杨烨，谢建国. 创新扶持、环境规制与企业技术减排［J］. 财经科学，2019（2）：91-105.

［234］姚林香，冷讷敏. 财税政策对战略性新兴产业创新效率的激励效应分析［J］. 华东经济管理，2018（12）：94-100.

［235］易明，李纲，彭甲超，等. 长江经济带绿色全要素生产率的时

空分异特征研究 [J]. 管理世界, 2018 (11)：178-179.

[236] 游达明, 蒋瑞琛. 我国环境规制工具对技术创新的作用——基于 2005—2015 年面板数据的实证研究 [J]. 科技管理研究, 2018 (15)：39-45.

[237] 余淑均. 对绿色技术内涵与类别的再思考 [J]. 武汉工程大学学报, 2007 (5)：40-42.

[238] 袁凌, 申颖涛, 姜太平. 论绿色技术创新 [J]. 科技进步与对策, 2000 (9)：64-65.

[239] 袁晓玲, 李彩娟, 李朝鹏. 中国经济高质量发展研究现状、困惑与展望 [J]. 西安交通大学学报 (社会科学版), 2019 (6)：30-38.

[240] 约瑟夫·阿洛伊斯·熊彼特. 经济发展理论 [M]. 北京：商务印书馆, 1912.

[241] 曾繁华, 肖苏阳, 刘灿辉. 培育类产业政策对中小企业技术创新的影响 [J]. 科技进步与对策, 2022 (12)：1-10.

[242] 曾赛星, 陈宏权, 金治州, 等. 重大工程创新生态系统演化及创新力提升 [J]. 管理世界, 2019 (4)：28-38.

[243] 张成, 陆旸, 郭路, 于同申, 环境规制强度和生产技术进步 [J]. 经济研究, 2011 (2)：113-124.

[244] 张钢, 张小军. 国外绿色创新研究脉络梳理与展望 [J]. 外国经济与管理, 2011 (8)：25-32.

[245] 张杰, 吉振霖, 高德步. 中国创新链 "国进民进" 新格局的形成、障碍与突破路径 [J]. 经济理论与经济管理, 2017 (6)：5-18.

[246] 张军扩, 侯永志, 刘培林. 高质量发展的目标要求和战略路径 [J]. 管理世界, 2019, 35 (7)：1-7.

[247] 张倩. 环境规制对绿色技术创新影响的实证研究——基于政策差异化视角的省级面板数据分析 [J]. 工业技术经济, 2015 (7)：10-18.

[248] 张晓月, 张鑫. 政府专利奖励提升了中小企业绩效吗？——基于知识产权能力调节作用的实证检验 [J]. 科技管理研究, 2019 (8)：

134-140.

［249］张雪琴，叶进. 民族地区自治政府在自主创新中的职能研究［J］. 经济与社会发展，2006（7）：168-170.

［250］张永安，耿喆，李晨光. 区域科技创新政策对企业创新绩效的影响效率研究［J］. 科学学与科学技术管理，2016（8）：82-92.

［251］赵红. 环境规制对产业技术创新的影响——基于中国面板数据的实证分析［J］. 产业经济研究，2008（3）：35-40.

［252］赵磊. 基于创新价值链的我国制造业创新效率外溢效应研究［J］. 科技进步与对策，2018，35（18）：74-82.

［253］郑长德. 伟大的跨越：中国少数民族地区经济发展70年［J］. 民族学刊，2019（6）：1-8+106+108.

［254］郑长德. 中国少数民族地区的后发赶超与转型发展［M］. 北京：经济科学出版社，2014.

［255］郑京海，胡鞍钢，Bigsten A. 中国的经济增长能否持续？——一个生产率视角［J］. 经济学（季刊），2008（3）：777-808.

［256］钟海燕，郑长德. "十四五"时期民族地区经济社会发展思路研究［J］. 西南民族大学学报（人文社科版），2020（1）：100-106.

［257］周国林，李耀尧，周建波. 中小企业、科技管理与创新经济发展——基于中国国家高新区科技型中小企业成长的经验分析［J］. 管理世界，2018（11）：188-189.

［258］周星. 我国上市银行效率：基于因子分析与DEA模型的实证研究［J］. 中国经济问题，2009（2）：43-49.

［259］朱彬. 中国经济高质量发展水平的综合测度［J］. 统计与决策，2020（15）：9-13.

［260］朱承亮，刘瑞明，王宏伟. 专利密集型产业绿色创新绩效评估及提升路径［J］. 数量经济技术经济研究，2018（4）：61-79.

［261］庄贵阳，窦晓铭. 新发展格局下碳排放达峰的政策内涵与实现路径［J］. 新疆师范大学学报（哲学社会科学版），2021（6）：1-10.

［262］庄芹芹，吴滨，洪群联. 市场导向的绿色技术创新体系：理论内涵、实践探索与推进策略［J］. 经济学家，2020（11）：29-38.

［263］邹文卿，王一茹，高策. 科技进步 or 科技创新——欠发达地区科技创新认识误区辨析［J］. 自然辩证法研究，2017（7）：46-50.

后 记

　　民族地区是我国生态文明建设、经济发展的主战场和重点区域。民族地区的生态环境及绿色技术创新能力在一定程度上决定着我国未来经济高质量发展的空间和持久性。随着生态文明建设和经济增长方式的转变，与生态环境相关的各利益主体的诉求趋于一致，如何利用绿色技术创新，主动利用政策和市场手段，来协调经济发展与生态环境的关系，实现高质量发展是民族地区新发展阶段必须面对并解决的问题。习近平总书记十分关心民族地区高质量发展问题，多次提出民族地区要着力转变经济发展方式，提高经济发展质量和水平。2016 年习近平总书记视察民族地区时指出"越是欠发达地区，越需要实施创新驱动发展战略"，2021 年总书记参加十三届人大四次会议内蒙古代表团审议时强调，要推动相关产业迈向绿色化，部署创新链，提升科技支撑能力。习近平总书记的一系列重要讲话和指示，为民族地区高质量发展指明了战略方向，对推动民族地区经济社会高质量发展具有深远影响。以降低消耗、减少污染、改善生态、促进生态文明建设、实现人与自然和谐共生的新兴技术为内涵的绿色技术创新，不仅是引领经济实现绿色可持续发展的第一推动力，也是推进生态文明建设的重要着力点，更是作为生态功能区的民族地区实现"弱鸟先飞"的关键路径。

　　本书从民族地区生态文明和绿色高质量发展的战略意义出发，基于文献梳理与研究综述形成选题。通过新发展时期绿色技术创新推动高质量发展的现实需求分析，形成研究的基础理论分析框架。进而将研究视野聚焦于考察民族地区近十多年绿色技术创新效率的动态发展状况，识别和分析生态文明视域下高质量发展的关键因素，形成对绿色技术创新推动民族地区高质量发展的作用机制。最后构建绿色技术创新推动民族地区绿色高质量发展的路径和支持体系。

技术创新与经济发展的关系是经过漫长的发展而逐渐深化的。本书从国家经济高质量发展战略意义出发，明晰了民族地区抓住绿色技术创新的发展机遇，在新发展时期以绿色技术创新推动民族地区高质量发展的必要性、可行性以及特殊性。基于民族地区技术创新现状和高质量发展水平的测度，重点识别和剖析民族地区绿色技术创新效率提升的关键因素、痛点和难点，挖掘绿色技术创新效率提升对民族地区高质量发展的助推作用、影响路径和作用机理。探讨了构建面向民族地区高质量发展的绿色技术创新策略和政策保障体系。对民族地区绿色技术创新和高质量发展相关研究未得到充分关注这一问题进行深入的理论回应和现实关切。

在当前百年未有之大变局下，科技已成为影响世界发展格局的关键力量。创新作为经济发展变革的新动力，是提高国家竞争力和综合国力的战略支撑，必须摆在国家发展全局的核心位置。如何通过科技创新促进区域协调发展已成为建设现代化经济体系战略目标的关键。本书针对这一重要主题的初步探索，通过揭示绿色技术创新对民族地区高质量发展推动作用机理，给出相应的路径选择和政策保障体系的对策建议，从顶层设计和实践层面为民族地区落实国家创新驱动发展战略提供了理论指导与实践指引。本书为我国科技创新政策制定者、创新型企业管理者和科技创新研究者提供有益的参考，适合绿色技术创新和高质量发展相关理论和实际工作者阅读，也可供高校师生、科研机构、政府相关部门的研究者、管理者和决策者参考。

本书在撰写过程中，研究生杨立成参与了第六章和第七章的撰写，研究生孙子旭参与了第八章的撰写，研究生谷利月和刘相汝进行了部分章节的数据整理工作，感谢他们对学术研究的热情投入和辛勤付出。感谢国家社科基金（22BMZ015）和中央民族大学自主科研项目资助以及经济管理出版社的大力支持。本书写作中参阅了大量文献和资料，在此对国内外有关作者表示深深的谢意。最后，衷心感谢经济管理出版社的王光艳和李光萌编辑，感谢他们专业技术审校中的敬业精神和一丝不苟！本书是针对民族地区绿色技术创新和高质量发展问题的初步探讨，作者水平有限，书中难免有疏漏和不妥之处，恳请专家、学者和读者们批评指正，以期进一步提高。